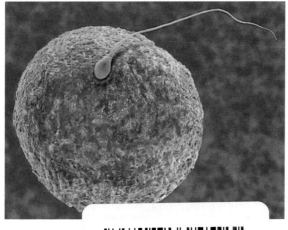

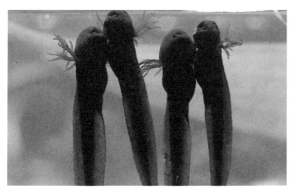

Reproduktion und Individualentwicklung. Alle Lebewesen gehen durch Reproduktion, also durch Fortpflanzung, aus anderen Lebewesen hervor. Die geschlechtliche Fortpflanzung erfolgt mithilfe von Keimzellen, die sich zu einer Zygote vereinigen. Diese teilt sich wiederholt, und die neu entstehenden Zellen spezialisieren sich hinsichtlich Struktur und Funktion und bilden unterschiedliche Gewebe und Organe. Dabei wird das Grundmuster des späteren Organismus angelegt. Gemäß diesem Muster entwickelt sich die Körpergestalt. Die Entwicklungsvorgänge, die von der Bildung der Fortpflanzungszellen zum erwachsenen Organismus und schließlich zum Tod führen, bezeichnet man als Individualentwicklung. Ein Organismus verändert sich, bis er stirbt.

Information und Kommunikation. Ohne Übertragung von Information, also die Übermittlung von Nachrichten von einem Sender an einen Empfänger, ist Leben nicht möglich. So wird bei der Reproduktion Erbinformation von einer Generation auf die nächste übertragen. Diese Nachricht ist in der Erbsubstanz DNA enthalten. Äußere Reize übertragen Informationen auf den Organismus. So steuern Lichteinfall und Schwerkraft das Pflanzenwachstum: Der Spross wächst zum Licht, die Wurzel in Richtung der Schwerkraft. Gibt der Empfänger an den Sender Informationen zurück, spricht man von Kommunikation. Dieser Informationsaustausch kann zwischen Individuen einer Art oder über Artgrenzen hinweg erfolgen: Das Rad eines Pfaus signalisiert der Henne Paarungsbereitschaft; Mensch und Hund tauschen Signale aus und verstehen deren Bedeutung.

Angepasstheit und Variabilität. Der Scharfe Mauerpfeffer lebt an trockenen Standorten. Er speichert Wasser in fleischigen Blättern, die eine kleine Oberfläche besitzen; daher verdunstet relativ wenig Wasser. Den Wasserverlust schränkt der Mauerpfeffer auch dadurch ein, dass er die Spaltöffnungen nachts öffnet. Aufgrund der Zweckmäßigkeit von Strukturen und Funktionen im Hinblick auf die Lebensweise ist der Mauerpfeffer an seine Umwelt angepasst. Angepasstheit ist Kennzeichen aller Lebewesen. Jedoch zeigen bei allen Arten Individuen Merkmalsunterschiede. So unterscheiden sich Menschen im Erscheinungsbild und im Verhalten. Die Fähigkeit einer Art, Individuen mit unterschiedlicher Merkmalsausprägung hervorzubringen, heißt Variabilität.

Evolutionäre Entwicklung. In einer Population verändern sich mit der Zeit die Merkmale der Einzelorganismen. Diesen Prozess bezeichnet man als Evolution. Durch Reproduktion werden oft mehr Nachkommen hervorgebracht, als im Lebensraum Nahrung finden. So enthält z. B. ein einziger Laichballen eines Wasserfroschs bis zu 10 000 Eier. Davon erreichen jedoch nur die Kaulquappen das Fortpflanzungsalter, die mit den herrschenden Umweltbedingungen zurechtkommen. Da der Nachwuchs ähnliche Merkmale aufweist wie die Eltern, häufen sich von Generation zu Generation die Individuen mit günstigen Merkmalen immer stärker an. So verändert sich die Population zwangsläufig. Diese Art der Begünstigung von Individuen heißt natürliche Selektion. Sie bewirkt die Angepasstheit der Individuen einer Population.

LINDER

BIOLOGIE

Schülerband 12
Bayern

herausgegeben von
Horst Bayrhuber
Rainer Drös
Ulrich Kull

Schroedel

Linder Biologie Schülerband 12

herausgegeben von
Prof. Dr. Horst Bayrhuber
Dr. Rainer Drös
Prof. Dr. Ulrich Kull

bearbeitet von
Prof. Dr. Horst Bayrhuber, Gettorf
Dr. Rainer Drös, Mauer
Dieter Feldermann, Münster
Prof. Dr. Ute Harms, IPN, Kiel
Prof. Dr. Wolfgang Hauber, Stuttgart
Dr. Kristin Hildebrandt, Elmshorn
Prof. Dr. Ulrich Kull, Stuttgart
Wolfgang Rüdiger, Esslingen

© 2010 Bildungshaus Schulbuchverlage
Westermann Schroedel Diesterweg
Schöningh Winklers GmbH, Braunschweig
www.schroedel.de

Druck A [1] / Jahr 2010
Alle Drucke der Serie A sind im Unterricht parallel
verwendbar.

Redaktion: Dr. Manuela Röver
Illustrationen: 2 & 3 d. design R. Diener, W. Gluszak;
take five J. Seifried; Sonia Schadwinkel
Typografisches Konzept: Iris Farnschläder /
Farnschläder & Mahlstedt GmbH, Hamburg
Einbandgestaltung:
Janssen Kahlert Design & Kommunikation GmbH, Hannover
Satz: Bock Mediengestaltung, Hannover
Druck und Bindung: Westermann Druck Zwickau GmbH

ISBN 978-3-507-10297-2

Besonderheiten des Schülerbandes 12 Bayern

Altersbestimmung von Fossilien. Der Vertiefungsstoff enthält weiterführende bzw. fakultativ zu behandelnde Informationen zu ausgewählten Themen. Er beginnt mit einem blau gekennzeichneten Schlagwort und endet mit einem blauen Quadrat. Im Inhaltsverzeichnis sind die Überschriften von Kapiteln, die ausschließlich Vertiefungsstoff enthalten, ebenfalls durch blaue Schrift hervorgehoben ■

(*s. S. 35*) Verweise auf andere Kapitelinhalte und Abbildungen werden durch kursiv gesetzte Schrift optisch hervorgehoben. Sie ermöglichen vernetztes Lernen.

Reflexbogen Überbegriffe bzw. wichtige Lehrplaninhalte sind fett gedruckt und werden an der entsprechenden Stelle das erste Mal ausführlich behandelt.

Drosophila Kursiv ausgezeichnet werden die wissenschaftlichen Namen der Lebewesen und lateinische, griechische oder englische Fachausdrücke und Originalzitate.

CHARLES DARWIN Alle Namen von Persönlichkeiten sind in Kapitälchen gesetzt.

Eine ZUSAMMENFASSUNG am Ende des jeweiligen Hauptkapitels dient der Wiederholung und Vernetzung der Themenfelder. Wichtige Lehrplaninhalte sind fett gedruckt. Die Basiskonzepte sind grün hervorgehoben.

AUFGABEN im Anschluss an die Zusammenfassungen bieten Übungsmöglichkeiten. Manche Aufgabenteile enthalten zusätzlich auch eine experimentelle Aufgabe.

Ein Glossar auf den Seiten 150 bis 154 liefert zentrale Definitionen und fördert so das Verständnis.

Das Register erleichtert das Auffinden von Inhalten und findet sich auf den Seiten 155 bis 159.

INHALT

Evolution 6

Der Mensch als Umweltfaktor 66

Verhaltensbiologie 96

EVOLUTION

Auf der Erde gibt es nach heutigem Kenntnisstand etwa 1,8 Millionen Tier- und Pflanzenarten, dazu kommen außerordentlich viele Arten von Mikroorganismen. Damit dürfte aber erst ein kleiner Teil der heutigen Arten wissenschaftlich beschrieben sein – nach neueren Schätzungen leben derzeit ca. 20 Millionen verschiedener Organismenarten auf unserem Globus, wobei die heute lebenden oder **rezenten** (lat. *recens* frisch, neu) Formen nur einen Bruchteil der Arten ausmachen dürften, die jemals die Erde besiedelt haben.

Als der schwedische Naturforscher CARL VON LINNÉ (1707–1778) als erster Biologe die zu seiner Zeit bekannten Arten von Pflanzen und Tieren beschrieb, führte er lediglich einige tausend Arten auf. LINNÉ war von der Unveränderlichkeit der Arten überzeugt. Diese Ansicht war bis weit ins 18. Jahrhundert hinein gültige Lehrmeinung. Sie wurde aus den biblischen Schöpfungserzählungen abgeleitet. Gegen Ende des 18. Jahrhunderts zogen Biologen erstmals die Veränderlichkeit von Arten in Betracht. Jedoch beruhte dies zunächst allein auf Spekulationen. Heute existieren viele überzeugende Belege für einen Artenwandel im Laufe der organismischen Stammesgeschichte: Die moderne Biologie erklärt das Zustandekommen der Artenvielfalt mit der Lehre von der **Evolution** (lat. *evolvere* sich entwickeln). Sie besagt, dass die Organismen Produkte eines allmählichen Entwicklungsprozesses sind.

1 Evolutionsforschung

Die Evolutionsforschung befasst sich mit den Ursachen und Gesetzmäßigkeiten des Evolutionsvorgangs. Auch untersucht sie die Verwandtschaft der Lebewesen, die auf die Stammesgeschichte zurückzuführen ist. Grundlage dieser Untersuchungen ist der Vergleich rezenter Organismenarten, hinzu kommt die Auswertung von Fossilfunden. So ist es möglich, Stammbäume aufzustellen, welche die Abstammungsverhältnisse beschreiben.

1.1 Gemeinsamkeiten und Vielfalt fossiler und rezenter Organismen

Der Vergleich heute lebender Tiere zeigt, dass Arten aufgrund von Übereinstimmungen in ihrem Körperbau zu systematischen Einheiten zusammengefasst werden können. So sind die Wirbeltiere gekennzeichnet durch den Besitz einer knöchernen oder knorpeligen Wirbelsäule, durch einen Schädel, ein hoch entwickeltes Gehirn und eine mehrschichtige Haut. Die meisten Landformen besitzen zwei Paare von Gliedmaßen. Innerhalb der Wirbeltiere findet man zahlreiche Variationen des Grundbauplans.

Abb. 6.1: a) GEORGES CUVIER (1769–1832); **b)** JEAN BAPTISTE DE LAMARCK (1744–1829)

Abb. 6.2: Fossiler Flugsaurier aus den Plattenkalken von Eichstätt (Bayern, 150 Millionen Jahre alt)

Der Zoologe GEORGES CUVIER (1769–1832; **Abb. 6.1**) begründete Ende des 18. Jahrhunderts die **Paläontologie** (gr. *palaios* alt) als Lehre von den **fossilen** Lebewesen (lat. *fossilis* ausgegraben). Er verglich die gefundenen Reste ausgestorbener Tiere mit dem anatomischen Bau rezenter Tierarten (**Abb. 6.2**). CUVIER fand, dass das Skelett der Vordergliedmaßen vierfüßiger Wirbeltiere immer die gleiche Grundform aufweist und trotz unterschiedlicher Ausgestaltung und vielfach verschiedener Funktion stets die gleichen Bauelemente besitzt (**Abb. 7.1**). Kennt man den Grundbauplan und etliche Abwandlungen bei rezenten Formen, so kann man auch fossile Knochen einer bestimmten systematischen Gruppe zuordnen und schließlich ein ganzes Skelett rekonstruieren. CUVIER fand bei der Untersuchung von Fossilien aus Frankreich außerdem, dass im Verlauf der geologischen Epochen ganz unterschiedliche Tiere gelebt haben. Er nahm an, dass in der Erdgeschichte immer wieder Naturkatastrophen auftraten, die die Lebewesen ganzer Landstriche größtenteils vernichteten; die Neubesiedlung der Lebensräume erfolgte durch Zuwanderung aus anderen Gegenden. Die **Katastrophentheorie** CUVIERS wurde durch die Entwicklung der Geologie widerlegt. Der Engländer CHARLES LYELL (1797–1875) vertrat mit seinem **Aktualitätsprinzip** die Auffassung, dass Veränderungen des Erdbildes zumeist langsam, aber stetig verlaufen und dass Kräfte, die heute noch das Erdbild umgestalten, auch in früheren geologischen Epochen wirksam waren.

JEAN BAPTISTE DE LAMARCK (1744–1829; **Abb. 6.1**) kam aufgrund seiner Tätigkeit an den naturhistorischen Sammlungen in Paris ebenfalls zur Erkenntnis der Ähnlichkeit von Tierbauplänen. In seinem Buch »*Philosophie zoologique*« (1809) vertrat er eine Stammesentwicklung der Organismen. Danach stammen die heutigen Arten von früheren ab. LAMARCK stellte Stammbäume auf und gab erstmals eine ursächliche Erklärung für die Abstammung. So wurde er zum Begründer der Evolutionstheorie. Er nahm an, dass die Lebewesen sich durch Gebrauch oder Nichtgebrauch ihrer Organe an ihre Umwelterfordernisse anpassen und dass sich eine solche individuell erworbene Anpassung auf die Nachkommen vererbt. Danach wäre z. B. der lange Hals der Giraffe entstanden, weil ihre Vorfahren als Laubfresser den Hals immer höher nach den Zweigen von Bäumen streckten. Dadurch sei der Hals länger und länger geworden, und so sei im Laufe der Generationen die heutige Gestalt zustande gekommen (**Abb. 7.2**). Umgekehrt sollte der Nichtgebrauch der Organe zur Verkümmerung führen; auf diese Weise sei z. B. die Rückbildung der Augen vieler Höhlentiere erfolgt. Bei solchen Umbildungen wirkt nach LAMARCK ein inneres Bedürfnis mit, das die Lebewesen auf die je-

weiligen Erfordernisse hin ausrichtet. Diese Hypothese entstand lange vor den Entdeckungen der Genetik. Deren Ergebnisse lehren, dass Eigenschaften von Lebewesen, die auf Umwelteinflüsse zurückgehen (Modifikationen), nicht vererbbar sind.

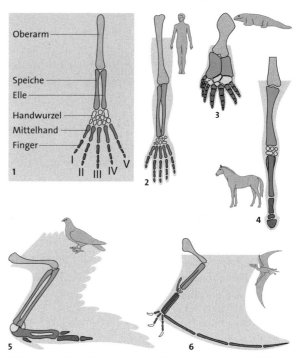

Abb. 7.1: Vordergliedmaßen verschiedener rezenter und fossiler Wirbeltiere. **1** Grundbauplan der fünffingrigen Vorderextremität; **2** Mensch; **3** *Ichthyostega*, ein fossiler Lurch; **4** Pferd; **5** Vogel; **6** *Pterodactylus*, ein fossiler Flugsaurier

Abb. 7.2: Schema zur Entstehung des Giraffenhalses nach der LAMARCK'schen Evolutionstheorie

1.2 Evolutionsforschung von DARWIN bis heute

Der britische Naturforscher CHARLES DARWIN (1809–1882; **Abb. 8.1**) trat 1831 eine fünfjährige Reise um die Welt an. Er machte eine Fülle von Beobachtungen zur vergleichenden Anatomie, Paläontologie und Tier- und Pflanzengeographie. Dadurch vermehrte er die vorhandenen Hinweise auf eine Stammesentwicklung beträchtlich. Jedoch erschien sein Buch »*On the Origin of Species by Means of Natural Selection*«, in dem er den Gedanken einer Abstammung der heutigen Lebewesen von früheren, einfachen Formen beschrieb, erst 1859. In diesem Buch gab er gleichzeitig eine einleuchtende Darstellung der Ursachen für die Evolution der Organismen. Etwa gleichzeitig gelangte auch ALFRED R. WALLACE (1823–1913) zu ähnlichen Ansichten. Zur Ursachenerklärung kam DARWIN über die Beobachtung, dass bei der Tierzüchtung eine Auswahl (Selektion) durch den Züchter erfolgt; dieser wählt solche Formen aus, deren Eigenschaften ihm besonders zusagen. Auf diese Weise sind z. B. alle Haustaubenrassen aus einer wilden Stammform, der Felsentaube, hervorgegangen (**Abb. 9.1**). DARWIN verglich von ihm selbst gesammelte finkenähnliche Vögel der Galapagos-Inseln. Dabei kam er zu der Ansicht, dass alle dort lebenden Arten der heute nach ihm benannten Darwinfinken aus einer Stammart entstanden seien (**Abb. 9.2** und **9.3**). Er stellte sich die Frage, auf welche Weise diese Singvögel in der Natur ausgelesen worden sind. Untersuchungen des Wirtschaftswissenschaftlers TH. R. MALTHUS (1766–1834) brachten DARWIN zur passenden Erklärung. MALTHUS hatte gezeigt, dass menschliche Populationen in der Regel anwachsen und nur durch die Begrenztheit der Nahrung sowie durch Krankheiten in der Größe konstant gehalten

werden. Die Anwendung dieser Erkenntnis auf alle Lebewesen führte DARWIN zur **Selektionstheorie**. Sie geht von folgenden Beobachtungen aus:

1. Die Nachkommen eines Elternpaares sind nicht alle untereinander gleich; sie zeigen Variation in ihren Merkmalen. Diese sind – wie Tierzüchter schon zu DARWINS Zeit wussten – teilweise erblich.

2. Lebewesen erzeugen viel mehr Nachkommen, als zur Erhaltung der Art notwendig wären. Für die Erhaltung der Art würden zwei zur Fortpflanzung gelangende Nachkommen jedes Elternpaares genügen. In Wirklichkeit werden oft Tausende, ja Millionen von Nachkommen erzeugt. Trotzdem bleibt in einem Lebensraum bei gleichbleibender Umwelt die Individuenzahl einer Art über längere Zeit hinweg konstant.

3. Lebewesen stehen untereinander in ständigem Wettbewerb um günstige Lebensbedingungen, um Nahrung, Lebensraum und Geschlechtspartner.

DARWIN kam zu folgenden Schlüssen: Da ein fortgesetzter Wettbewerb zwischen den Individuen einer Art (innerartliche Konkurrenz) besteht, entsteht eine Anpassung an die Umwelt durch **natürliche Auslese** (*natural selection*). Diese Selektion bewirkt, dass sich in einer bestimmten Umwelt nur bestimmte Individuen fortpflanzen können: In dem Wettbewerb oder »Kampf ums Dasein« (*struggle for life*) überleben die am besten an ihre Umwelt angepassten Individuen, und nur diese geben ihre erblichen Merkmale an die nächste Generation weiter (*survival of the fittest* = Überleben der Tauglichsten). Die **Fitness** (Tauglichkeit) eines Lebewesens, d. h. sein Angepasstsein an die herrschenden Umweltbedingungen, ist so an der Zahl überlebender Nachkommen festzustellen; durch die Nachkommenrate wird Tauglichkeit messbar.

Diese Vorstellungen wurden oft missverstanden. Besonders tauglich im Sinne der Evolutionstheorie ist nicht der Stärkste, sondern dasjenige Individuum, das die höchste Zahl von Nachkommen hat, die ihrerseits wieder zur Fortpflanzung gelangen. Mit der Theorie DARWINS lassen sich also nicht soziale Unterschiede biologisch begründen; auch folgt aus ihr keineswegs ein Recht des Stärkeren, wie sie der »Sozialdarwinismus« vertritt.

Wettbewerb gibt es auch zwischen verschiedenen Arten (zwischenartliche Konkurrenz), wenn sie ähnliche ökologische Nischen aufweisen. Der Wettbewerb führt dazu, dass in einem Lebensraum nur eine Art eine bestimmte Nische innehaben kann.

Im Anschluss an LYELLS Aktualitätsprinzip ging DARWIN davon aus, dass sich auch die Arten stetig, aber langsam verändern und der Evolutionsvorgang daher lange Zeiträume erfordert. So hatte er aufgrund seiner geologischen Kenntnisse berechnet, dass die Kreidezeit vor

Abb. 8.1: Charles Darwin (1809–1882).
a) Portrait; **b)** Buch »*The Origin of Species*«

etwa 300 Millionen Jahren begonnen habe. Nach heutigem Wissen liegt dieser Zeitpunkt vor 145 Millionen Jahren.

DARWINS Abstammungslehre löste seinerzeit heftige Auseinandersetzungen aus, denn sie stand im Gegensatz zu den Aussagen der wörtlich interpretierten Schöpfungserzählungen der Bibel. Doch noch im 19. Jahrhundert wurden weitere Indizien für die Evolutionslehre zusammengetragen, darunter Befunde aus der Tier- und Pflanzengeographie. So fiel auf, dass in ökologisch ähnlichen Lebensräumen auf verschiedenen Kontinenten ganz unterschiedliche Tier- und Pflanzenarten vorkommen, eine Tatsache, die unter der Annahme von Evolutionsvorgängen gut erklärt werden kann. ERNST HAECKEL (1834–1919) erweiterte die Vorstellungen zur Evolution durch Vergleich der Individualentwicklung von Tieren *(s. S. 14)* und durch die Aufstellung von Stammbäumen.

Im ersten Drittel des 20. Jahrhunderts wurde zunächst durch die Genetik die Einsicht in die Ursachen der Evolution vertieft. Sie zeigte, dass die Information für die erblichen Merkmale eines Organismus in den Genen enthalten ist. Im weiteren Verlauf des 20. Jahrhunderts haben fast alle Zweige der Biologie, zunächst die Populationsgenetik, dann aber vor allem die Molekulargenetik und schließlich die Soziobiologie *(s. S. 120)*, das Verständnis der Evolution erweitert und vertieft. Man spricht daher heute von der **Synthetischen Evolutionstheorie,** deren Aussagen durch Erkenntnisse aus zahlreichen biologischen Teildisziplinen gestützt werden.

Abb. 9.2: Zwei Arten der Darwinfinken.
a) Kaktus-Grundfink; **b)** Spechtfink

Abb. 9.1: Entstehung der Haustaubenrassen durch Züchtung (künstliche Selektion). Der Züchter hat fortgesetzt solche Mutanten ausgewählt, die ihm besonders zusagten.

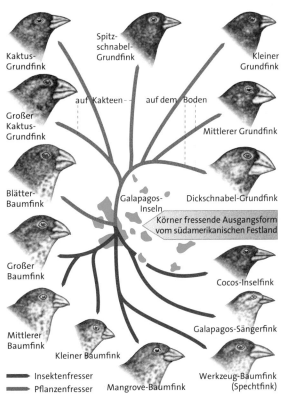

Abb. 9.3: Entstehung der Darwinfinken durch natürliche Selektion. Die Ausgangsart konnte sich durch Bildung unterschiedlicher Nischen in viele Arten aufspalten.

EVOLUTION

1.3 Entwicklung von Ordnungssystemen der Organismen

Die Lebewesen treten in einer ungeheuren Formenvielfalt auf. Vergleicht man sie aber bezüglich der äußeren Gestalt und des inneren Baus, dann lassen sie sich auf verhältnismäßig wenige Bauplantypen zurückführen. Heute weiß man, dass diese Gruppierung Ausdruck der natürlichen Verwandtschaft der Organismen ist. Die Lebewesen zeigen dabei eine abgestufte Ähnlichkeit des Körperbaus, nach der sie in eine Ordnung, ein **System**, gebracht werden können.

Als erste gaben der griechische Naturforscher und Philosoph ARISTOTELES (384–322 v. Chr.) und sein Schüler THEOPHRAST einen umfassenden Überblick über die damals bekannten Tiere (ca. 520) und Pflanzen. Sie unterteilten die Organismen nach Baumerkmalen und führten systematische Ordnungsbegriffe ein. Ihr Werk blieb bis in die Neuzeit die Grundlage für die Beschreibung und Einteilung der Lebewesen. Erst im 18. Jahrhundert unternahm der Schwede CARL VON LINNÉ (1707–1778) einen neuen Versuch, Ordnung in die Fülle der inzwischen bekannt gewordenen Lebensformen zu bringen. In der 12. Auflage seines erstmals 1735 erschienenen epochalen Werks »*Systema naturae*« (System der Natur) beschrieb er mehr als 7000 Pflanzen und 5890 Tiere.

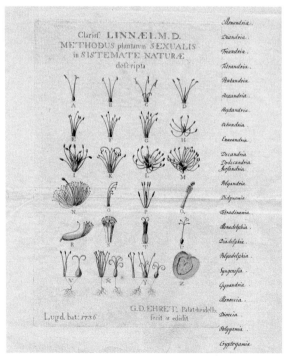

Abb. 10.1: Historisches Ordnungssystem auf der Basis von Gestaltmerkmalen

Außerdem führte LINNÉ mit der **binären Nomenklatur** ein neues Prinzip zur wissenschaftlichen Benennung von Organismenarten ein. Er belegte jede Art mit einem Doppelnamen aus lateinischen oder latinisierten Wörtern, z. B. *Canis lupus* (Wolf), *Canis latrans* (Kojote), *Prunus spinosa* (Schlehe), *Prunus avium* (Süßkirsche). Der erste Teil des Namens gibt die Gattung an, der zweite die Art. Damit legte LINNÉ die systematischen Kategorien »Gattung« und »Art« im heutigen Sinne fest. Sein rasch anerkanntes System war allerdings – wie das von ARISTOTELES – ein künstliches System, da er zur Unterscheidung und Einteilung der Lebewesen vornehmlich leicht erkennbare morphologische und anatomische Kennzeichen, also Merkmale des äußeren und inneren Körperbaus, verwendete (**Abb. 10.1**). Es wurde im Verlauf des 19. Jahrhunderts mit dem Aufkommen der Evolutionslehre durch das **natürliche System** der Lebewesen ersetzt, das auf stammesgeschichtlichen Verwandtschaftsverhältnissen der Organismen beruht.

Artbegriff. LINNÉ ordnete alle von ihm beschriebenen Organismen den Kategorien Art, Gattung, Ordnung, Klasse und Reich zu. Die Zuordnung zu einer Art nahm er dabei aufgrund besonderer Merkmale im Körperbau vor. Nach diesem **morphologischen Artbegriff** gehören alle diejenigen Lebewesen zu einer Art, die in wesentlichen Gestaltmerkmalen untereinander und mit ihren Nachkommen übereinstimmen. Bei der Festlegung »wesentlicher« Merkmale geht man allerdings nicht ohne eine gewisse Willkür vor, außerdem gelingt es nicht immer, anhand des äußeren Erscheinungsbildes Organismen klar und eindeutig einer Art zuzuordnen.

In dieser Hinsicht bedeutet der von ERNST MAYR (1904–2005) befürwortete **biologische Artbegriff** einen wesentlichen Fortschritt. Danach versteht man unter einer Art eine Population, deren Individuen sich untereinander fortpflanzen und fruchtbare Nachkommen hervorbringen und die durch Fortpflanzungsschranken von anderen Populationen isoliert sind. Solche Fortpflanzungsschranken sind beispielsweise unterschiedliche Fortpflanzungszeiten, Unterschiede im Bau der äußeren Geschlechtsorgane oder verschiedenes Paarungsverhalten.

Die Erkenntnisse der Populationsgenetik, die sich mit der Verteilung der Allele in der Nachkommenschaft ganzer Populationen beschäftigt, unterstützten die DARWIN'sche Evolutionstheorie. Sie erlauben eine andere Artdefinition auf der Basis des Genpools, der Gesamtheit der Allele in einer Population: Nach dem **populationsgenetischen Artbegriff** wird eine Art als eine Population definiert, deren Genpool von den Genpools anderer Populationen getrennt ist *(s. S. 34)*.

1.4 Stammesgeschichtsforschung als Homologieforschung

Die Evolutionsforschung beschäftigt sich nicht nur mit den Ursachen von Evolution, sondern analysiert auch die Verwandtschaftsbeziehungen der Lebewesen untereinander. Sie beschreibt dabei die Abstammungsverhältnisse mithilfe von Stammbäumen. Die Erforschung der stammesgeschichtlichen Verwandtschaft erfolgt durch Untersuchung von Homologien. **Homologie** (gr. *homoios* gleich, *logos* Sinn, Lehre) liegt bei Merkmalen vor, die in ihrem Bauplan übereinstimmen; solchen Eigenschaften liegt eine gleichartige genetische Information zugrunde. **Analogie** kennzeichnet demgegenüber Strukturen ähnlicher Funktionen, die einen unterschiedlichen Bauplan besitzen und daher auf ganz unterschiedliche Gene zurückzuführen sind. Analogien liefern Hinweise auf ähnliche Lebensweisen bei nicht näher verwandten Arten *(s. S. 16)*.

1.4.1 Homologien im Bau der Lebewesen

Die heutigen Lebewesen zeigen eine abgestufte Ähnlichkeit des Körperbaus, welche die Aufstellung eines Systems ermöglicht. Dessen Grundeinheit ist die Art *(s. S. 10)*. So ist der Löwe dem Tiger sehr ähnlich. Beide gehören zur selben **Gattung** Großkatzen *(Panthera)*. Mit Wildkatze, Luchs, Puma und anderen Arten bilden sie gemeinsam die **Familie** der Katzenartigen, diese wiederum mit den Familien der Bären, Marder- und Hundeartigen die **Ordnung** der Raubtiere. Mit anderen Ordnungen, z. B. den Nagetieren, Rüsseltieren und Unpaarhufern, wird sie zur **Unterklasse** der Plazentatiere zusammengefasst. Diese bilden mit den Beuteltieren und Kloakentieren die **Klasse** der Säugetiere. Die Säugetiere zählen zum **Unterstamm** der Wirbeltiere, der zusammen mit Lanzettfischchen und Manteltieren den **Stamm** Chordatiere bildet. Die Zahl der übereinstimmenden Merkmale nimmt in diesen Gruppen von Stufe zu Stufe ab. Die Ähnlichkeit der Organismen beruht auf gleichartiger genetischer Information. Die Unterschiede gehen auf Veränderungen des Erbgutes im Laufe der Stammesgeschichte zurück. Unterstützt wird diese Annahme durch das Vorkommen von Arten, die ein Mosaik von Merkmalen verschiedener systematischer Gruppen aufweisen. Man nennt solche Organismen »Mosaikformen«.

Heutige Mosaikformen. Das zu den Kloakentieren und damit zu den Säugetieren zählende Schnabeltier (**Abb. 11.1**) besitzt nur eine gemeinsame Ausführöffnung (Kloake) für Darm und Harnleiter und legt Eier. Diese reptilartigen Merkmale sind verbunden mit Säugermerkmalen, wie z. B. Haarkleid und Milchdrüsen. Ein weiteres Beispiel für rezente Mosaikformen sind die in Südafrika, Australien und Südamerika vorkommenden Stummelfüßer (**Abb. 11.2**). Sie haben etliche Merkmale mit Gliederfüßern gemeinsam, wie z. B. Mundwerkzeuge und Tracheenatmung. Sie besitzen jedoch eine gleichmäßige Körpersegmentierung und ungegliederte Beine, wie man sie für die Vorfahren der Gliederfüßer annimmt. Die heute lebenden Mosaikformen können allerdings nicht die Ahnen anderer heute vorkommender Arten sein, sind also keine echten Übergangsformen (»Brückentiere«, *s. S. 21*). Sie stammen aber von früheren, tatsächlichen *Brückentieren* ab und können daher als Modelle für diese aufgefasst werden.

Abb. 11.1: Schnabeltier aus Ostaustralien (Länge bis zur Schwanzspitze etwa 60 cm); lebt an und in Gewässern

Abb. 11.2: Stummelfüßerart aus Neuseeland (natürliche Größe 3 bis 5 cm)

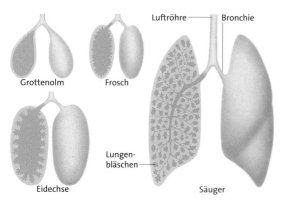

Abb. 12.1: Entwicklung der Lunge bei Wirbeltieren. Man erkennt die zunehmende Vergrößerung der inneren Oberfläche.

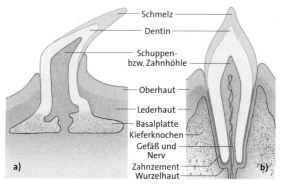

Abb. 12.2: Homologe Organe. **a)** Hautschuppen eines Haies; **b)** Schneidezahn eines Menschen

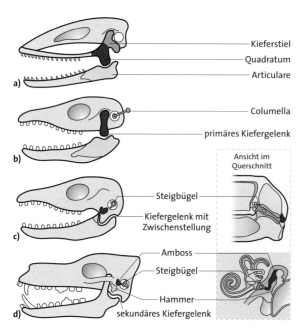

Abb. 12.3: Funktionswechsel der Kiefergelenkknochen zu den Gehörknöchelchen der Säuger. **a)** Fisch; **b)** Reptil; **c)** säugetierähnliches Reptil (fossil); **d)** Säuger

Homologie von Organen.

Organhomologien können an einer Vielzahl von Fällen aufgezeigt werden, wie z. B. an den Vordergliedmaßen der Wirbeltiere *(s. S. 7)*. Auch bei der vergleichenden Betrachtung der Säugergebisse sowie der Beine und der Mundwerkzeuge der Insekten findet man jeweils einen Grundbauplan mit gleichen Einzelteilen und seine Abwandlungen.

Für homologe Organe und Organsysteme lassen sich oft ganze Reihen der Abwandlung aufstellen, so für die Lunge der Wirbeltiere (**Abb. 12.1**). Lassen sie eine Verbesserung der Organsysteme erkennen, so heißen sie **Progressionsreihen**. Daneben gibt es **Regressionsreihen**, welche die Rückbildung eines Organs zeigen. Das Ergebnis der Rückbildung der Hinterextremitäten bei Walen ist in **Abb. 13.1** dargestellt.

Trifft man gleichartige Abwandlungen eines Grundbauplans bei unterschiedlichen Arten an, so müssen diese auf eine gemeinsame Ausgangsart zurückgehen. Homologien im Bau der Lebewesen lassen sich mithilfe von drei Kriterien nachweisen:

Homologiekriterium der Lage: Strukturen in Organismen aus verschiedenen systematischen Gruppen sind dann als homolog anzusehen, wenn sie in gleicher Anzahl vorhanden und in gleicher relativer Lage angeordnet sind. Man kann die Strukturen dann einem gemeinsamen Grundbauplan zuordnen. Dies gilt z. B. für die Knochen in den Extremitäten der Landwirbeltiere: Die Elemente Oberarm-, Unterarm-, Handwurzel-, Mittelhand- und Fingerknochen treten bei allen Wirbeltiervorderbeinen in derselben Lagebeziehung auf (**Abb. 7.1**).

Homologiekriterium der spezifischen Qualität von Strukturen: Komplexe Strukturen gelten als homolog, wenn sie in zahlreichen Einzelheiten spezieller Merkmale auffallend übereinstimmen. So entsprechen die Hautschuppen der Haie im Aufbau und in der Lage der Teilstrukturen den Zähnen der Säugetiere und des Menschen (**Abb. 12.2**).

Homologiekriterium der Stetigkeit: Gestaltlich verschiedene Strukturen werden als homolog betrachtet, wenn Zwischenformen existieren, deren Strukturen in der gleichen relativen Lage angeordnet sind. Dies gilt z. B. für die Ausbildung des sekundären Kiefergelenks beim Übergang von Reptilien zu Säugern (**Abb. 12.3**). Eine Übergangsreihe liegt auch für die Lunge der Wirbeltiere vor.

Erweisen sich bestimmte Organe bei verschiedenen Organismen als homolog, dann sind es in der Regel auch die übrigen. Diese Gesetzmäßigkeit bezeichnet man als **Korrelationsregel**. So sind bei den Wirbeltieren nicht nur die Gliedmaßen homolog, sondern ebenso die Kreislauf-, Atmungs- und Ausscheidungsorgane.

Rudimente. Eine weitere Stütze für Abstammungszusammenhänge ist das Auftreten von Organrudimenten (lat. *rudis* roh, unbearbeitet). Man versteht darunter Strukturen, die durch Rückbildung eines Organs im Laufe der Stammesgeschichte entstanden und vielfach funktionslos geworden sind. Bekannte Beispiele sind die Griffelbeine der Pferde *(s. S. 20)*. Diese stellen Reste des 2. und 4. Mittelhand- bzw. Mittelfußknochens dar. Auch die winzigen Reste des Beckengürtels der Wale sind Rudimente (**Abb. 13.1 a**), ebenso die Nägel an den Flossen von Seelöwe und Walross. Die Blindschleiche besitzt zwar keine Beine mehr, aber einen vollständigen Schultergürtel und Reste eines Beckengürtels. Der flugunfähige neuseeländische Kiwi weist noch stummelförmige Flügelreste auf (**Abb. 13.1 b**). Nacktschnecken besitzen häufig noch Gehäusereste. Beim Menschen sind z. B. das Steißbein und die funktionslosen Muskeln der Ohrmuscheln rudimentäre Organe, ebenso die Nickhaut als Rest eines dritten Augenlides, das bei Wiederkäuern und Kaninchen noch ausgebildet ist. Übernehmen rudimentäre Organe eine neue Aufgabe, spricht man von einem **Funktionswechsel** (**Abb. 13.3**).

Atavismen. Ein Atavismus liegt vor, wenn ein rudimentäres Merkmal bei einem Organismus in einer weniger stark rückgebildeten Form als normalerweise erscheint, also ein Rückfall auf ein Merkmal eines früheren Evolutionsstadiums auftritt (**Abb. 13.2**). So können bei Pferden ein verlängertes Griffelbein mit Zehenknochen und Huf und beim Menschen ein schwanzartig verlängertes Steißbein, zusätzliche Brustwarzen oder ein vollständig behaarter Körper auftreten. Bei Pflanzen, wie z. B. Tulpe oder Rose, treten gelegentlich vergrünte Blüten auf, deren Kronblätter oder sogar Staubblätter wieder blattartig geworden sind. Atavismen gehen auf eine falsche Verwirklichung genetischer Information zurück.

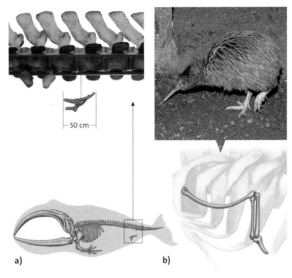

Abb. 13.1: Rudimentäre Organe.
a) Beckenreste bei einem Wal; **b)** Stummelflügel beim Kiwi

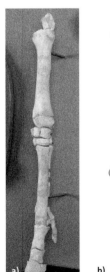

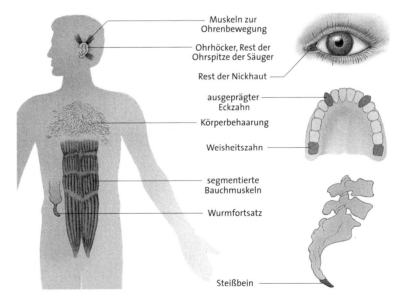

Abb. 13.2: Beispiele für Atavismen.
a) Dreizehigkeit bei einem Pferde;
b) Junge mit schwanzartig verlängertem Steißbein

Abb. 13.3: Rudimentäre Merkmale des Menschen. Der Blinddarm mit Wurmfortsatz ist der Rest eines früheren größeren Darmanhangs, in dem pflanzliche Nahrung aufgeschlossen wurde. Der Wurmfortsatz ist zu einem lymphatischen Organ geworden (Funktionswechsel).

EVOLUTION

1.4.2 Homologien in der Ontogenese

Beim menschlichen Embryo entstehen die Anlagen der Gehörknöchelchen im Kieferbereich und verlagern sich dann ins Mittelohr. Dieser Vorgang entspricht dem Evolutionsablauf *(s. S. 12)*. Embryonen des Rindes zeigen Anlagen für die Ausbildung der oberen Schneidezähne, doch entwickeln sich diese nicht mehr. Die Embryonen der beinlosen Blindschleiche weisen Anlagen von Vordergliedmaßen auf. Solche Merkwürdigkeiten in der individuellen Entwicklung (Ontogenese) sind nur aus der stammesgeschichtlichen Entwicklung (Phylogenese) zu verstehen: Reste älterer Bauplanmerkmale bleiben erhalten, da die ihnen zugrunde liegenden Gene nicht völlig funktionslos geworden sind.

Bereits 1828 hatte der Zoologe KARL VON BAER festgestellt, dass sich die Embryonen aller Wirbeltiere in frühen Entwicklungsstadien weitgehend gleichen, auch wenn die erwachsenen Tiere sehr verschieden aussehen (**Abb. 14.1**). Er fand beispielsweise heraus, dass bei allen Chordatieren, darunter den Lanzettfischchen und den Wirbeltieren, in einem sehr frühen Entwicklungsstadium ein Stützstab, die **Chorda**, angelegt wird. Bei den Lanzettfischchen bleibt die Chorda lebenslang erhalten. Bei den Wirbeltieren entsteht im weiteren Verlauf der Individualentwicklung eine knorpelige Wirbelsäule. Diese bleibt bei Knorpelfischen bestehen, während sie bei den meisten Knochenfischen und Landwirbeltieren verknöchert. Fossilfunde ergaben, dass Lanzettfischchen, Knorpelfische, Knochenfische und Landwirbeltiere in dieser Reihenfolge in der Stammesgeschichte entstanden sein dürften. Demnach entwickelten sich Chorda, knorpelige und knöcherne Wirbelsäule in der Phylogenese in derselben Abfolge, in der sie auch in der Ontogenese auftreten.

Weiterhin stellte VON BAER fest, dass frühe Embryonalstadien von Landwirbeltieren taschenartige Ausstülpungen im Bereich des Vorderdarms aufweisen (**Abb. 14.2**). Daraus entstehen bei den Fischen Kiemenspalten, bei Landwirbeltieren bilden sich dagegen keine Spalten in der Körperwand aus. Das Herz ähnelt in frühen Embryonalstadien bei allen Klassen der Wirbeltiere dem röhrenförmigen Fischherzen mit einer Vor- und einer Hauptkammer.

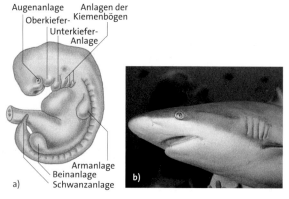

Knochenfisch	Schwanzlurch (Molch)	Reptil (Schildkröte)	Vogel (Huhn)	Säuger (Mensch)

Abb. 14.1: Drei Entwicklungsstadien der Embryonalentwicklung von Knochenfisch, Lurch, Reptil, Vogel und Mensch

Augenanlage
Oberkiefer- Anlagen der Kiemenbögen
Unterkiefer-Anlage
Armanlage
Beinanlage
Schwanzanlage
a) b)

Abb. 14.2: a) Kiementaschen bei einem 7 mm langen menschlichen Embryo; **b)** Kopf eines Haies mit Kiemenspalten

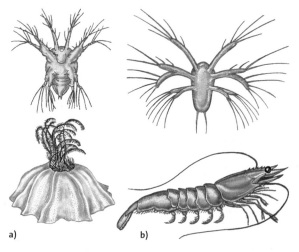

a) b)

Abb. 14.3: Larven und adulte Tiere von **a)** Seepocke und **b)** Garnele

Der deutsche Naturforscher ERNST HAECKEL (1834–1919), ein überzeugter Anhänger DARWINS, griff diese Ergebnisse auf und formulierte daraus im Sinne der Evolutionstheorie die **biogenetische Regel**: Die Ontogenese eines Einzelwesens ist eine verkürzte Wiederholung seiner Phylogenese.

Weitere Untersuchungen zeigten jedoch, dass die biogenetische Regel nur mit Einschränkungen gilt: Zum einen betrifft sie nur die ontogenetische Entwicklung einzelner ursprünglicher Merkmale, nicht den gesamten Organismus. Zum anderen treten während der Embryonalentwicklung auch Strukturen auf, die keine Entsprechung bei den stammesgeschichtlichen Vorfahren haben, so z. B. die Embryonalhüllen der Reptilien, Säugetiere und Vögel. Außerdem entwickeln sich aus den Anlagen, die Merkmale der Vorfahren rekapitulieren, nicht immer funktionsfähige Organe. Daher lautet heute die Aussage der biogenetischen Regel: Im Verlauf der Ontogenese treten oft frühe Entwicklungsstadien stammesgeschichtlich älterer Formen auf. Dies beruht darauf, dass viele der Gene, die die frühe Embryonalentwicklung steuern, homolog sind und sich im Verlauf der Evolution offensichtlich nur wenig verändert haben.

Zur Klärung von Abstammungsfragen war die biogenetische Regel jedoch hilfreich: So weist die Keimesentwicklung der Wale auf die Abstammung von vierfüßigen, landlebenden Säugetieren hin: Walembryonen besitzen Anlagen von Hintergliedmaßen (s. S. 13) und einen Hals mit sieben freien Halswirbeln, außerdem ein Haarkleid, Riechnerven sowie Nasenmuscheln und Speicheldrüsen. Bei den erwachsenen Tieren sind die Halswirbel verwachsen, die übrigen Merkmale sind rückgebildet.

Auch Larven können Hinweise auf Verwandtschaftsverhältnisse liefern. So sind Seepocken nicht auf den ersten Blick als Krebstiere zu erkennen. Diese an Felsküsten, Schiffsrümpfen und Holzpfählen der Häfen festsitzenden Tiere weichen in ihrem Äußeren stark vom Bauplan der übrigen Krebse ab. Ihre Zugehörigkeit zu dieser systematischen Gruppe verraten aber ihre Larven, die denen vieler anderer Krebse sehr ähnlich sehen (**Abb. 14.3**).

1.4.3 Molekulare Homologien

Bakterien, Fliegen, Frösche, der Mensch und alle anderen Organismen sind aus denselben chemischen Grundbausteinen zusammengesetzt, besitzen DNA als genetisches Material, weisen dieselben Mechanismen der Proteinbiosynthese auf, und stimmen in ihren grundlegenden Stoffwechselprozessen überein. Aufgrund dieser Übereinstimmungen ist ein gemeinsamer Ursprung aller Lebewesen anzunehmen. Außerdem kommen die Verwandtschaftsverhältnisse von Lebewesen, die sich aus den Untersuchungen von Organhomologien ergeben haben, auch auf der Ebene der DNA-Sequenzen und der Genprodukte (Aminosäuresequenz der Proteine) zum Ausdruck (s. S. 22).

Bei einem Vergleich der Aminosäuresequenz verschiedener Proteine lassen sich Ähnlichkeiten feststellen, die nicht zufällig sein können. Dies zeigt das Beispiel zweier eiweißspaltender Verdauungsenzyme von Säugetieren. Sie sind in der Lage, Proteine hydrolytisch zu spalten. Sowohl Trypsin als auch Chymotrypsin (**Abb. 15.1**) werden in Form einer inaktiven Vorstufe in der Bauchspeicheldrüse produziert und im Dünndarm zu aktiven Enzymen umgewandelt. Bei den beiden Enzymen stimmen die Aminosäuren an etwa 40 % der Positionen überein, insbesondere in denjenigen Molekülabschnitten, die die Spaltung der Peptidbindungen katalysieren. Man schließt daraus, dass die beiden Enzyme im Laufe der Säugetierevolution aus einem gemeinsamen Ur-Enzym entstanden sind. Diesem Ur-Enzym lag ein einziges Gen zugrunde. Demgegenüber gibt es jetzt im Genom von Säugetieren für Chymotrypsin und Trypsin zwei Gene. Daraus ist zu folgern, dass sich im Laufe der Evolution das Ur-Gen verdoppelt hat. Weitere Mutationen erfolgten dann unabhängig voneinander, sodass zwei unterschiedliche Gene entstanden. Die von ihnen codierten Proteine unterscheiden sich in ihrer Struktur und haben nicht mehr genau die gleiche Funktion bei der Proteinspaltung im Dünndarm.

Homologe Gene und Genprodukte findet man nicht nur innerhalb einer Art, sondern auch bei unterschiedlichen Arten. Homologe Gene gleicher Funktion bei verschiedenen Arten entstanden demnach durch unabhängige Mutationsereignisse im Verlauf der Stammesgeschichte aus einem gemeinsamen Ur-Gen.

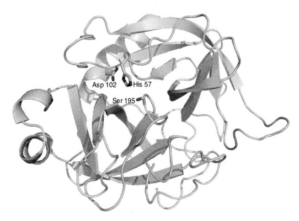

Abb. 15.1: Molekülstruktur von Chymotrypsin. Die markierten Aminosäuren bilden das aktive Zentrum des Enzyms.

1.5 Analogie und konvergente Entwicklung

Der Vergleich der Vordergliedmaßen des Maulwurfs und der Maulwurfsgrille ergibt auffallende Übereinstimmungen im äußeren Erscheinungsbild und in der Funktion: Beide Organe sind kurz und gedrungen und besitzen eine breite »Grabschaufel«, die das Wühlen im lockeren Erdboden erleichtert (**Abb. 16.1**). Beim genaueren Hinsehen zeigt sich aber, dass die Grabbeine dieser beiden Tiere nicht homolog sind; sie weichen in ihrem Grundbauplan deutlich voneinander ab: Während die Grabschaufel des Maulwurfs von der typischen fünffingrigen Vorderextremität der Landwirbeltiere abgeleitet werden kann, zeigt das Vorderbein der Maulwurfsgrille den charakteristischen Bau des Insektenbeins. Solche Strukturen, die zwar dieselbe Funktion besitzen, aber unterschiedliche Baupläne aufweisen, bezeichnet man als **analog**.

Weitere Beispiele für analoge Organe sind die Flügel der Vögel und der Insekten. Auch die Knollen der Kartoffel und der Dahlie sind analog; beide dienen zwar als unterirdische Speicher für Reservestoffe, doch sind die Kartoffelknollen verdickte Sprosse, die Dahlienknollen verdickte Wurzelgebilde. Im Unterschied zu homologen Organen liefern analoge Organe keinen Hinweis auf das Vorliegen einer Verwandtschaft. Vielmehr sind diese Ähnlichkeiten als Angepassheiten an vergleichbare Umweltbedingungen zu erklären.

Werden analoge Organe infolge vergleichbarer Anforderungen der Umwelt im Verlauf der Stammesgeschichte einander im Bau sehr ähnlich, so spricht man von **Konvergenz**. So entstanden z. B. die Fischgestalt bei Knochenfischen, Fischsaurier und Walen (**Abb. 16.2**) und die Kakteengestalt bei verschiedenen Stammsukkulenten (**Abb. 16.3**), die den Spross als Wasserspeicher nutzen, unabhängig voneinander in der Stammesgeschichte.

Wird eine Konvergenz fälschlich als Homologie angesehen, so führt dies zu falscher Einordnung der Art ins natürliche System und zu fehlerhaften Stammbäumen. So hat man früher alle wirbellosen wurmförmigen Tiere, wie z. B. Regenwurm und Spulwurm, in einem Tierstamm »Würmer« vereinigt; da sich ihre Baupläne aber nicht als homolog erwiesen, werden diese Tiergruppen heute nicht mehr als stammesgeschichtliche Einheit angesehen. Die Geier der Neuen Welt, wie z. B. der Kondor, sind nicht mit den Geiern der Alten Welt aus der Gruppe der Greifvögel verwandt. Es handelt sich um Storchenverwandte, wie das Balzverhalten mit »Schnäbeln« zeigt *(s. S. 22)*.

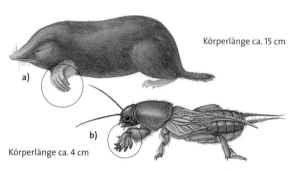

Abb. 16.1: Analoge Organe. **a)** Grabbein des Maulwurfs; **b)** Grabbein der Maulwurfsgrille

Körperlänge ca. 15 cm

a)

b)

Körperlänge ca. 4 cm

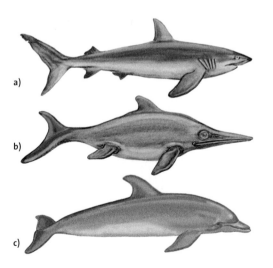

Abb. 16.2: Konvergenz im Körperbau von **a)** Hai (Knorpelfisch), **b)** Fischsaurier (Reptil, ausgestorben) und **c)** Delfin (Säugetier)

Abb. 16.3: Stammsukkulenz als Angepasstheit an wasserarme Standorte. **a)** Kaktus (Amerika); **b)** Wolfsmilch (Kanarische Inseln)

1.6 Fossilien

Bei der Erforschung der Evolutionszusammenhänge ist man nicht allein auf die vergleichende Untersuchung heute lebender Organismen angewiesen. Die Veränderung der Lebewesen in der Erdgeschichte ergibt sich auch aus dem Vergleich von Organismen, die in verschiedenen Erdepochen gelebt haben.

In Gesteinsschichten der verschiedenen geologischen Formationen findet man Abdrücke, Schalen und Skelettteile von Pflanzen und Tieren, die zur Zeit der Bildung jener Schichten gelebt haben. Solche Überreste oder Lebensspuren früherer Organismen bezeichnet man als **Fossilien** *(s. S. 7)*.

Es ist sehr unwahrscheinlich, dass sich ein Lebewesen fossil erhält. Von den wenigen Individuen, die nach ihrem Tod nicht vollständig zersetzt werden, bleiben meist – sofern überhaupt vorhanden – nur Hartteile erhalten, und diese werden bei der Fossilbildung oft nachträglich verändert, z. B. durch Umkristallisation von Kalkschalen (**Abb. 17.1**). Gute Fossilisationsbedingungen liegen insbesondere dann vor, wenn der tote Organismus rasch von einer Sedimentschicht bedeckt wird und so zerstörenden Umwelteinflüssen entzogen wird. Weichteile erhalten sich nur unter sehr günstigen Verhältnissen und müssen in der Regel rekonstruiert werden, um einen Eindruck vom äußeren Erscheinungsbild des ausgestorbenen Lebewesens zu erhalten (**Abb. 17.2**). Dabei zieht man Gestalt und Bau heute lebender Organismen zum Vergleich heran. Dieses Verfahren der **vergleichenden Anatomie** ermöglicht die Einordnung der Fossilien in bestimmte Verwandtschaftsgruppen.

Aus den Fossilien kann man oft auch auf die Umweltbedingungen schließen, die zum Zeitpunkt der Fossileinbettung herrschten; so belegen fossile Meeresmuscheln, dass Ablagerungen eines Meeres vorliegen. Für die jüngere geologische Vergangenheit sind Pollenkörner mit ihren artspezifischen Oberflächenstrukturen als Fossilien von Bedeutung. Man ermittelt ihre relative Häufigkeit in einzelnen Schichten und erschließt daraus die Vegetation während der Bildung der Schichten. Durch diese Pollenanalyse konnte man z. B. die Einwanderung der Baumarten mitteleuropäischer Wälder nach der letzten Eiszeit genau rekonstruieren.

Auch können aus fossilen Tieren DNA-Proben gewonnen werden, wenn das Fossil nicht älter als 1,5 Millionen Jahre ist. Durch Vergleich der Nucleotidsequenzen der fossilen mit rezenten Arten lassen sich Verwandtschaftsverhältnisse ermitteln. So ließ sich zeigen, dass das Genom des eiszeitlichen Mammut zu 98,5 % mit dem des Afrikanischen Elefanten übereinstimmt.

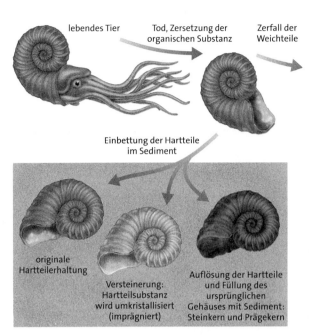

Abb. 17.1: Entstehung eines Fossils am Beispiel eines Ammoniten

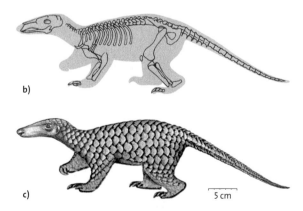

Abb. 17.2: Fossilrekonstruktion. **a)** Fossiles Schuppentier aus der Grube Messel bei Darmstadt (Eozän, vor 45–50 Millionen Jahren); **b)** Rekonstruktion des Skeletts unter Ergänzung fehlender Knochen aufgrund des bekannten Schuppentier-Bauplans; **c)** Rekonstruktion der äußeren Gestalt

Altersbestimmung von Fossilien. Bei horizontaler Lagerung von Gesteinsschichten sind die tiefer liegenden älter als die Schichten, die näher an der Oberfläche liegen. Dadurch ist eine **relative Altersbestimmung** der Schichten und der darin erhaltenen Fossilien möglich. Vorteilhaft zur Datierung sind Lebewesen, die nur über einen geologisch kurzen Zeitraum existiert haben. Deren Fossilreste kennzeichnen daher die in dieser Zeit gebildeten Schichten eindeutig. Man bezeichnet sie als **Leitfossilien.**

Abb. 18.1: Leitfossilien. **a)** Trilobit aus dem Devon; **b)** Ammonit aus dem Jura

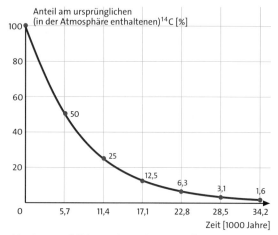

Abb. 18.2: Zerfallskurve des radioaktiven ^{14}C mit einer Halbwertszeit von 5730 Jahren

Wichtige Leitfossilien des Erdaltertums sind die Trilobiten, ursprüngliche meeresbewohnende Gliederfüßer aus der Verwandtschaft der Spinnentiere. Ammoniten sind ausgestorbene Verwandte der Tintenfische. Ihre Gehäuse werden häufig zur relativen Altersbestimmung von Gesteinsschichten aus dem Erdmittelalter herangezogen (**Abb. 18.1**).

Möchte man das tatsächliche Alter eines Fossils ermitteln, muss eine **absolute Altersbestimmung** durchgeführt werden. Dies kann durch Messung des Zerfalls radioaktiver Elemente in der fossilhaltigen Gesteinsschicht erfolgen, z. B. des Kohlenstoffisotops ^{14}C. Dieses Isotop findet sich in äußerst geringer Menge im Kohlenstoffdioxid der Luft (10^{-12} %). Es entsteht aus Stickstoffatomen durch Reaktion mit Neutronen energiereicher Höhenstrahlung. Bei der Fotosynthese wird das ^{14}C anteilmäßig in die Pflanze und über die Pflanzennahrung auch in den Tierkörper aufgenommen. Seine Halbwertszeit beträgt 5730 Jahre. Dann ist die Hälfte der ^{14}C-Atome und nach weiteren 5730 Jahren abermals die Hälfte der verbleibenden Atome zerfallen usw. In Pflanzen- und Tierresten wird bei einem Alter von 11 400 Jahren durch Strahlenmessung also noch ein Viertel der ursprünglichen ^{14}C-Menge vorgefunden (**Abb. 18.2**). Bei Resten, die älter sind als das Zehnfache der Halbwertszeit, wird die »Radiocarbonmethode« ungenau; es liegt dann nur noch eine sehr geringe ^{14}C-Menge vor. Für die absolute Datierung von Gesteinsschichten benötigt man also radioaktive Isotope mit viel längeren Halbwertszeiten. Die so genannte »Kalium-Argon-Uhr« beruht auf dem Zerfall des in Gesteinen und in Fossilien enthaltenen radioaktiven Kalium-Isotops ^{40}K in ^{40}Ar-Atome. Die Halbwertszeit von ^{40}K beträgt 1,3 Milliarden Jahre. Das Edelgas Argon bleibt im Kaliummineral eingeschlossen. Durch Schmelzen des Minerals im Hochvakuum wird die in ihm enthaltene Argonmenge freigesetzt und anschließend gemessen. Außerdem wird die noch vorhandene ^{40}K-Menge gemessen. Ist z. B. die Hälfte des ^{40}K zerfallen, so müssen 1,3 Milliarden Jahre seit der Entstehung des Minerals vergangen sein.

Zur absoluten Datierung von Resten der letzten Jahrtausende bedient man sich auch der Dendrochronologie. Die Abfolge der Jahresringe der Bäume zeigt ein vom regionalen Klima abhängiges Muster, mit dem sich die Bildung der jeweiligen Jahresringe datieren lässt. Das Muster der frühen Jahresringe eines alten, kürzlich gefällten Baumes findet man beispielsweise in den späten Jahresringen eines Balkens, z. B. aus einem Kirchendach, wieder. Die frühesten Jahresringe des Balkens entsprechen den spätesten eines fossilen Holzes aus dem Mittelalter usw. In Mitteleuropa kann man mit diesem Verfahren bis zu ca. 7000 Jahre alte Fossilien datieren. ■

1.7 Rekonstruktion der Stammesgeschichte

Die Evolutionsforschung setzt sich zum Ziel, Organismen in ein natürliches System *(s. S. 10)* einzuordnen, das den historischen Prozess der Stammesgeschichte der Lebewesen widerspiegelt. Der Ablauf der Stammesgeschichte wird dabei mithilfe von **Stammbäumen** veranschaulicht. Ein solcher Stammbaum zeigt die Abstammungsverhältnisse und damit auch die verwandtschaftlichen Beziehungen innerhalb einer systematischen Gruppe. Um einen Stammbaum aufzustellen, geht man in der Regel von den heutigen Arten aus. Während früher bei der Aufstellung von Verwandtschaftsgruppen vor allem morphologische und anatomische Merkmale berücksichtigt wurden, spielen dabei heute überwiegend molekulare Eigenschaften eine Rolle *(s. S. 22)*.

Stammbaum der Wirbeltiere. Traditionell werden die Wirbeltiere in die Klassen der Kieferlosen, Knorpelfische (mit Haien und Rochen), Knochenfische, Amphibien (Lurche), Reptilien (Kriechtiere), Vögel und Säugetiere eingeteilt. Diese Tiergruppen lassen sich jeweils durch ein Merkmalsbündel gegen die anderen Klassen abgrenzen (**Abb. 19.1**).

Bei der Aufstellung eines solchen Stammbaums sucht man zunächst gemeinsame homologe Merkmale der einzugruppierenden Arten. Sind solche Merkmale vorhanden, kann man auf eine Verwandtschaft der Arten schließen und die Gesamtgruppe erhält einen gemeinsamen Hauptast am Stammbaum. Nun gilt es Teilgruppen innerhalb dieser Stammeslinie herauszufinden, die im Verlauf der Evolution jeweils aus einer gemeinsamen Ursprungsart hervorgegangen sind. Jede dieser Artengruppen bildet einen Ast des Stammbaums. Man erkennt sie an Merkmalen, die in der Stammesgeschichte innerhalb der Gesamtgruppe bisher nicht auftraten und somit neu erworben werden. Solche Merkmale bezeichnet man als **abgeleitete Merkmale.** Dagegen nennt man Merkmale, die die Teilgruppe mit Arten anderer Teilgruppen gemeinsam hat und die phylogenetisch älter sind, **ursprüngliche Merkmale.**

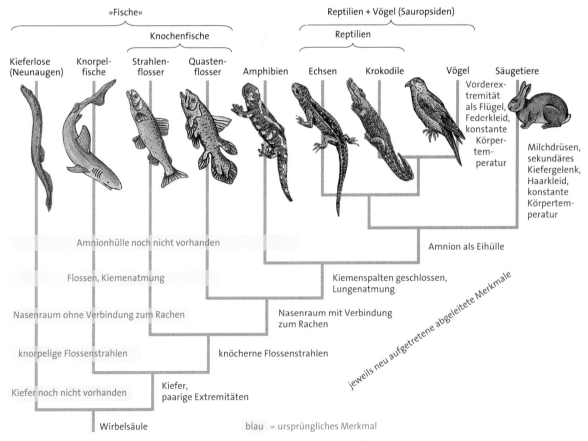

Abb. 19.1: Stammbaum der Wirbeltiere aufgrund homologer abgeleiteter Merkmale

So besitzen alle Wirbeltiere als abgeleitetes Merkmal im Unterschied zu ihren Vorfahren eine Wirbelsäule. Sie sind demnach aus einer gemeinsamen Vorfahrenform hervorgegangen. Die Teilgruppe der Landwirbeltiere besitzt als abgeleitete Merkmale gegenüber ihren Fischvorfahren geschlossene Kiementaschen und Lungenatmung. Auch innerhalb der Landwirbeltiere sind im Laufe der Stammesgeschichte immer wieder neue Merkmale aufgetreten, z. B. Haare und Milchdrüsen als abgeleitete Merkmale der Säuger.

Um in einem Stammbaum den Grad der Verwandtschaft zweier Arten abzulesen, geht man zu der Verzweigung zurück, die die gemeinsame Ausgangsform markiert. Die Arten sind dabei umso näher verwandt, je später sich ihre Stammeslinien getrennt haben. Demnach sind im Wirbeltierstammbaum die Vögel näher mit bestimmten Reptilien verwandt als mit den Säugetieren. Die Krokodile stehen den Vögeln stammesgeschichtlich

näher als den Eidechsen und Schlangen, also Tiergruppen, mit denen sie nach herkömmlicher Auffassung in der Klasse der Reptilien zusammengefasst werden.

Pferdestammbaum. Zeigen Fossilien die kennzeichnenden Merkmale einer systematischen Gruppe, können auch sie aufgrund von Ähnlichkeiten mit rezenten Formen in einen Stammbaum eingeordnet werden. Fossile Formen liefern häufig Zeitmarken für die Evolution. In einigen Fällen, etwa bei der Abstammungsreihe der Pferde, ist die Zahl der Fossilien so groß, dass man fast lückenlose Evolutionsreihen einer Verwandtschaftsgruppe aufstellen kann.

Der Pferdestammbaum (**Abb. 20.1**) beginnt mit dem nur fuchsgroßen, waldlebenden Urpferd *Hyracotherium* aus dem älteren Tertiär (vor 55–50 Millionen Jahren). Es besaß kurze Gliedmaßen, die vorn vier, hinten drei mit Hufen versehene Zehen hatten; die Zähne waren spitz-

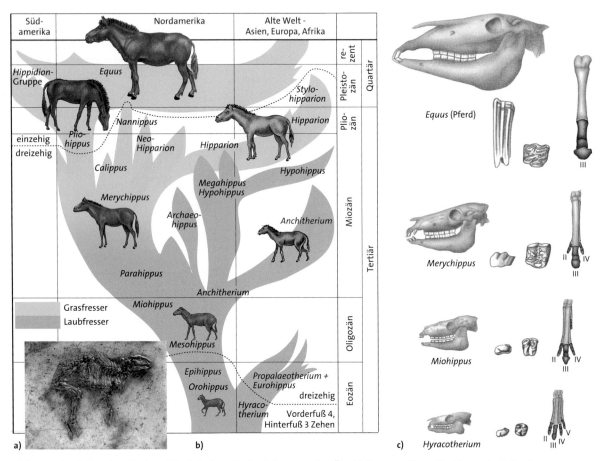

Abb. 20.1: Evolution der Pferde. **a)** Skelett eines Urpferdchens aus den Ölschiefern von Messel bei Darmstadt (Eozän, vor etwa 48 Millionen Jahren; Größe etwa 50 cm); **b)** Stammbaum der Pferde; **c)** Evolution des Schädels, der Backenzähne (in Seitenansicht und Aufsicht) und der Hand der Pferde (die römischen Ziffern bezeichnen die Finger).

höckerig und für Blattnahrung geeignet. Die folgenden Formen zeigen eine fortschreitende Zunahme der Körpergröße, eine Verlängerung des Halses und des Schnauzenteils des Schädels sowie eine Umbildung der Zähne im Zusammenhang mit dem Übergang von Laub- auf Hartgrasnahrung. Ferner ist eine fortschreitende Verlängerung der Beine bei gleichzeitiger Rückbildung der Zahl der Zehen bis auf die immer stärker werdende mittlere Zehe zu beobachten. Am Ende der Reihe steht ab der Epoche der Eiszeiten (Pleistozän) als schnelles Steppentier das heutige Pferd *(Equus)*. Dazwischen existierte eine Fülle von Zwischenformen und Nebenlinien, die nach längerer oder kürzerer Entwicklung wieder ausstarben.

Fossile Übergangsformen. Von besonderer Bedeutung für die Rekonstruktion der Stammesgeschichte sind fossile Übergangsformen, häufig auch als »*connecting links*« (engl. Bindeglieder) bezeichnet. Sie zeigen ein Mosaik von Merkmalen verschiedener Verwandtschaftsgruppen und markieren so den Übergang von einer systematischen Einheit zu einer neuen.

Das bekannteste Beispiel für eine solche Übergangsform ist der etwa taubengroße Urvogel *Archaeopteryx* (**Abb. 21.1**). Die Urvogel-Fossilien aus dem oberen Jura (vor 145 Millionen Jahren) machten die Fundstätten von Solnhofen und Eichstätt (Bayern) weltberühmt. Die Funde zeigen nebeneinander Merkmale von heutigen Vögeln und von Reptilien. *Archaeopteryx* besaß einerseits lange

Federn an den Vordergliedmaßen, auch war das Armskelett vogelartig. Andererseits traten als Reptilmerkmale bezahnte Kiefer auf, und es waren drei freie Finger und eine lange Schwanzwirbelsäule vorhanden. Ein knöcherner Brustbeinkamm, wie ihn alle heutigen flugfähigen Vögel als Ansatz für die kräftige Flugmuskulatur besitzen, fehlte. Ebenso wie der Feinbau der Federn spricht dies dafür, dass *Archaeopteryx* ein Gleitflieger war. Von den Fluganpassungen abgesehen, entspricht der Urvogel in seinem Körperbau weitgehend einem kleinen fleischfressenden Dinosaurier. Die Urvogelfunde dienen daher als Indizien für die Abstammung der Vögel von Raubdinosaurier-Vorfahren. Bei den heute lebenden Vögeln handelt es sich also um spezialisierte Dinosaurier – diese Tiergruppe ist demnach nicht ausgestorben, sondern lebt in den Vögeln fort.

Ein weiteres bekanntes »*connecting link*« ist der etwa 400 Millionen Jahre alte Urlurch *Ichthyostega (s. S. 7, 44)* aus dem Devon Grönlands. *Ichthyostega* und einige verwandte Formen vermitteln in ihrem Körperbau zwischen Quastenflossern und Amphibien. Die ursprünglichen Amphibien besaßen vier Extremitäten sowie einen Schulter- und einen Beckengürtel; andererseits findet man eine Rücken- und eine Schwanzflosse, auch Schädelbau und Gebiss sind fischartig. Die Fossilfunde stützen die Annahme, dass die Landwirbeltiere aus devonischen Quastenflossern hervorgegangen sind.

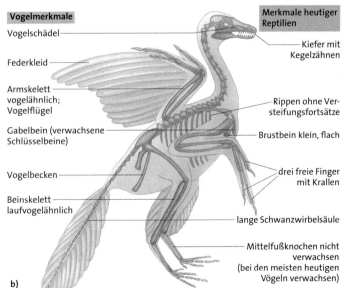

Vogelmerkmale

Vogelschädel

Federkleid

Armskelett vogelähnlich; Vogelflügel

Gabelbein (verwachsene Schlüsselbeine)

Vogelbecken

Beinskelett laufvogelähnlich

Merkmale heutiger Reptilien

Kiefer mit Kegelzähnen

Rippen ohne Versteifungsfortsätze

Brustbein klein, flach

drei freie Finger mit Krallen

lange Schwanzwirbelsäule

Mittelfußknochen nicht verwachsen (bei den meisten heutigen Vögeln verwachsen)

Abb. 21.1: *Archaeopteryx lithographica.* **a)** Fossil aus den Plattenkalken von Eichstätt (Bayern, oberer Jura); **b)** Skelett (rot: Vogelmerkmale, grün: Reptilienmerkmale)

EVOLUTION

1.8 Molekulare Stammbäume

Geier ernähren sich von Aas. In ihrem Körperbau sind sie an diese Form der Ernährung angepasst: der kräftige Hakenschnabel, die spärliche Befiederung von Kopf und Hals, der große, dehnbare Kropf und der enzymreiche Magensaft können als Anpassungen an den Verzehr von großen Tierkadavern verstanden werden. Man findet Geier sowohl in Afrika, Asien und Europa als auch in Süd- und Mittelamerika. Zu den Altweltgeiern gehören z. B. der Gänsegeier und der Ohrengeier, einer der bekanntesten Vertreter der Neuweltgeier ist der Kalifornische Kondor (**Abb. 22.1**). Aufgrund ihres ähnlichen Körperbaus wurden die altweltlichen und die neuweltlichen Geier lange Zeit in der Ordnung der Greifvögel vereinigt. In den 1970er Jahren wurde jedoch aufgrund von Befunden aus der Anatomie und der vergleichenden Verhaltensforschung die Hypothese aufgestellt, die Neuweltgeier seien mit den Störchen näher verwandt als mit den Greifvögeln. Demzufolge wurden die Merkmalsähnlichkeiten der beiden Geiergruppen auf eine konvergente Entwicklung zurückgeführt. Die Klärung der Frage nach den tatsächlichen Verwandtschaftsbeziehungen erfolgte durch DNA-Analysen. Es zeigte sich, dass Neuweltgeier tatsächlich im Bereich der untersuchten Gene ähnliche Nucleotidsequenzen besitzen wie Störche, Möwen und Albatrosse. Demnach gehen diese Gruppen auf eine gemeinsame Ausgangsform zurück. Die altweltlichen Geier gehören gemäß diesen Untersuchungen dagegen in die Verwandtschaft der Adler und Bussarde.

Die ersten Untersuchungen der molekularen Evolutionsforschung erfolgten bereits um 1900 mit Proteinen des Blutserums. Testseren, die Antikörper gegen die Serumeiweiße einer bestimmten Tierart enthielten, wurden mit Serumproben anderer Arten zusammengegeben. Aus dem Umfang des Niederschlags, der sich infolge einer Antigen-Antikörper-Reaktion im Testserum bildete, konnte auf die Ähnlichkeit der Serumproteine der untersuchten Arten rückgeschlossen werden. In vielen Fällen bestätigten Daten aus der **Serumreaktion** die aus anatomischen Vergleichen ermittelten Verwandtschaftsverhältnisse. So stützten serologische Untersuchungen die Vermutung, dass Robben von marder- und bärenartigen Vorfahren abstammen.

Heute spielt die Serumreaktion für die Verwandtschaftsforschung keine Rolle mehr. Um 1960 begann man die Aminosäureabfolge homologer Proteine zu analysieren. Ein bekanntes Beispiel ist die vergleichende Untersuchung von **Cytochrom c**, einem elektronenübertragenden Protein der Zellatmung. Es kommt in allen aeroben Lebewesen vor. Das Cytochrom c des Menschen unterscheidet sich von dem des Rhesusaffen nur in einer einzigen Aminosäure. Dies lässt auf einen einzigen Mutationsschritt schließen. Zwischen Menschen- und Hunde-Cytochrom treten hingegen elf Unterschiede auf, denen vermutlich entsprechend viele Mutationsereignisse zugrunde liegen. Dies bestätigt, dass sich die Evolutionslinie zum Menschen früher von der Evolutionslinie zum Hund getrennt hat als von der zum Rhesusaffen. Selbst zwischen Hefe und Mensch stimmt noch etwas mehr als die Hälfte aller Aminosäuren überein. Dies kann kein Zufall sein: Die Evolution des Cytochroms c ist vor sehr langer Zeit von einem »Ur-Cytochrom« ausgegangen. Aufgrund zahlreicher derartiger Untersuchungen können die Änderungen in einem »Stammbaum des Cytochroms c« zusammengefasst werden (**Abb. 23.1**). Obwohl er sich nur auf eine einzige Molekülart bezieht, gleicht er weitgehend dem Stammbaum, der mithilfe der vergleichenden Anatomie aufgestellt wurde.

Der Cytochrom-Stammbaum kann auch als »**molekulare Uhr**« genutzt werden. Das Cytochrom c von Säugetieren und Amphibien unterscheidet sich durchschnittlich in 17 Aminosäurepositionen. Aus Fossilfunden weiß man, dass sich die Stammeslinien der beiden Gruppen vor rund 400 Millionen Jahren getrennt haben, daraus ergibt sich ein rechnerischer Wert von einem Aminosäureaustausch im Zeitraum von 20–25 Millionen Jahren. Da sich außerdem gezeigt hat, dass die Mutationsrate eines bestimmten Gens über lange Zeiträume annähernd konstant ist, erhält man so ein Maß für die Geschwindigkeit der Evolution des betreffenden Proteins. Auf der Basis dieser Berechnungen können näherungsweise auch die Trennungszeiten anderer Gruppen ermittelt werden, so etwa die Abspaltung der Wirbeltiere von den Ur-Chordatieren vor 600–800 Millionen Jahren.

Abb. 22.1: Kalifornischer Kondor (**a**) und Ohrengeier (**b**) gehören verschiedenen Vogelordnungen an.

DNA-Stammbäume. In jüngster Zeit lösten DNA-Analysen die Proteinuntersuchungen ab.

Ein Verfahren, mit dem die Ähnlichkeit der DNA verschiedener Organismen untersucht werden kann, ist die **DNA-Hybridisierung.** Dazu werden zunächst zwei DNA-Proben erwärmt, wobei sich jeweils Einzelstränge bilden. Gibt man nun die beiden Proben zusammen und lässt die Lösung abkühlen, kommt es zu einer erneuten Paarung der Stränge. Dabei entstehen sowohl Doppelstränge aus Einzelsträngen desselben Organismus als auch gemischte Doppelstränge, so genannte Hybridstränge (lat. *hybrida* Mischling). Je ähnlicher sich die DNA-Moleküle der beiden Organismen sind, desto mehr Basenpaarungen treten in der Hybrid-Nucleinsäure auf. Dies hat Einfluss auf den „Schmelzpunkt" solcher Hybridmoleküle. Je mehr komplementäre Basenpaarungen vorliegen, je mehr Wasserstoffbrücken sich also zwischen den Strängen ausgebildet haben, desto höher ist die Temperatur, die notwendig ist, um die beiden Teilstränge wieder zu trennen. Moderne Verfahren ermitteln das Ausmaß der Hybridisierung, indem zuvor einer der beiden Stränge mit Fluoreszenzfarbstoffen markiert wird.

Heute ist die Analyse der Nucleotidsequenz von Genen das Standardverfahren zur Ermittlung molekularer Ähnlichkeiten von Organismen. DNA-Sequenzierungen haben den Vorteil, dass sie rasch durchzuführen sind und dass der Grad der Übereinstimmungen in den Basensequenzen unmittelbar zu erkennen ist. Die Gemeinsamkeiten und Unterschiede in der Nucleotidsequenz mehrerer Gene und anderer leicht identifizierbarer DNA-Sequenzen werden mit Computerprogrammen ausgewertet und in Stammbaumdarstellungen umgesetzt. Zum Vergleich bieten sich insbesondere rRNA-Gene und die Gene für universelle Proteine an wie z. B. für Enzyme der Atmungskette und RNA-Polymerasen.

Die DNA-Analyse liefert wichtige Erkenntnisse zur Systematik der Wirbeltiere, aber auch zu Verwandtschaftsverhältnissen bei Prokaryoten, wirbellosen Tieren und Pflanzen, die mit den klassischen Verfahren nicht zu erhalten waren. Beispielsweise konnte aufgrund der Untersuchung von Cytochrom-b-Gensequenzen bei Eulen unerwarteterweise die sehr nahe Verwandtschaft der Schneeeule mit dem Amerikanischen Uhu belegt werden (**Abb. 23.2**). Besondere Bedeutung kommt der DNA-Analyse zu, wenn die morphologischen und anatomischen Merkmale einer Art keine eindeutige Zuordnung zu einer systematischen Gruppe zulassen. Außerdem können morphologisch sehr ähnliche Formen gegeneinander abgegrenzt werden. Dies spielt besonders bei den Prokaryoten eine große Rolle, die sich äußerlich oft nicht unterscheiden lassen.

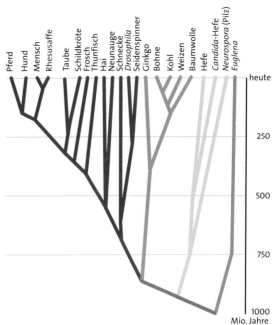

Abb. 23.1: Stammbaum von Cytochrom c

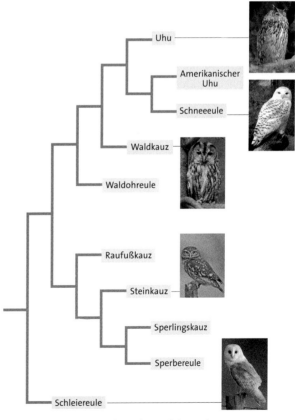

Abb. 23.2: Stammbaum der Eulen auf der Basis von DNA-Analysen

Evolutionsforschung

Die Evolutionsforschung beschäftigt sich mit den Ursachen und Gesetzmäßigkeiten des Evolutionsvorgangs. Ein wichtiges Ziel ist dabei die Erforschung von Verwandtschaftsverhältnissen zwischen den Organismenarten. Grundlage der Verwandtschaftsforschung ist der Vergleich heute lebender (**rezenter**) Organismen. Mit der Begründung der **Paläontologie** begann die Untersuchung und Interpretation von **Fossilfunden**. Im 19. Jahrhundert entstand aus diesen Untersuchungen das Wissen um Abstammungszusammenhänge zwischen den Lebewesen. Als Begründer der Evolutionstheorie gilt JEAN BAPTISTE DE LAMARCK. Seine Vorstellungen, dass sich Organe im Laufe der Stammesgeschichte durch Gebrauch vervollkommnen bzw. bei Nichtgebrauch verkümmern und dass diese neu erworbenen Merkmale vererbt werden können, gilt heute als widerlegt (*s. Kap. 1.1*).

Die kausale Erklärung für den Ablauf der Evolution geht auf CHARLES DARWIN zurück. Ausgehend von einer Fülle eigener Naturbeobachtungen, schloss DARWIN, dass die stammesgeschichtliche Entwicklung auf den Prinzipien der **Variation** und **natürlichen Selektion** beruht. Demnach unterscheiden sich die Individuen einer Population untereinander: Bei ihrer Konkurrenz um natürliche Ressourcen wie Nahrung, Lebensraum und Geschlechtspartner erweisen sich einzelne Individuen als erfolgreicher im »Kampf ums Dasein«; der Erfolg, die individuelle **Fitness,** bemisst sich dabei an der Zahl der Nachkommen. Im Laufe der Zeit setzen sich daher Organismen durch, die besser an ihre Umwelt angepasst sind (*s. Kap. 1.2*).

Rezente und fossile Arten lassen sich anhand von Merkmalsübereinstimmungen und -abweichungen in verschiedene Gruppen einteilen. Die Lebewesen zeigen dabei eine abgestufte Merkmalsähnlichkeit, die Grundlage des natürlichen Systems der Organismen wurde. Basiseinheit dieses Systems ist die **Art;** man unterscheidet dabei den traditionellen morphologischen Artbegriff, der vor allem auf äußeren Merkmalen beruht, vom biologischen bzw. populationsgenetischen Artbegriff. Arten werden seit LINNÉ mithilfe der **binären Nomenklatur** benannt (*s. Kap. 1.3*).

Stammesgeschichtliche Verwandtschaftsbeziehungen werden anhand von **Homologien** erforscht. Darunter versteht man Übereinstimmungen von Merkmalen aufgrund eines gemeinsamen Bauplans, der wiederum auf einer übereinstimmenden genetischen Information beruht. Ob ein Merkmal bei verschiedenen Organismen homolog ist, kann mithilfe von **Homologiekriterien** ermittelt werden. Die Evolutionstheorie erklärt auch das Vorkommen von **Rudimenten** und **Atavismen.** Die von ERNST HAECKEL begründete **biogenetische Regel** besagt, dass im Verlauf der individuellen Entwicklung eines Lebewesens, der Ontogenese, in vielen Fällen Entwicklungsstadien von stammesgeschichtlichen Vorfahren durchlaufen werden. **Brückentiere** wie z. B. das Schnabeltier zeigen ein Merkmalsmosaik verschiedener Tiergruppen; sie können als Modelle für Übergangsformen im Laufe der stammesgeschichtlichen Entwicklung aufgefasst werden. Neben Bauplanmerkmalen spielen in zunehmendem Maß auch molekulare Merkmale eine wichtige Rolle bei der Homologieforschung, insbesondere der Bau bestimmter Proteine und der zugrundeliegenden Gene (*s. Kap. 1.4*).

Im Unterschied zu homologen Merkmalen handelt es sich bei analogen Merkmalen um Strukturen ähnlicher Funktion, die auf einen unterschiedlichen Bauplan zurückgehen; sie deuten auf ähnliche Lebensweisen bei nicht näher verwandten Arten hin. Kommt es im Verlauf der Evolution unter der Wirkung eines vergleichbaren Selektionsdrucks zu einem ähnlichen Gesamterscheinungsbild bei verschiedenen Organismen, spricht man von **Konvergenz** (*s. 1.5*).

Fossilien sind Reste oder Spuren früherer Lebewesen. Sie können bei ausreichend guter Erhaltung in Stammbäume eingeordnet werden und dann dazu dienen, die Veränderungen der Lebewesen in der Erdgeschichte aufzuzeigen (*s. Kap. 1.6*).

Stammbäume veranschaulichen die Verwandtschaftsverhältnisse von Lebewesen und den Ablauf der Stammesgeschichte. Bei der Aufstellung müssen ursprüngliche und **abgeleitete** (neu auftretende) Merkmale innerhalb der betrachteten systematischen Gruppe berücksichtigt werden. In manchen Fällen erlauben Fossilfunde die Aufstellung von Abstammungsreihen. *Connecting links* wie z. B. der Urvogel *Archaeopteryx* sind Übergangsformen zwischen zwei systematischen Gruppen; sie zeigen Merkmale beider Verwandtschaftsgruppen (*s. Kap. 1.7*).

Um Stammbäume aufzustellen, nutzt man anstelle von anatomisch-morphologischen Merkmalen heute überwiegend molekulare Merkmale, vor allem den Vergleich von DNA-Sequenzen. Einen »DNA-Stammbaum« kann man als **molekulare Uhr** nutzen, um den Zeitpunkt der Trennung verschiedener Entwicklungslinien zu berechnen (*s. Kap. 1.8*).

AUFGABEN

1 Ein historischer Quellentext

Eines der wichtigsten Werke in der Geschichte der Evolutionsforschung enthält folgende Textpassagen (ins Deutsche übersetzt): »Bei jedem Tier, das den Höhepunkt seiner Entwicklung noch nicht überschritten hat, stärkt der häufigere und dauernde Gebrauch eines Organs dasselbe allmählich, entwickelt, vergrößert und kräftigt es proportional zur Dauer seines Gebrauchs; der konstante Nichtgebrauch eines Organs macht es unmerkbar schwächer, verschlechtert es, verringert fortwährend seine Fähigkeiten und lässt es endlich verschwinden. Alles, was die Individuen durch […] den Einfluss des […] Gebrauchs oder konstanten Nichtgebrauchs eines Organs erwerben oder verlieren, wird durch die Fortpflanzung auf die Nachkommen vererbt.«

a) Ordnen Sie den Text einem Autor und seinem Hauptwerk zu und geben Sie das Erscheinungsjahr an.

b) Beurteilen Sie die Aussagen des Autors vor dem Hintergrund heutiger wissenschaftlicher Erkenntnisse. Begründen Sie, weshalb der Text einen fundamentalen Widerspruch zur seinerzeit geltenden Lehrmeinung darstellte.

2 Natürliche Auslese

Der Fennek oder Wüstenfuchs ist ein typischer Bewohner der Wüstengebiete Nordafrikas. Die in kleinen Gruppen lebenden Nachttiere legen unterirdische Baue im Wüstensand an und ernähren sich von Insekten, kleinen Wirbeltieren (Eidechsen, Vögel) und Pflanzenteilen (Wurzeln). Im Unterschied zu verwandten Fuchsarten der gemäßigten und kalten Zonen der Nordhalbkugel besitzt der Fennek deutlich größere Ohren (**Abb. 25.1**) und behaarte Fußsohlen.

Abb. 25.1: Fennek

a) Stellen Sie dar, wie sich der Fennek im Laufe der Evolution aufgrund von »natürlicher Auslese« aus Vorfahren mit normal großen Ohren und unbehaarten Sohlen entwickelt haben könnte. Verwenden Sie bei Ihrer Antwort auch die Begriffe »Variation«, »Fitness« und »Selektion«.

b) Suchen Sie in Fachbüchern und im Internet weitere Angepasstheiten des Fenneks an seine Lebensweise und seinen Lebensraum.

3 Artbegriff bei fossilen Organismen

Lebewesen, die ausschließlich auf der Basis von Fossilfunden bekannt sind, lassen sich oftmals nur schwer einer bestimmten Art zuordnen. Erklären Sie, worin die Schwierigkeiten bestehen, und ermitteln Sie, welcher Artbegriff der Einordnung zugrunde liegt.

4 Fossile Vögel

In den letzten Jahren fand man – vor allem in China – zahlreiche fossile Vogelarten, die neue Erkenntnisse zur Evolution dieser Wirbeltiergruppe lieferten. Trotzdem sind Vogelfossilien, verglichen mit der Anzahl an Fisch- oder Dinosaurierfossilien, immer noch große Raritäten.

a) Erklären Sie diese Tatsache. Berücksichtigen Sie bei Ihrer Antwort die Besonderheiten im Körperbau und in der Lebensweise der Vögel.

b) Im Unterschied dazu zählen Muscheln zu den Tieren, die am häufigsten fossil erhalten werden. Begründen Sie diese Tatsache.

5 Greifreflex bei Neugeborenen

Beim Menschen lässt sich bei Neugeborenen in den ersten Lebenstagen durch Berühren der Fußsohlen ein Greifreflex auslösen (**Abb. 25.2**). Interpretieren Sie diese Fähigkeit auf der Basis der biogenetischen Regel.

Abb. 25.2: Fuß-Greifreflex bei einem Neugeborenen

6 Grabende Säugetiere

Der in australischen Wüstengebieten vorkommende Beutelmull (**Abb. 26.1 a**), der vorderasiatische Blindmull (**Abb. 26.1 b**) und der Europäische Maulwurf (**Abb. 26.1 c**) sind sich in ihrem äußeren Körperbau sehr ähnlich, gehören aber völlig verschiedenen Säugetiergruppen an: Der Beutelmull ist ein Beuteltier, der Blindmull ein Nagetier und der Maulwurf gehört zu den Insektenfressern.

Abb. 26.1: Grabende Säugetiere.
a) Beutelmull; **b)** Blindmull **c)** Maulwurf

a) Nennen Sie zu jeder der drei aufgeführten Säugerordnungen zwei weitere Beispiele.

b) Erläutern Sie unter Zuhilfenahme evolutionsbiologischer Vorstellungen, wie die Ähnlichkeiten im Erscheinungsbild der drei genannten Tiere zustande gekommen sein dürften.

c) Der wissenschaftliche Artname des Europäischen Maulwurfs lautet *Talpa europaea* LINNÉ, 1758. Erklären Sie anhand dieses Namens das Grundprinzip der wissenschaftlichen Nomenklatur von Tieren.

7 Merkmale von Säugetieren

Bei den Säugetieren handelt es sich um zumeist lebendgebärende Tiere, die Milchdrüsen besitzen und ihre Jungen säugen; sie besitzen ein knöchernes Innenskelett und ihre Körperoberfläche trägt ein Haarkleid. Sie sind gleichwarm; ihr Schädel ist durch drei Gehörknöchelchen gekennzeichnet.

Geben Sie an, welche der genannten Merkmale abgeleitete Merkmale der Säugetiere sind, die nur bei dieser Tiergruppe vorkommen.

8 Ein Säugetier mit Entenschnabel

Der entenartige Schnabel des Schnabeltiers stellte die Zoologen lange Zeit vor ein Rätsel. Er besitzt eine knöcherne Stütze aus den verlängerten Zwischenkieferknochen (**Abb. 26.2 b**), die in eine Knorpelplatte eingebettet sind. Diese ist von einer äußerst tastempfindlichen Haut mit zahlreichen Schleim produzierenden Zellen überzogen.

a) Handelt es sich bei den Schnäbeln von Stockente und Schnabeltier um homologe Organe? Begründen Sie Ihre Meinung.

b) Interpretieren Sie die Entstehung des Schnabels des Schnabeltiers im Verlauf der Stammesgeschichte als Angepasstheit an Lebensraum und Lebensweise dieser Tierart.

c) Oft wird in Büchern behauptet, das Schnabeltier sei eine Übergangsform zwischen Säugetieren und Vögeln. Bewerten Sie diese Aussage.

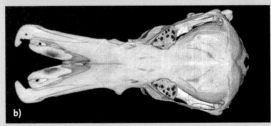

Abb. 26.2: Schnabeltier. **a)** Kopf mit »Entenschnabel«; **b)** Aufsicht auf den Schädel

9 Systematische Stellung des Schuhschnabels

In der traditionellen Vogelsystematik wird der afrikanische Schuhschnabel (Abb. 27.1) zu den äußerlich ähnlichen Reihern und Störchen in die Ordnung der Stelzvögel gestellt. Neuere molekulare Befunde deuten hingegen darauf hin, dass dieser Vogel wohl eher mit den Pelikanen verwandt ist.

Nennen und beschreiben Sie zwei verschiedene molekularbiologische Methoden, mit denen sich die systematische Stellung des Schuhschnabels überprüfen lassen könnte.

Abb. 27.1: Schuhschnabel

Praktische Aufgabe

10 Rekonstruktion eines Fossils

Abb. 27.2 zeigt ein etwa 200 Millionen Jahre altes Fossil eines Wirbeltiers in Fundlage. Der Erhaltungszustand des Fossils ist außergewöhnlich gut, außerdem ist das etwa 6 m lange Skelett annähernd komplett überliefert.

a) Kopieren Sie die Skelettabbildung (a) in möglichst großem Maßstab auf ein DIN-A3-Blatt. Versuchen Sie, die typischen Skelettelemente eines Landwirbeltiers zu identifizieren. Schneiden Sie nun die einzelnen Skelettelemente aus und kleben Sie diese auf ein leeres Blatt derselben Größe so auf, dass ein Eindruck von der Gestalt der fossilen Art entsteht. Ergänzen Sie Ihre »Rekonstruktion«, indem Sie die Körperumrisse des Tiers einzeichnen.

b) Erstellen Sie eine Liste, in der Sie aufführen, welche Informationen der Skelettfund einem Paläontologen liefern kann und welche Aussagen zwangsläufig spekulativ bleiben müssen.

c) Versuchen Sie, aus Ihrer Rekonstruktion abzuleiten, in welchem Lebensraum die fossile Tierart wohl lebte und wovon sie sich ernährt haben könnte. Betrachten Sie dazu auch Abb. 27.2 b, die den rekonstruierten Kopf des Fossils zeigt.

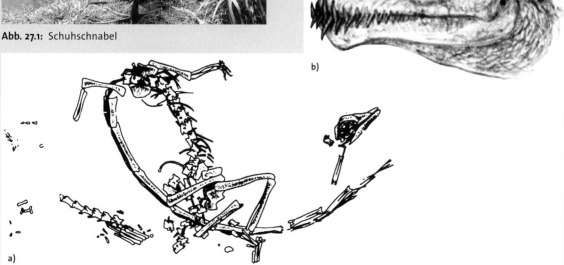

Abb. 27.2: Fossil aus der Trias. **a)** Skelett in Fundlage; **b)** Rekonstruktion des Kopfes

2 Mechanismen der Evolution

2.1 Evolutionsfaktoren

Die Evolutionstheorie geht davon aus, dass sich die Organismenarten allmählich im Verlauf der Erdgeschichte entwickelt haben. Zur Bestätigung dieser für die Biologie zentralen Annahme tragen alle biologischen Teildisziplinen bei.

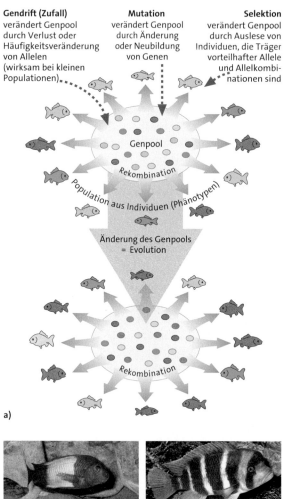

Gendrift (Zufall) verändert Genpool durch Verlust oder Häufigkeitsveränderung von Allelen (wirksam bei kleinen Populationen)

Mutation verändert Genpool durch Änderung oder Neubildung von Genen

Selektion verändert Genpool durch Auslese von Individuen, die Träger vorteilhafter Allele und Allelkombinationen sind

Genpool

Rekombination

Population aus Individuen (Phänotypen)

Änderung des Genpools = Evolution

Rekombination

a)

b)

Abb. 28.1: Evolutionsfaktoren. **a)** Zusammenwirken von Evolutionsfaktoren; **b)** nahe verwandte Buntbarscharten aus dem Tanganjikasee

Die Erforschung der Ursachen des Evolutionsgeschehens ist eine der wichtigsten Aufgaben der Evolutionsforschung. Sie liefert die kausale Erklärung für die Bildung von Arten und die Entstehung neuer Verwandtschaftsgruppen in der Stammesgeschichte.

CHARLES DARWIN erkannte Variation und Selektion als die entscheidenden Triebfedern der Evolution. Natürliche Ausleseprozesse greifen an den unterschiedlichen Phänotypen der Individuen einer Population an. Erst spätere Befunde aus der Genetik konnten jedoch erklären, wie es zur Phänotypenvielfalt innerhalb der Population kommt. Das Zusammenwirken der verschiedenen an Evolutionsprozessen beteiligten Faktoren wird im Folgenden näher beschrieben.

2.1.1 Zusammenspiel der Evolutionsfaktoren

Die Gesamtheit der Allele aller Individuen einer Population nennt man den **Genpool**. Er bleibt unter folgenden Voraussetzungen konstant: Es liegt keine Variabilität vor, Mutationen treten nicht auf; alle Individuen sind für die gegebene Umwelt gleich gut geeignet, und die Paarungswahrscheinlichkeit beliebiger Partner ist gleich groß; Zu- oder Abwandern oder Tod einzelner Individuen spielen für die Zusammensetzung des Genpools keine Rolle. Dies alles gilt nicht für eine natürliche Population, weshalb man dieses Modell als **ideale Population** bezeichnet. Sehr große, individuenreiche Populationen kommen aber den Eigenschaften einer idealen Population recht nahe.

Jede Abweichung von den Voraussetzungen einer idealen Population erzeugt eine Veränderung des Genpools und damit einen kleinen Evolutionsschritt. Evolution wird also insbesondere durch das Zusammenwirken folgender Faktoren hervorgerufen (**Abb. 28.1 a**):
1. Durch **Mutationen** entstehen ständig neue Allele und damit neue Eigenschaften.
2. Infolge von **Selektion** vermehren sich vorteilhafte Phänotypen.
3. Durch den zufälligen Tod von Teilen einer Population können in kleinen Populationen bestimmte Allele durch **Gendrift** unwiederbringlich verloren gehen.

Für die Wirksamkeit von Mutation und Selektion ist weiterhin die **Rekombination** der Allele innerhalb des Genpools wichtig. Infolge der geschlechtlichen Fortpflanzung entstehen immer neue Allelkombinationen und somit Phänoypen, die der Selektion unterliegen. So können sich z. B neue Körpermuster ausbilden (**Abb. 28.1b**). Neue Arten entstehen dadurch, dass der Genaustausch zwischen zwei Teilpopulationen unterbrochen wird. Diese Auftrennung des Genpools nennt man **genetische Separation**.

2.1.2 Mutationen als Grundlage der Evolution

Bei der Replikation der DNA treten immer wieder Fehler auf. Solche bleibenden Veränderungen von Genen werden als **Mutationen** bezeichnet. Mutationen sind vergleichsweise häufige Ereignisse: Beispielsweise erfolgt beim Menschen mit etwa 25 000 Genen in jeder dritten bis vierten Keimzelle (Eizelle oder Spermium) eine neue Mutation in einem Gen. Allerdings kommt nur ein kleiner Teil dieser genetischen Veränderungen auch im Phänotyp zum Ausdruck. Bei vielzelligen Tieren haben Mutationen nur dann eine Auswirkung auf die Folgegeneration, wenn Zellen der Keimbahn betroffen sind.

Die Entstehung von Mutanten kann eine Reihe von Ursachen haben. Diese Mutationen auslösenden Faktoren bezeichnet man als **Mutagene;** dazu gehören ultraviolette und radioaktive Strahlung, Röntgenstrahlung sowie zahlreiche Chemikalien und extreme Temperaturen.

Von besonderer Bedeutung für die Entstehung von Mutanten ist die Funktion der Reparaturenzyme, die den korrekten Einbau der Nucleotide während der Replikation kontrollieren und ggf. korrigieren. Eine Einschränkung der Funktion der DNA-Reparatursysteme erhöht die Mutationsrate; solche Ereignisse haben daher großen Einfluss auf die Evolution. Würden die Reparaturenzyme sämtliche Replikationsfehler korrigieren, wäre die Mutationsrate gleich Null, und Evolution wäre ausgeschlossen.

Da ein Gen in unterschiedlicher Weise durch Mutationen verändert werden kann, können verschiedene Allele entstehen (**Abb. 29.1**). Die fortlaufende Erzeugung einer großen Zahl unterschiedlicher Allele durch Mutationen begünstigt die Evolution. Sie sorgt für eine Veränderung der Allelhäufigkeiten in einer Population, also eine Änderung der **Allelfrequenz.** Damit sind Mutationen die Ursache für die Entstehung von genetischer und somit phänotypischer Variabilität in einer Population.

Im Zusammenhang mit Evolution sind Punktmutationen, die nur zu kleinen Veränderungen bei den Individuen führen, wichtiger als solche mit großen Auswirkungen auf den Phänotyp, denn die letzteren haben eine verringerte Fortpflanzungsrate oder Lebenserwartung zur Folge. Da Mutationen fortlaufend vorkommen, gab es in der Natur nie einen Zustand, in dem alle Individuen einer Population genetisch gleich waren.

2.1.3 Genetische Rekombination

Die genetische Rekombination liefert neue Genotypen, indem sie Allele neu kombiniert. Damit entstehen neue Phänotypen, von denen solche mit günstigen Allelkombinationen ausgelesen werden. Eine genetische Rekombination ist bei Eukaryoten nur bei geschlechtlicher Fortpflanzung möglich, denn sie erfolgt durch die Zufallsverteilung der väterlichen und mütterlichen Chromosomen sowie durch Crossing-over bei der Meiose. Bei der ungeschlechtlichen Fortpflanzung sind Eltern und Nachkommen genetisch gleich, außer beim Auftreten neuer Mutationen. Daher ist für die Evolution die geschlechtliche Reproduktion von größter Bedeutung. Wenn ein Organismus nur in einem Allelenpaar heterozygot wäre *(Aa)*, würde er $2^1 = 2$ verschiedene Geschlechtszellen bilden. Ist der Organismus in zwei Erbanlagen heterozygot *(AaBb)*, so können $2^2 = 4$ verschiedene Geschlechtszellen gebildet werden, und ist er in 15 Erbanlagen auf verschiedenen Chromosomen heterozygot, können bereits $2^{15} = 32\,768$ verschiedene Geschlechtszellen gebildet werden. Infolge der Entkoppelung durch Crossing-over ist die Zahl der Rekombinanten noch größer. Da die Organismen viele Allele besitzen, entsteht eine Fülle von Rekombinationsmöglichkeiten für die Nachkommen, die dann der Selektion unterliegen. Beim Fehlen von Rekombination wäre dagegen die **Evolutionsgeschwindigkeit** weitaus geringer, da mehrere vorteilhafte Mutationen nicht durch geschlechtliche Fortpflanzung kombiniert werden könnten. Rekombination führt allerdings weder zu einer Neubildung von Allelen noch zu einer Veränderung der Allelfrequenzen in einer Population.

Abb. 29.1: Variabilität der Gehäusefarbe bei einheimischen Bänderschnecken. Die Farbe des Gehäuses wird von einem Gen bestimmt, das in drei allelen Formen (für braun, rosa und gelb) vorliegen kann. Die Bänderung beruht auf dem Einfluss zweier weiterer Gene auf demselben Chromosom.

2.1.4 Selektion

In den meisten Populationen werden viel mehr Nachkommen erzeugt, als in ihrem Lebensraum überleben können. Durch die Wirkung der Selektion, der »natürlichen Auslese«, gehen aber viele Individuen jeder Generation zugrunde, ehe sie sich fortpflanzen können, andere haben eine sehr geringe Nachkommenzahl. Diejenigen Individuen, die am besten an die jeweilige Umwelt angepasst sind, haben eine besonders hohe Fortpflanzungsrate; man spricht von einer hohen **reproduktiven Fitness.** Die Fitness kann nachträglich anhand der Nachkommenzahl eines Individuums quantitativ erfasst und als Maß für die Angepasstheit interpretiert werden.

Individuen mit hoher Nachkommenzahl und damit einer hohen reproduktiven Fitness tragen mit ihren Allelen

mehr zum Genpool der folgenden Generation bei als die mit weniger Nachkommen. Durch Selektion wird also der Anteil von Allelen am Genpool einer Population, die Allelfrequenz, verändert. Je größer die genetische Variabilität einer Population und damit die Variabilität der Phänotypen ist, desto größer sind die Auswahlmöglichkeiten im Selektionsvorgang. Die Selektion kann allerdings nur an den Merkmalen des Individuums, also dem Phänotyp, angreifen, nicht an den Genen selbst. Sie wirkt demnach indirekt auf den Genpool ein, und zwar nur auf solche Allele, die sich phänotypisch ausprägen. Die Selektion führt dazu, dass die Evolution Anpassungen hervorbringt; sie hat als einziger Evolutionsfaktor eine Richtung.

Abiotische Selektionsfaktoren. Alle abiotischen Umweltfaktoren wie Temperatur, Licht, Wasserangebot oder Eigenschaften des Bodens wirken als Selektionsfaktoren. Auch der Wind kann ein abiotischer Selektionsfaktor sein. So gibt es auf windgepeitschten kleinen Inseln, wie z. B. den Kerguelen, viele flugunfähige Arten von Schmetterlingen und Fliegen. Mutanten mit verkümmerten Flügeln haben dort einen Selektionsvorteil, weil flugfähige Insekten häufig auf das Meer hinausgetrieben werden und so umkommen (**Abb. 30.1**).

Auch Gifte, die der Mensch einsetzt, können als Selektionsfaktoren wirken. Beispielsweise führt die Verwendung von Antibiotika gegen Bakterien zur Herausbildung resistenter Stämme von Krankheitserregern: Bereits vorhandene resistente Mutanten überleben und vermehren sich stark. Das Beispiel zeigt ferner, dass Mutanten unter veränderten Umweltbedingungen, hier die Gegenwart eines Antibiotikums, plötzlich einen erheblichen Selektionsvorteil gewinnen können. Resistente Populationen entstehen auch beim Einsatz von Insektiziden und Herbiziden.

Abb. 30.1: Flugunfähige Insekten der Kerguelen-Inseln.
a) Tangfliege; **b)** Weitmaulfliege; **c)** Dungfliege

Abb. 30.2: Zwischenartliche Selektion beim Birkenspanner; ein helles und ein dunkles Exemplar auf einem Birkenstamm

Biotische Selektionsfaktoren. Andere Lebewesen wirken als biotische Selektionsfaktoren. Dabei unterscheidet man die zwischenartliche Selektion, z. B. durch Feinde und Parasiten, von der innerartlichen Selektion zwischen Artgenossen, z. B. durch Konkurrenz um Nahrung oder ein Territorium.

Ein klassisches Beispiel **zwischenartlicher Selektion** ist der Industriemelanismus. Beim Birkenspanner, einem Nachtschmetterling, entstehen hin und wieder dunkel gefärbte Mutanten. Der nicht mutierte Birkenspanner hebt sich durch seine helle Flügelzeichnung von der Borke der Birken und flechtenüberzogenen anderen Baumstämmen kaum ab (**Abb. 30.2**). Er wird deshalb von insektenfressenden Vögeln oft übersehen. Die dunklen Mutanten zeichnen sich jedoch deutlich ab und werden daher leichter Beute von Fressfeinden. Als sich in den Industriegebieten Europas und Amerikas ab der Mitte des 19. Jahrhunderts die Borke der Bäume durch Ruß dunkler färbte, entdeckten die Fressfeinde die helle Form leichter als die dunkle. Deshalb wurde in wenigen Jahrzehnten die helle Ausgangsform fast vollständig verdrängt. Die Luftverschmutzung hatte die Selektionsbedingungen geändert und begünstigte die dunkle Variante des Birkenspanners.

Besonders bekannte Beispiele zwischenartlicher Selektion liefern die unterschiedlichen Tarn- und Warntrachten vieler Tiere. Polartiere wie z. B. Eisbär und Eisfuchs sind oft weiß wie der Schnee. Dagegen ist der Wüstenfuchs sandfarben wie der Untergrund seines Lebensraums. Tiere, die im Gras leben, wie z. B. viele Heuschrecken und Wanzen, sind oft grün oder braun gefärbt (**Abb. 31.1**). Durch ihre Flecken- oder Streifenmuster auf dem Fell lösen sich die Körperumrisse mancher Raubkatzen in dichter Vegetation optisch auf. Alle diese Tiere weisen eine **Tarnfärbung** auf. Dadurch sind sie vor Fressfeinden besser geschützt oder werden als Beutegreifer weniger leicht von potenziellen Beutetieren erkannt. Fressfeinde können auch dadurch getäuscht werden, dass ein Tier Gegenstände der natürlichen Umgebung nachahmt. Man bezeichnet dieses Phänomen als **Mimese**. So ähneln Stabschrecken und Spannerraupen Zweigen, andere Insekten imitieren in ihrer Körpergestalt Blätter. Ein Beispiel aus dem Pflanzenreich sind die »Lebenden

Steine« der steinigen Halbwüsten Südafrikas, die man nur erkennt, wenn sie blühen.

Auffällige Zeichnungen oder Farben, die Fressfeinde abschrecken, bezeichnet man als **Warntracht**. So besitzen Unken eine grell gefärbte Bauchseite, die sie bei Gefahr präsentieren, Feuersalamander eine auffällige schwarzgelbe Musterung und die Baumsteigerfrösche sind auffallend blau. Häufig zeigen giftige Arten eine solche Körperfärbung (**Abb. 31.2**).

Als Faktor der **innerartlichen Selektion** wirkt die Konkurrenz z. B. um Reviere und Geschlechtspartner. Sie wird bei vielen höheren Tieren in Form von Rangordnungskämpfen ausgetragen *(s. S. 134)*. Schwächere Tiere haben geringere Fortpflanzungschancen als stärkere, tragen also weniger zum Genpool der Folgegeneration bei. Die Konkurrenz um Geschlechtspartner wirkt sich auch auf Geschlechtsmerkmale aus, die als sexuelle Auslöser dienen *(s. S. 128)*. Bei Männchen sind dies z. B. Geweihe und Prachtkleider, oft verbunden mit Imponierverhalten.

Weibchen bevorzugen Männchen mit besonders gut ausgebildeten Merkmalen: Es kommt zur sexuellen Selektion. Diese führt zu einer immer auffälligeren Ausbildung der entsprechenden Merkmale, bis die Tiere durch ihre Auffälligkeit von Feinden so rasch gefunden werden, dass die Nachkommenzahl sinkt. Das Wechselspiel von innerartlicher und zwischenartlicher Selektion führt zu einem »Kompromiss« beim Erscheinungsbild.

Abb. 31.1: Tarntrachten. **a)** Tarnfärbung einer Ödlandschrecke; **b)** Blattmimese des Wandelnden Blattes, einer Gespenstschrecke

Abb. 31.2: Warntrachten bei Gifttieren. **a)** Feuersalamander; **b)** Baumsteigerfrosch, eine hochgiftige Froschart tropischer Regenwälder

Arten, die ähnliche ökologische Nischen aufweisen, sich also in ihren Umweltansprüchen und der Lebensweise ähneln, bilden oft in ganz unterschiedlichen Gebieten der Erde gleichartige Körpergestalten aus. Man bezeichnet dies als Konvergenz *(s. S. 16)*. In solchen Fällen führt die Selektion also zu vergleichbaren Ergebnissen.

Auch das Fehlen bestimmter Selektionsfaktoren kann sich auf das Erscheinungsbild von Organismen auswirken. So sind viele Höhlentiere farblos, weil sie in der Höh-le nicht dem Licht ausgesetzt sind. Im Licht würden sie Fressfeinden auffallen oder durch Strahlung geschädigt. Die farblose Mutante hat sogar den Vorteil, keine Energie zur Bildung von Farbstoffen aufwenden zu müssen. Sie ist daher bevorzugt. Aus dem gleichen Grund können in Höhlen auch die Augen verkümmern. Dies erklärt, dass manche im Dunkeln lebende Tiere blind sind (**Abb. 32.1**) oder nur ein schwaches Sehvermögen haben.

Abb. 32.1: Blinder Höhlensalmler (Mexiko, Länge 9 cm)

Formen der Selektion. In einer gut angepassten Population werden bei gleichbleibender Umwelt nachteilige Mutanten ständig beseitigt. Die Selektion erhält also günstige Merkmale und damit die mittlere Fitness, d. h. sie stabilisiert den Genpool. Die Variationsbreite der Population bleibt daher im langzeitigen Mittel gleich. Man bezeichnet dieses Phänomen als **stabilisierende Selektion** (**Abb. 32.2a**).

Ändern sich aber die Umweltbedingungen, verringert die Selektion die Häufigkeit der Merkmale, die unter den neuen Bedingungen von Nachteil sind. Daher nimmt die Häufigkeit der entsprechenden Allele ab. Die mittlere Fitness der Population bleibt dadurch erhalten oder nimmt sogar zu. Die Selektion verändert den Genpool; diese Form der Selektion wird **gerichtete Selektion** genannt (**Abb. 32.2b**). Durch Parasiten, Krankheitserreger oder Feinde können die häufigsten Formen besonders stark zurückgehen, sodass dann Formen mit anderen Merkmalen die höchste Fitness haben und vorherrschend werden; der Genpool beginnt sich aufzuspalten. Man spricht bei diesem Spezialfall der transformierenden Selektion von **aufspaltender Selektion** (**Abb. 32.2 c**).

Die Selektion wirkt sich auch auf die Fortpflanzungsstrategien der Populationen aus. In einem kurzzeitig bestehenden Lebensraum, z. B. einem Kahlschlag oder einer Sandbank in einem Fluss, sind Arten im Vorteil, die sich schnell vermehren, zahlreiche Nachkommen haben und einen effizienten Ausbreitungsmechanismus entwickelt haben, der ihnen die rasche Besiedelung neuer geeigneter Lebensräume ermöglicht. Allerdings gehen viele der Nachkommen zugrunde, bevor sie sich fortpflanzen. Beispiele für solche **r-Strategen** (von Wachstumsrate, *s. S. 69*) sind viele Ackerwildkräuter und der Grasfrosch. In einem beständigen Lebensraum, z. B. einem Urwald oder einer Höhle, haben dagegen Populationen Vorteile, deren Größe und Zusammensetzung lange Zeit relativ konstant bleibt. Diese **K-Strategen** (von Kapazität, *s. S. 69*) haben vergleichsweise wenige Nachkommen, in deren Überleben aber deutlich mehr investiert wird, z. B. durch Brutpflege. Viele Großtiere gehören diesem Typ an. Je nach Lebensraumtyp kann man demnach zwischen **r-Selektion** und **K-Selektion** unterscheiden.

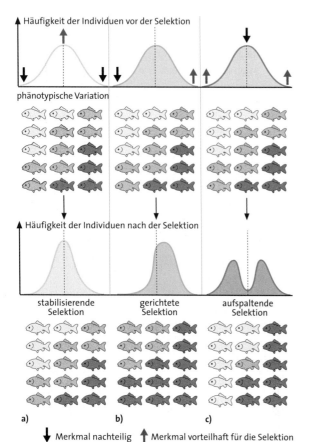

Abb. 32.2: Formen der Selektion

2.1.5 Gendrift

Die Zusammensetzung des Genpools einer Population kann sich auch von einer Generation zur nächsten verändern, wenn weder neue Mutationen auftreten noch Selektion wirkt. Eine Gruppe von Trägern bestimmter Merkmale kann nämlich durch Unwetter, Waldbrand oder andere Umstände plötzlich aussterben. An ihrer Stelle breitet sich der überlebende Teil der Population mit etwas anderer genetischer Zusammensetzung aus, beim zufälligen Überleben nur nachteiliger Mutanten sogar diese.

So können der zufällige Tod oder das zufällige Überleben von Trägern bestimmter Allele für die Zusammensetzung einer Population von Bedeutung sein. Diese zufallsbedingten Änderungen des Genpools bezeichnet man als **Gendrift**. Sie ist in kleinen Populationen wirksamer als in großen. Dies zeigt ein Beispiel: In einer Population von 100 Individuen seien 1/4, also 25 Individuen, Träger einer Eigenschaft X, die auf ein bestimmtes Allel zurückzuführen ist. Nun sollen 50 Individuen zufällig zugrunde gehen, darunter seien 20 Individuen mit X. In der noch 50 Individuen umfassenden Population sind also nur noch 5 = 1/10 X-Individuen vorhanden. Der zufällige Tod führt zu einer Abnahme der Allelhäufigkeit von 25 % auf 10 %. Liegt dagegen eine Ausgangspopulation von 1000 Individuen vor, in der 1/4 (= 250 Individuen) Träger von X sind, so bewirkt der zufällige Tod von 50 Individuen (davon 20 X-Individuen) eine Änderung von weniger als 1 %.

In kleinen Populationen sind daher das Auftreten von Umweltkatastrophen, aber auch Einflüsse des Menschen wie Bejagung oder Zerstörung des Lebensraums von besonderer Bedeutung für die genetische Vielfalt. Kleine Populationen findet man z. B. bei Arten, die isoliert nur an einem bestimmten Ort vorkommen. Ein Beispiel ist der Kakapo (**Abb. 33.1 a**), ein Papagei der bis zu 3,5 kg wiegt und damit der schwerste Papagei der Welt ist. Die Art umfasst nur noch 100 Individuen auf zwei Inseln vor der neuseeländischen Küste. Bei dieser nachtaktiven Papageienart war der Bestand zwischenzeitlich auf etwa 20 Tiere gesunken, die genetische Variabilität ging drastisch zurück. Die genetische Verarmung und die damit verbundene Veränderung der Allelfrequenzen aufgrund eines Populationseinbruchs bezeichnet man als »**genetischen Flaschenhals**«.

Beim Geparden, der als das schnellste Landwirbeltier der Welt gilt (**Abb. 33.1 b**), gab es offenbar vor etwa 10 000 Jahren einen Zusammenbruch der Population. Die heute lebenden Tiere dieser Art sind sich infolgedessen genetisch außerordentlich ähnlich, wie man es ansonsten nur von Inzuchtlinien bei Haustieren kennt.

Ähnliche Verhältnisse findet man, wenn wenige Individuen einer Population, so genannte Gründerindividuen, in einen neuen Lebensraum gelangen. Häufig ist dies bei Neubesiedelungen von Inseln der Fall. Ein Beispiel liefern die Vorfahren der Darwinfinken, die vermutlich durch Sturm vom Festland auf die Galapagos-Inseln verschlagen wurden *(s. Abb. 9.2 und 9.3)*. Einen Sonderfall stellt das Aussetzen von Wildtieren durch den Menschen dar. So sind sich die weit über 100 000 heute in Deutschland lebenden Waschbären genetisch sehr ähnlich. Sie gehen allesamt auf ein einziges 1934 in Hessen ausgesetztes nordamerikanisches Waschbärpaar zurück.

Abb. 33.1: Beispiele genetisch verarmter Tierarten infolge von Gendrift. **a)** Kakapo (Eulenpapagei); **b)** Gepard

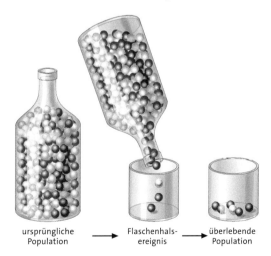

ursprüngliche Population → Flaschenhals-ereignis → überlebende Population

Abb. 33.2: Modell des Flaschenhalseffekts

EVOLUTION

2.2 Artbildung und Isolation

Werden zwei Teilpopulationen voneinander isoliert, so entwickeln sie sich unterschiedlich weiter. In manchen Fällen, z. B. bei der Entstehung einer biologischen Fortpflanzungsschranke *(s. S. 35)*, erfolgt sehr rasch eine vollständige Auftrennung des Genpools. Vielfach erfolgt eine solche Auftrennung allerdings allmählich: Wenn Populationen aufgrund der Anordnung geeigneter Lebensräume so in Teilpopulationen gegliedert sind, dass zwischen diesen nur gelegentlich ein Individuenaustausch stattfindet, werden auch nur sporadisch Allele ausgetauscht. Dann kommen in den Teilpopulationen unterschiedliche Allelhäufigkeiten zustande; etliche Allele aus dem Genpool der ursprünglichen Population liegen nur in geringer Häufigkeit vor. Folglich entstehen unterschiedliche genetische Varianten. Diese zeigen sich auch an den Phänotypen; es bilden sich unterschiedliche Rassen bzw. Unterarten.

Der Austausch von Allelen zwischen Teilpopulationen wird als **Genfluss** bezeichnet. Er verhindert die vollständige Auftrennung der Genpools. Das Ausmaß des Genflusses hängt erheblich von der räumlichen Anordnung der Teilpopulationen ab; zwischen weit voneinander entfernten Teilpopulationen findet oft kaum mehr ein Austausch genetischer Informationen statt. Schließlich wird dieser ganz unterbrochen, sodass der Genpool aufgetrennt wird und zwei Arten entstehen. Die Wahrscheinlichkeit der Artbildung ist umso größer, je unterschiedlicher die Angepasstheiten der Teilpopulationen sind.

Die Auftrennung des Genpools bezeichnet man als **genetische Separation** (**Abb. 34.1** und **34.2**). Ist diese vollzogen, zeigen die neuen Arten mit der Zeit immer mehr Merkmalsunterschiede, weil keine Vermischung mehr möglich ist; denn in den getrennten Gruppen treten unterschiedliche Mutationen auf und die Selektion wirkt infolge ungleicher Umweltverhältnisse unterschiedlich.

Die für die Trennung bzw. Artbildung erforderliche Isolation der Populationen kann auf verschiedene Weise zustandekommen; dementsprechend unterscheidet man zwischen **allopatrischer Artbildung** infolge einer räumlichen Trennung der Populationen und **sympatrischer Artbildung**, die durch Einnischung der Populationen im selben Lebensraum stattfindet.

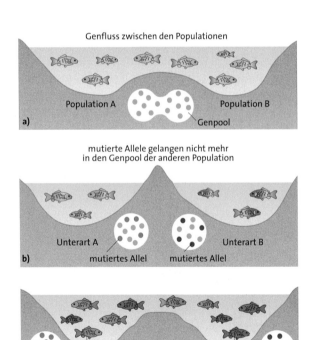

Abb. 34.1: Modell der Aufspaltung einer Art durch geographische Isolation. **a)** Genfluss vorhanden; **b)** Isolation durch eine trennende Barriere; **c)** nach genetischer Separation liegt eine biologische Fortpflanzungsschranke vor. Eine Kreuzung ist nicht mehr möglich.

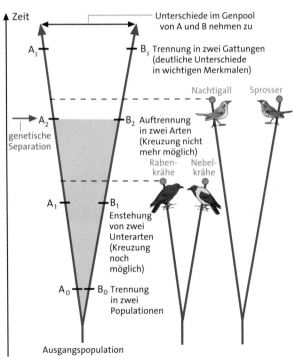

Abb. 34.2: Bildung von zwei getrennten Arten aus einer Ausgangsart. Zunächst entstehen zwei Unterarten A_1 und B_1 (als Beispiel: Rabenkrähe und Nebelkrähe). Durch genetische Separation entstehen getrennte Arten A_2 und B_2 (als Beispiel: Nachtigall und Sprosser).

Allopatrische Artbildung. Kommt es infolge räumlicher Auftrennung, also einer geografischen Isolation der Populationen, zur Artbildung, so bezeichnet man diese als allopatrisch. So führten Klimaveränderungen, die in der Erdgeschichte fortlaufend stattfanden, zur Abdrängung von Teilpopulationen in getrennte Gebiete. Als Folge der Eiszeiten hat sich auf diese Weise z. B. die Krähe im westlichen Europa zur Rabenkrähe, im östlichen Europa zur Nebelkrähe entwickelt (s. Abb. 34.2). Nach dem Rückzug des Eises wurden die frei gewordenen Gebiete wieder besiedelt. Im Bereich der Elbe überlappen sich heute die Verbreitungsgebiete der beiden Krähenformen; dort bilden sie auch fruchtbare Nachkommen. Aufgrund dessen, und weil sich keine nennenswerten Unterschiede in den DNA-Sequenzen nachweisen lassen, werden Nebel- und Rabenkrähe als Unterarten einer gemeinsamen Art (Aaskrähe) aufgefasst. Ebenfalls durch die Trennung während der Eiszeiten haben sich Sprosser und Nachtigall zu echten Arten entwickelt. Diese beiden Singvogelarten sehen sich zwar äußerlich zum Verwechseln ähnlich, weshalb man sie als **Zwillingsarten** bezeichnet, doch bilden sie keine Bastarde mehr.

Auch weite Entfernungen zwischen den Randbereichen eines großen Verbreitungsgebietes einer Art können infolge geringen Genflusses quer durch das Verbreitungsgebiet zur Entwicklung von Unterarten führen. So bildet die Kohlmeise mehrere Unterarten, darunter eine europäisch-sibirische, eine südasiatische und eine chinesische (**Abb. 35.1**). Wo sich ihre Verbreitungsgebiete berühren, entstehen Bastarde. Nur in Ostasien, wo die chinesische auf die europäisch-sibirische Rasse trifft, erfolgt keine Bastardierung. Hier verhalten sich die Unterarten wie zwei getrennte Arten. Der Übergang von der Unterart zur Art ist also fließend, wie dies bei einer Evolution durch kleine Mutationsschritte zu erwarten ist.

Einzelne Individuen können durch Stürme, Meeresströmungen usw. in schwer zugängliche Gebiete gelangen. Sie begründen dann dort neue Populationen. Durch solche Gründerindividuen erfolgte beispielsweise die Besiedlung von Vulkaninseln (Galapagos, Hawaii, Kanaren). Auf diesen findet man zahlreiche nur dort vorkommende, so genannte **endemische Arten**. Beispiele sind der Kanarengirlitz, die wilde Stammform des Kanarienvogels, und die in ihrem Vorkommen auf drei Inseln des Hawaii-Archipels beschränkte Hawaiigans (**Abb. 35.2**).

Sympatrische Artbildung. Man nimmt an, dass die überwiegende Zahl der heute lebenden Organismenarten durch allopatrische Artbildung entstanden ist. Doch gibt es Hinweise darauf, dass sich Arten auch ohne räumliche Isolation innerhalb ein und desselben Lebensraumes

(sympatrisch) entwickeln können. Eine rasche sympatrische Artbildung ist von Blütenpflanzen bekannt. Hier kann eine biologische Fortpflanzungsschranke infolge einer Genommutation auftreten, indem polyploide Individuen entstehen. Polyploide können nur unter sich, nicht aber mit der diploiden Ausgangsform fruchtbare Nachkommen erzeugen. Sie stehen daher nicht mehr im Allelaustausch mit der Ausgangsform. Mehr als die Hälfte aller Blütenpflanzenarten ist durch Polyploidisierung entstanden. Polyploide Einzelindividuen sind gegenüber Umweltstress oft widerstandsfähiger: Aufgrund der Selektion findet man oft in Gebirgslagen mehr polyploide Arten.

Abb. 35.1: Formenkreis der Kohlmeise. Im persischen Raum geht die europäische Unterart in die südasiatische Unterart über. Die chinesisch-japanische Kohlmeise trifft in einer Überschneidungszone mit der von Europa her vorgedrungenen Unterart zusammen.

Abb. 35.2: Hawaiigans

Auch bei Arten, die sich ungeschlechtlich oder parthenogenetisch vermehren, kann eine schnelle sympatrische Artbildung auftreten. Eine andere Möglichkeit ist die Entstehung von »Hybridarten«: Während Arthybriden nicht fruchtbar sind, kommt es in Einzelfällen zur Entstehung neuer Arten durch natürliche Hybridisierung. So ist der Gemeine Hohlzahn (**Abb. 36.2**), ein einheimischer Lippenblütler, aus der Kreuzung zweier Arten derselben Gattung, dem Bunten Hohlzahn und dem Weichhaarigen Hohlzahn, hervorgegangen.

Gesicherte Beispiele für eine sympatrische Artbildung bei Tieren sind selten. So sind die endemischen Buntbarscharten eines afrikanischen Vulkankratersees in ihrem Heimatgewässer aus einer gemeinsamen Stammart hervorgegangen. Dabei spielte wohl die Bevorzugung unterschiedlicher Wassertiefen eine entscheidende Rolle. Aufgrund dieser ökologischen Isolation konnten sich die Teilpopulationen getrennt weiterentwickeln.

Bei der Entstehung der 14 Darwinfinken-Arten der Galapagos-Inseln *(s. S. 9)* wirkten wohl allopatrische Artbildung durch geografische Isolation und sympatrische Artbildung durch Einnischung hinsichtlich des Nahrungserwerbs zusammen.

Reproduktive Isolation. Damit eine Artbildung erfolgen kann, muss es zuvor zu einer reproduktiven Isolation kommen. Dabei wird der Genaustausch mit anderen Arten auf unterschiedliche Arten verhindert. So spricht man von ökologischer Isolation, wenn sich bei einer Population unterschiedliche Nahrungsnischen bilden, und von genetischer Isolation, wenn polyploide Individuen auftreten. Ethologische Isolation findet man insbesondere bei Säugetieren und Vögeln, aber auch bei vielen Insekten und Spinnen. Sie kommt aufgrund der Evolution unterschiedlicher Paarungsgewohnheiten zustande (**Abb. 36.1**). Bei einigen Feldheuschrecken-Arten sind Lautäußerungen das einzige eindeutige Artunterscheidungsmerkmal. Zeitliche Isolation erfolgt durch unterschiedliche Fortpflanzungs- bzw. Blütezeiten und sexuelle Isolation durch unterschiedliche Ausbildung der Geschlechtsorgane.

Nichtspaltende Evolution. Eine Zunahme der Zahl der Arten ist stets an eine Auftrennung eines zuvor einheitlichen Genpools und eine Isolation von Teilpopulationen geknüpft. Dies bezeichnet man als **aufspaltende Evolution.** Unabhängig von der Bildung neuer Arten verändern sich aber in der Generationenfolge im Laufe langer Zeit die Merkmale innerhalb einer Population, weil die Umweltbedingungen nur selten konstant bleiben. Die Zahl der Arten wird hierbei nicht verändert; es handelt sich daher um **nichtspaltende Evolution.** Veränderungen der äußeren Gestalt bei Fossilfunden aufeinander folgender geologischer Schichten veranlassen Paläontologen, ausgestorbene Arten gegeneinander abzugrenzen, auch wenn keine Artaufspaltung nachweisbar ist. Beispiele liefern aufeinander folgende Formen im Pferdestammbaum *(s. S. 20)* und im Stammbaum der Menschen *(s. S. 60)*.

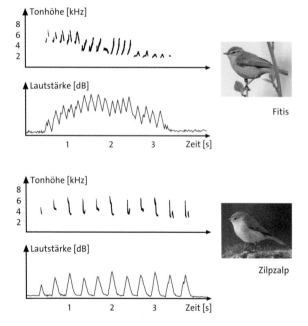

Abb. 36.1: Die Laubsängerarten Zilpzalp und Fitis unterscheiden sich im Aussehen kaum. Durch ihre Gesänge besteht zwischen den beiden Schwesterarten eine biologische Fortpflanzungsschranke. Oben ist jeweils das Klangspektrogramm (Tonhöhe), darunter die Schalldruckkurve (Lautstärke) des Gesangs angegeben. Der Gesang führt nur Geschlechtspartner derselben Art zusammen.

Abb. 36.2: Gemeiner Hohlzahn

Adaptive Radiation. Wird ein neuer Lebensraum besiedelt oder kann ein Lebensraum auf neue Weise genutzt werden, so bilden sich häufig in einem geologisch kurzen Zeitraum zahlreiche Arten aus einer gemeinsamen Ausgangsform. Die Evolution einer Ausgangsart geht also in zahlreiche verschiedene Richtungen. Diese Auftrennung einer Ausgangsform in mehrere oder viele Arten in einem geologisch kurzen Zeitraum bezeichnet man als **adaptive Radiation** (lat. *adaptare* anpassen, *radius* Strahl): Jede der neu entstandenen Arten nutzt den vorgefundenen Lebensraum in besonderer Weise. Später entstehende ähnliche Mutanten finden dann bereits eine Art vor, die gleiche ökologische Ansprüche hat. Sie gehen entweder wieder unter oder es bilden sich engere ökologische Nischen aus.

Die Besiedelung eines neu entstandenen Lebensraumes führte z. B. zur adaptiven Radiation der Darwinfinken auf den Galapagos-Inseln. Hier konnten nach der Neubesiedelung finkenartige Kleinvögel sehr viele Nischen besetzen, in die sie bei stärkerer Konkurrenz nicht hätten eindringen können *(s. Abb. 9.3)*. Ähnliches gilt für die Kleidervögel. Diese Vogelgruppe aus der Finkenverwandtschaft ist endemisch für den Hawaii-Archipel und entwickelte dort 42 verschiedene Arten, von denen allerdings 13 bereits ausgestorben sind; die übrigen sind mehr oder weniger stark vom Aussterben bedroht. Vermutlich nahmen alle heutigen Formen ihren Ausgang von einer einzigen kurzschnäbligen, insektenfressenden Stammart. Die rezenten Arten unterscheiden sich insbesondere in ihrem Ernährungsverhalten; ein Teil ernährt sich von Blütennektar, der andere von Samen. An die Form der Nahrungsaufnahme sind die Kleidervogelarten durch die Form ihres Schnabels angepasst: Die Samenfresser sind durch einen kurzen, kegelförmigen Schnabel gekennzeichnet, die Nektarsauger durch einen langen und meist gebogenen Schnabel (**Abb. 37.1**).

Auch von Pflanzen kennt man adaptive Radiation. Bei den *Aeonium*-Arten, Dickblattgewächsen der Kanarischen Inseln, handelt es sich überwiegend um Sträucher, die an den Zweigspitzen Blattrosetten tragen (**Abb. 37.2**). Ihre Anpassung an unterschiedliche Lebensräume ist an Unterschieden in Blattdicke und -größe, Wuchsform, Höhe sowie in der Fotosyntheseleistung zu erkennen.

Sind Lebensräume bereits weitgehend besetzt, so ist eine Evolution weiterer Gruppen dort nur möglich, wenn sie überlegene Eigenschaften aufweisen. So wurden bei den Landpflanzen infolge der immer besseren Anpassung an das Landleben die Nacktfarne, Bärlappe und Schachtelhalme von den Nacktsamern (z. B. Nadelholzgewächsen) und dann den Bedecktsamern (Blütenpflanzen) als herrschende Gruppe abgelöst. Jedoch sind nie alle ökologischen Nischen von fortschrittlichen Formen besetzt worden, sodass Reliktarten der früher dominierenden Gruppen erhalten blieben.

Abb. 37.1: Kleidervogelarten der Hawaii-Inseln. **a)** Palila, eine samenfressende Art; **b)** Akialoa, ein ausgestorbener Nektarsauger

Abb. 37.2: Adaptive Radiation bei Arten der Gattung *Aeonium* auf Teneriffa

2.3 Evolutionsprozesse

2.3.1 Chemische Evolution

Die Erde bildete sich vor etwa 4,5 Milliarden Jahren. Aus Staubmassen entstand eine zähflüssige Schmelze. In dieser sanken die dichteren Bestandteile nach unten und bildeten den Erdkern, in dem Eisenatome die Hauptkomponente darstellen. Die weniger dichten Bestandteile wanderten nach oben und formten eine anfänglich dünne **Erdkruste** und darunter den Erdmantel, die gasförmigen Komponenten bildeten eine **Uratmosphäre.** Diese bestand vor allem aus Stickstoff, Kohlenstoffdioxid und Wasserdampf, daneben waren Methan sowie etwas Schwefelwasserstoff zugegen; elementarer Sauerstoff fehlte. Die

Oberflächentemperatur der Erdkruste sank rasch, sodass Wasserdampf kondensierte und sich flüssiges Wasser ansammelte. Die junge Sonne setzte weniger Energie frei als heute; ohne die Treibhausgase Kohlenstoffdioxid und Methan wäre die Temperatur unter 0 °C abgesunken.

Der amerikanische Wissenschaftler STANLEY MILLER (1930–2007; Abb. 38.1) zeigte 1953 erstmals, dass einfache organische Verbindungen unter Bedingungen der frühen Erde entstehen konnten. Dazu zählen auch Bausteine von Lebewesen. Man nimmt heute an, dass auf der Urerde die Energie für die dazu erforderlichen chemischen Reaktionen durch Vulkanismus, Gewitter und radioaktive Strahlung freigesetzt wurde. Weil die Ozonschicht fehlte, trug auch die starke UV-Strahlung wesentlich zur Energiefreisetzung bei. MILLER simulierte in seinem berühmten Experiment den Urozean durch kochendes Wasser. Den entstehenden Wasserdampf ließ er im Kreislauf durch eine geschlossene Apparatur strömen, die mit einem Gasgemisch aus Methan, Kohlenstoffmonooxid, Wasserstoff und Ammoniak gefüllt war (Abb. 38.2). Mit zwei Elektroden wurden künstliche Blitze erzeugt, die Gewitter der Uratmosphäre nachahmen sollten. Nach Kondensieren des Gasgemischs konnten in der Flüssigkeit viele organische Verbindungen nachgewiesen werden (Tab. 39.1), darunter Ameisensäure, Methanal (Formaldehyd), Milchsäure und verschiedene Aminosäuren.

Allerdings wurden unter den Bedingungen der Urerde die gebildeten organischen Stoffe auch ständig wieder abgebaut. Eine Vermehrung war daher nur möglich, wenn die Aufbaureaktionen kontinuierlich ablaufen konnten, wobei Energie zur Verfügung stehen musste. Sowohl langzeitig konstante Reaktionsbedingungen als auch Energiezufuhr sind im Bereich der »Schwarzen Raucher« ge-

Abb. 38.1: STANLEY MILLER vor seiner Versuchsapparatur

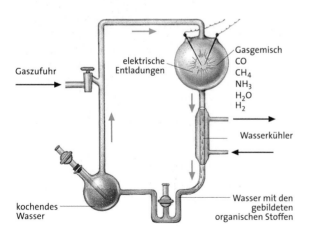

Abb. 38.2: Versuchsapparatur (60 cm hoch) von S. MILLER

Abb. 38.3: Wasserdampf mit Sulfiden tritt aus einem »Schwarzen Raucher« (»*black smoker*«) aus

geben; sie sind vermutlich die Wiege des Lebens. Dabei handelt es sich um Schlote von Tiefseevulkanen, aus denen Wasserdampf mit Metallsulfiden (z. B. Eisensulfid FeS) austritt (**Abb. 38.3**). Zur Energiebereitstellung dient hier die Reaktion von Eisensulfid zu Pyrit (FeS_2). Dabei wird das ebenfalls aus dem Vulkan ausströmende Kohlenstoffdioxid zu Ameisensäure (Methansäure, HCOOH) reduziert:

$$FeS + H_2S + CO_2 \rightarrow FeS_2 + HCOOH$$

Diese Befunde gaben Anlass zu Experimenten unter Bedingungen, wie sie im Ozean der frühen Erde herrschten.

Auch dabei wurden organische Verbindungen aus anorganischen gebildet, z. B. Carbonsäuren. Aus diesen entstehen viele andere Stoffe; unter Beteiligung von Ammoniak auch Aminosäuren, die zu Peptiden weiter reagieren. Im Ozean der frühen Erde konnten sich aus gebildeten Fettsäuren um die wachsenden Pyritkristalle herum Membranen und damit abgeschlossene Reaktionsräume entwickeln. Darin wurden Verbindungen angereichert und weiter umgesetzt. So könnte sich ein Stoffwechsel zunächst ohne Enzyme entwickelt haben. Im Experiment entstanden in konzentrierter Lösung auch Oligonucleotide und aus diesen Polynucleotide mit 20–50 Nucleotidbausteinen, die als Vorstufen von RNA-Molekülen anzusehen sind. Diese Polynucleotide waren in der konzentrierten Lösung vergleichsweise stabil. Aufgrund dieser Befunde gilt es als wahrscheinlich, dass auch die weiteren Schritte der Evolution hin zu Lebewesen im Bereich der Tiefseevulkane stattgefunden haben. Jedoch beruhen alle solchen Überlegungen auf Experimenten unter simulierten Bedingungen und bleiben daher hypothetisch.

Weitere Evolution des Stoffwechsels. Auch nach Entstehung der ersten Lebewesen (S. 40) waren wahrscheinlich Reaktionen unter Beteiligung von Schwefelwasserstoff (H_2S) die wichtigsten Energie freisetzenden Prozesse. Außerdem entstanden immer noch organische Verbindungen aus anorganischen und wurden dann in den Zellen umgesetzt. Die Zellen vermehrten sich, sodass die Nahrung allmählich knapp wurde. Nun waren solche Zellen im Vorteil, die in der Lage waren, lichtabsorbierende Farbstoffe zu bilden und Licht als Energieträger zu nutzen. Diese Farbstoffe entstanden vermutlich aus Stoffen, die Wärmestrahlen absorbierten. Solche Substanzen ermöglichten es den Zellen im Bereich der Vulkane, geeignete Temperaturbereiche zu erkennen und zu besiedeln.

Anfangs diente der Schwefelwasserstoff als Elektronenlieferant; diese Art der Fotosynthese gibt es heute noch bei den Schwefelpurpur-Bakterien in schwefelwasserstoffhaltigen Quellen (**Abb. 39.2**). Ein weiterer Entwicklungsschritt war die Elektronenlieferung durch die Spal-

tung von Wasser, das in unbegrenzter Menge verfügbar war. Die Wasserspaltung in der Fotosynthese liefert außerdem Sauerstoff. Seine Anreicherung begann vor etwa 2,5 Milliarden Jahren und damit lange nach Entstehung der ersten Prokaryoten. Mit diesem »Großen Oxidationsereignis« veränderten sich die Verhältnisse auf der Erdoberfläche grundlegend. Die Sauerstoffanreicherung war Voraussetzung für die Evolution der Zellatmung, die Energie durch vollständige Oxidation organischer Verbindungen freisetzt.

Ausgangsstoffe	Wasserdampf (H_2O), Wasserstoff (H_2), Methan (CH_4), Ammoniak (NH_3)
Zwischenprodukte	Cyanwasserstoff (Blausäure, HCN) Aldehyde, z. B. Methanal (Formaldehyd)
Produkte	Methansäure (Ameisensäure) Ethansäure (Essigsäure) Propansäure (Propionsäure) Bernsteinsäure Glykolsäure Milchsäure Glycin Alanin Glutaminsäure

Tab. 39.1: Edukte und Produkte des MILLER-Experiments

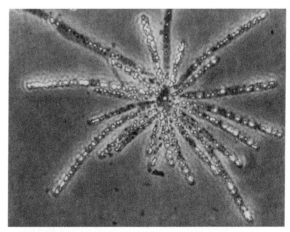

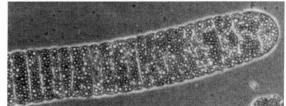

Abb. 39.2: Fädige Schwefelbakterien der Gattungen *Thiothrix* (oben) und *Beggiatoa;* Im Inneren der Zellen Schwefelablagerungen

2.3.2 RNA-Welt und Protobionten

RNA-Welt. Durch die Verknüpfung von Oligonucleotiden entstanden im Urozean sehr wahrscheinlich immer wieder kleine RNA-Moleküle. Darunter waren vermutlich auch solche, die ihre eigene Replikation katalysieren konnten: An das RNA-Molekül lagerten sich die komplementären Nucleotide an und wurden katalytisch von diesen kleinen RNA-Molekülen zu einem komplementären Strang verknüpft. Dafür spricht, dass auch in heutigen Lebewesen RNA-Moleküle vorkommen, die ähnlich wie Enzyme Stoffwechselreaktionen katalysieren und daher als **Ribozyme** bezeichnet werden (aus *Ribo*nucleinsäure und En*zym*). Die RNA-Moleküle waren demnach also in der frühen Geschichte des Lebens sowohl Informationsträger als auch Katalysatoren.

Diese Entwicklungsstufe der Entstehung des Lebens nennt man **RNA-Welt.** Ihre Spuren sind bis heute in den Zellen zu erkennen: Viele Coenzyme sind Nucleotide, z. B. NAD^+ und Coenzym A, und die Verknüpfung der Aminosäuren bei der Proteinsynthese erfolgt an der ribosomalen RNA. Diese Reaktion legt auch nahe, dass die Bildung von Peptidketten aus Aminosäuren anfänglich durch Ribozyme katalysiert wurde. Die Peptide erwiesen sich mit der Zeit als bessere und anpassungsfähigere Katalysatoren. So kam es wahrscheinlich zu einer Arbeitsteilung zwischen RNA-Molekülen als Informationsträgern und Proteinen als Katalysatoren und somit zur Entstehung der **RNA-Protein-Welt.**

Protobionten. Nun konnte ein rückgekoppelter Reaktionszyklus zustandekommen: RNA-Moleküle katalysierten die Bildung von Proteinen. Unter diesen Proteinen waren solche, die eine Replikation der RNA-Moleküle katalysierten. Dadurch wurden die katalytisch wirksamen RNA- und Proteinmoleküle bevorzugt gebildet. Dieses Zusammenwirken von Nucleinsäure-Replikationsvorgängen mit Proteinsynthesen bezeichnete der deutsche Biochemiker Manfred Eigen als **Hyperzyklus** (**Abb. 40.1**). Fand dieser Hyperzyklus in einem kleinen, membranumschlossenen Raum statt, so lag eine einfachste Lebensform, ein **Protobiont,** vor (gr. *protos* erster, *bios* Leben). Solche Vorläufer von echten Zellen entwickelten sich vermutlich durch Aufnahme von Polynucleotiden weiter. Dies ermöglichte zusätzliche Stoff- und Energieumwandlungen, die immer besser aufeinander abgestimmt wurden. In einem weiteren Evolutionsschritt erfolgte die Ausbildung der chemisch stabileren DNA als Informationsträger. Die RNA übernahm nun die »Vermittlerfunktion« zwischen DNA und Protein. Durch die Verbesserung der Enzymproteine besaßen die weiterentwickelten Protobionten einen Selektionsvorteil. So entstand allmählich die Entwicklungsstufe der **Protocyte.**

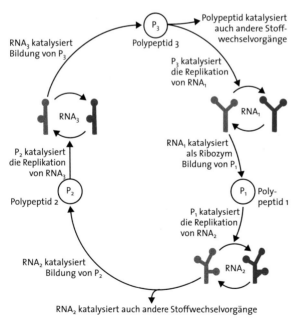

Abb. 40.1: Hyperzyklus. RNA-Moleküle mit Ribozym-Funktion sind mit Polypeptiden verknüpft, die Enzymfunktion haben.

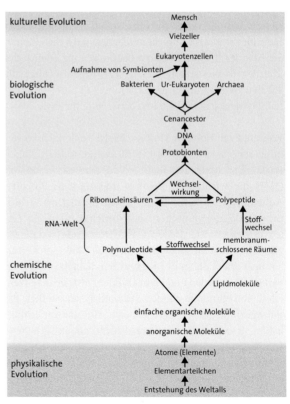

Abb. 40.2: Stufen der Evolution

2.3.3 Endosymbionten-Theorie

Mitochondrien und Chloroplasten der Eukaryoten entstehen nur durch Teilung aus ihresgleichen. Die Zelle kann diese Organellen bei Verlust nicht neu bilden. Sie besitzen eine Hülle aus zwei Membranen, als ob sie in Wirtszellen eingedrungen wären und ihre eigene Membran von der Wirtsmembran umschlossen worden wäre, so wie dies bei der Endocytose von Partikeln geschieht. Die innere Membran der Mitochondrien enthält ein Phospholipid, das sonst nur in der Membran von Bakterien vorkommt. Beide Organellen besitzen wie Protocyten nackte DNA, die nicht mit Histonen verbunden ist. Sie ist in der Regel ringförmig gebaut wie das Bakterienchromosom. Weiterhin haben beide Organellen eigene Ribosomen von der Größe der Protocyten-Ribosomen; zudem bilden sie einen Teil der Organell-Proteine selbst.

Alle diese Eigenschaften von Mitochondrien und Chloroplasten lassen sich dadurch erklären, dass sie ursprünglich selbständige Prokaryoten waren, die als Symbionten in andere Zellen aufgenommen wurden. Organismen, die symbiotisch im Inneren eines anderen Organismus leben, werden als **Endosymbionten** bezeichnet. In diesem Symbiosesystem entwickelten sich die endosymbiontischen Prokaryoten allmählich zu Zellorganellen, wobei zahlreiche Gene vom Symbionten in den Kern der Eucyte übergingen. Dadurch wurde die Symbiose unauflösbar. Der Ursprung von Mitochondrien und Chloroplasten als Endosymbionten ist gut belegt. Man spricht daher von der **Endosymbionten-Theorie** (Abb. 41.1).

Die Gene für die DNA-Replikation und die Transkription sind zum Teil Genen der Archaea, zum Teil solchen der Bakterien homolog. Dies spricht dafür, dass der Zellkern des Ur-Karyoten durch eine Symbiose zwischen einem Bakterium und einem Archaeon zustandekam.

Auch zwischen Eukaroyten sind Endosymbiose-Systeme entstanden. Bei einigen Gruppen einzelliger Algen sind die Chloroplasten stets von einem verkleinerten Zellkern begleitet. Chloroplasten und Kernrest liegen in einer gemeinsamen Hüllmembran. Offenbar hat eine farblose Eukaryoten-Wirtszelle einen eukaryotischen Endosymbionten mit Chloroplast aufgenommen und wurde so zur Fotosynthese befähigt. Eine Vorstellung davon, wie solche **sekundären Endosymbiosen** entstanden sein könnten, liefern einige Pantoffeltierchen-Arten. Sie besitzen als Endosymbionten vollständige, membranumschlossene Grünalgen-Zellen und sind daher nicht auf organische Nahrung angewiesen; sie werden von ihren autotrophen Symbionten versorgt. Beide Zelltypen können getrennt weitergezüchtet werden; es handelt sich daher vermutlich um eine »junge« Symbiose.

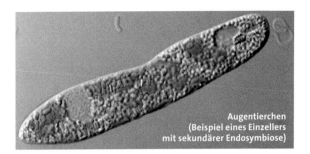

Augentierchen
(Beispiel eines Einzellers
mit sekundärer Endosymbiose)

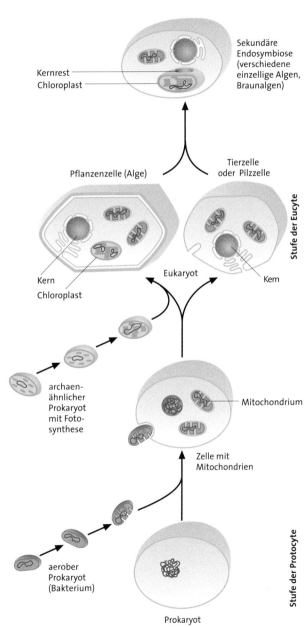

Sekundäre Endosymbiose (verschiedene einzellige Algen, Braunalgen)

Kernrest
Chloroplast

Pflanzenzelle (Alge)

Tierzelle oder Pilzzelle

Stufe der Eucyte

Kern
Chloroplast

Eukaryot

Kern

archaen-ähnlicher Prokaryot mit Foto-synthese

Mitochondrium

Zelle mit Mitochondrien

aerober Prokaryot (Bakterium)

Stufe der Protocyte

Prokaryot

Abb. 41.1: Entstehung der Eucyte nach der Endosymbionten-Theorie. Dargestellt ist auch die sekundäre Endosymbiose, wie sie bei verschiedenen Algengruppen vorkommt.

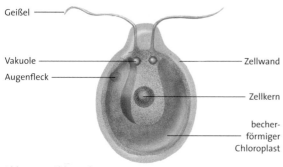

Geißel

Vakuole

Augenfleck

Zellwand

Zellkern

becher-
förmiger
Chloroplast

Abb. 42.1: *Chlamydomonas*

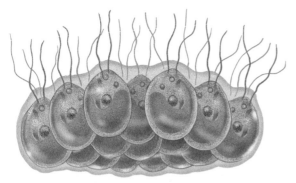

Abb. 42.2: *Gonium*

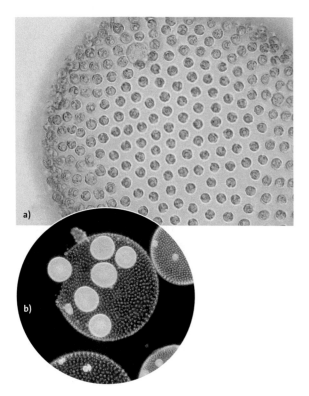

a)

b)

Abb. 42.3: Kugelalge *(Volvox aureus)*. **a)** Lichtmikroskopisches Bild; **b)** platzendes Individuum mit Tochterkugeln

2.3.4 Übergänge vom Einzeller zum Vielzeller

Chlamydomonas ist eine einzellige Grünalge, die in Pfützen und Tümpeln vorkommt (**Abb. 42.1**). Ihr eiförmiger Zellkörper wird etwa 15–20 µm lang. Mithilfe zweier Geißeln, die synchron schlagen, kann sie sich rasch im Wasser fortbewegen. Ein lichtempfindliches Organell erlaubt es der Alge, besonnte Stellen aufzusuchen, wo sie mittels ihres großen, becherförmigen Chloroplasten besonders effektiv Fotosynthese betreibt. Wie bei allen einzelligen Organismen erfüllt bei *Chlamydomonas* eine einzige Zelle sämtliche Lebensfunktionen.

Ähnlich aufgebaut wie *Chlamydomonas* sind die Zellen von *Gonium* (**Abb. 42.2**). Diese im Süßwasser lebende Grünalge bildet einen 0,1 mm großen Verband aus 16 gleichartigen Zellen, die von einer gemeinsamen Gallerthülle umgeben sind. Diese Kolonie kann sich als Ganzes fortbewegen. Die Vermehrung erfolgt, indem jede Zelle durch vier Teilungsschritte eine neue Kolonie bildet, die heranwächst und selbständig wird. Nach experimenteller Trennung sind die Zellen auch einzeln lebensfähig.

Die weitere Entwicklung führte zu echten Vielzellern mit Zelldifferenzierung und Arbeitsteilung der Einzelzellen. Ein Beispiel dafür ist die in stehenden Süßgewässern lebende Kugelalge *Volvox aureus* (**Abb. 42.3**). Jedes Exemplar besteht aus bis zu 3200 Einzelzellen, die einen hohlkugelförmigen Organismus mit einem Durchmesser von 0,5 mm bilden. Der Zellverband ist in eine Gallerthülle eingebettet und bewegt sich durch koordinierten Geißelschlag der Einzelzellen fort. Voraussetzung für die Koordination ist, dass die Zellen über Plasmaverbindungen verfügen; dies erlaubt auch einen Stoffaustausch zwischen den Einzelzellen. Außerdem zeigen Kugelalgen Ansätze von Zelldifferenzierung: Die Zellen am Vorderpol der Kugel sind besonders lichtempfindlich. Am entgegengesetzten Pol befinden sich einige größere Zellen, die als einzige Zellen zur ungeschlechtlichen Fortpflanzung fähig sind. Aus ihnen entwickeln sich Tochterkugeln, die durch Platzen der Mutteralge freigesetzt werden. Beim Platzen der Mutteralge stirbt der Zellverband den Alterstod, wie es bei allen echten Vielzellern der Fall ist. Eine kleine Zahl von Zellen ist zur geschlechtlichen Fortpflanzung befähigt.

Die Grünalgen *Chlamydomonas, Gonium* und *Volvox* zeigen modellhaft, wie sich aus Einzellern im Laufe der Stammesgeschichte vielzellige Organismen entwickelt haben könnten. Dieser Prozess hat allerdings in der Evolution von einzelligen Vorfahren zu *Volvox* erst vor etwa 75 Millionen Jahren begonnen, während die ersten Vielzeller bereits vor mindestens 1 Milliarde Jahren entstanden sein dürften.

2.3.5 Evolution der Organismen

Die Erde entstand vor ca. 4,5 Milliarden Jahren. In Gesteinen Westaustraliens, die 3,5 Milliarden Jahre alt sind, fand man feinlamellierte Schichten. Gesteine mit derartigen Strukturen entstehen auch heute gelegentlich an tropischen Küsten. Sie werden von Cyanobakterien gebildet und als **Stromatolithe** bezeichnet (**Abb. 43.1**). Die australischen Funde gelten als die ältesten bislang bekannten Fossilien.

Die lange Zeit der Erdgeschichte (**Abb. 43.2**), die weiter zurückliegt als 540 Millionen Jahre, bezeichnet man als **Präkambrium.** Aus dem frühen Präkambrium sind Fossilreste außerordentlich spärlich überliefert. In etwa 1,5 Milliarden Jahre alten Schichten findet man erstmals Reste von Zellen, die nach ihrer Größe und Gestalt von **Eukaryoten** stammen. Ihre Entstehung setzt die Bildung der Eucyte durch Endosymbiose voraus *(s. S. 41)*. Als Vielzeller sind über viele hundert Millionen Jahre hinweg nur Algenzellfäden und Reste wurmförmiger Organismen überliefert. In Schichten, die nach einer großen Eiszeit zwischen 630 und 540 Millionen Jahren gebildet wurden, fand man zuerst in Südaustralien, später auch auf allen anderen Kontinenten die Abdrücke zahlreicher, überwiegend flach gebauter Organismen. Sie wurden früher vor allem den Hohltieren und Ringelwürmern zugeordnet, bilden aber wahrscheinlich eine eigene Evolutionslinie.

Seit Beginn des **Paläozoikums,** dem »Erdaltertum«, ist die weitere Evolution der Lebewesen durch zahlreiche Fossilfunde gut belegt. Gegen Ende des Präkambriums hatten Vielzeller erstmals Hartteile (Schalen, Panzer) gebildet. In der Folgezeit führte dies in den Flachmeeren des **Kambriums** (540–490 Mill. J.) zur Entstehung zahlreicher neuer Tierformen von zum Teil absonderlicher Gestalt (**Abb. 43.3**). Viele davon starben rasch, d. h. nach etlichen Millionen Jahren, wieder aus. Unter den Gliederfüßlern sind die Trilobiten *(s. S. 18)* verbreitet. Zu den Chordatieren gehören die Conodonten-Tiere, deren Zähnchen bis zur Trias-Zeit häufige Fossilien sind.

Im **Ordovizium** (490–440 Mill. J.) erscheinen gepanzerte Fische mit knorpeliger Wirbelsäule. In der Periode des Silurs (440–415 Mill. J.) eroberten die Pflanzen das Land und die Fische das Süßwasser. Die ersten Landpflanzen besaßen blattlose, gabelig verzweigte Sprosse und hatten keine echten Wurzeln. Im **Devon** (415–360 Mill. J.) beherrschten Bärlappgewächse, Schachtelhalme und Farne, die zum Teil baumförmig waren, die Landvegetation. Die Fische entwickelten sich weiter zu den Quastenflossern, aus deren urtümlichen Formen die Landwirbeltiere hervorgegangen sind. Ein früher Vertreter ist der Urlurch *Ichthyostega* (**Abb. 44.1**).

Abb. 43.1: Stromatolithe. Fossil aus Westaustralien (links, etwa 3,5 Milliarden Jahre alt) und heutige Stromatolithe

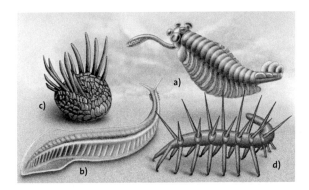

Abb. 43.2: Lebewesen aus den Burgess-Tonschiefern des Kambriums. **a)** *Anomalocaris* (Größe bis 2 m); **b)** *Pikaia*; **c)** *Wiwaxia* (b und c sind ca. 5 cm groß); **d)** *Hallucigenia*

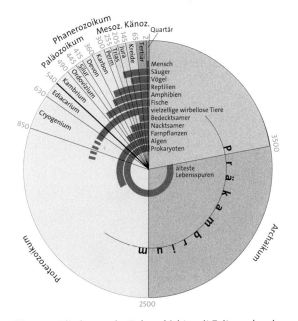

Abb. 43.3: Gliederung der Erdgeschichte mit Zeitangaben in Millionen Jahren und Vorkommen einiger Organismengruppen

Im **Karbon** (360–300 Mill. J.) lag Europa in den Tropen, in denen sich ausgedehnte Steinkohlenwälder aus Siegel- und Schuppenbäumen, Riesenschachtelhalmen und Baumfarnen entwickelten. In der Tierwelt herrschten Amphibien vor; als erste Reptilien traten plumpe Pflanzenfresser auf. Die hohe Sauerstoffkonzentration der Atmosphäre führte dazu, dass sich riesige Tausendfüßer und Insekten entwickeln konnten. In der Zeit des **Perms** (300–250 Mill. J.) vereinigten sich die Kontinente wieder zu einem Superkontinent Pangäa. Die Flachmeergebiete

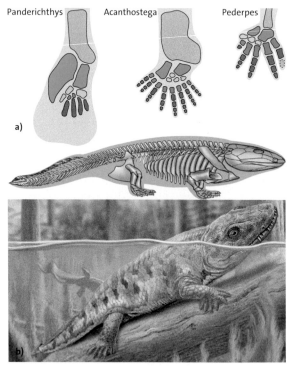

a)

b)

Abb. 44.1: Übergänge zu den Landwirbeltieren. **a)** Modell der Umgestaltung des Extremitätenskeletts; **b)** Urlurch *Ichthyostega* aus dem Devon Grönlands (ca. 380 Millionen Jahre alt); ergänztes Skelett und Rekonstruktion

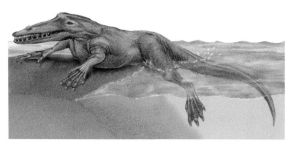

Abb. 44.2: Rekonstruktion des Urwals *Ambulocetus* aus dem frühen Tertiär (50 Millionen Jahre alt). Das etwa 3 m lange Tier wird als *»connecting link«* zwischen modernen Walen und deren Huftierahnen aufgefasst.

nahmen stark ab, die Trockengebiete zu. In der Vegetation wurden **Nacktsamer,** die kein Regenwasser zur Befruchtung benötigen, vorherrschend. An Trockenheit angepasste Reptilien waren vielerorts den Amphibien überlegen und bildeten zahlreiche systematische Gruppen. Gegen Ende des Perms entstanden aus dem Superkontinent im Norden Laurasia, im Süden Gondwana. Aus ungeklärten Gründen starben zahlreiche Tiergruppen aus *(s. S. 45).*

Die folgenden Erdepochen fast man als **Mesozoikum** oder »Erdmittelalter« zusammen; es ist das Zeitalter der Reptilien (Saurier). In der **Trias** (250–200 Mill. J.) entstanden Reptilien, die schon Merkmale von Säugetieren aufwiesen und zum Ende der Epoche sind echte **Säugetiere** durch Kieferbruchstücke und Zähne nachgewiesen. In der Zeit des **Jura** (200–145 Mill. J.) eroberten die Saurier fast alle Lebensräume der Erde und bildeten auf dem Land Riesenformen. Im obersten Jura lebte der Urvogel *Archaeopteryx (s. S. 21)*. Gleichzeitig und noch bis in die Kreide gab es auch zahlreiche Saurierformen, die Federn besaßen. In der **Kreide** (145–65 Mill. J.) beherrschten weiterhin die Saurier als Pflanzenfresser (z.B. *Triceratops*) und als Raubtiere, wie z. B. *Tyrannosaurus*, das Land. Der Flugsaurier *Quetzalcoatlus* war mit über 12 m Flügelspannweite das größte bisher bekannte flugfähige Tier. Bei den Pflanzen entwickelten sich die bedecktsamigen Blütenpflanzen; sie bestimmten von der Oberkreide an die Vegetation. Parallel dazu wuchs die Formenfülle der Insekten. Zu Ende der Kreide starben die meisten Gruppen der Reptilien aus. Die Ammoniten, wichtige Leitfossilien des Mesozoikums *(s. S. 18)*, verschwanden ebenfalls, nachdem sie in der Kreide noch Riesenformen mit bis 2,5 m Durchmesser hervorgebracht hatten. Die Säuger traten in der Kreidezeit zwar mit vielen Arten auf, diese erreichten aber höchstens Hundegröße. Durch das Aussterben der Saurier konnten sie danach viele neue Formen mit unterschiedlichen ökologischen Ansprüchen hervorbringen *(s. S. 45)*.

Mit dem **Tertiär** (65–2,6 Mill. J.) beginnt das Känozoikum, das bis heute andauert. Es ist die »Erdneuzeit«, das Zeitalter der Säugetiere. Die Plazentasäuger, zu denen alle Säuger außer den Beuteltieren und den Kloakentieren gehören, besiedelten unter Nutzung unterschiedlicher Ernährungsweisen fast alle Lebensräume der Erde. So entstanden neben vielen weiteren Gruppen die Fledermäuse sowie als Tiere des offenen Meeres die Wale, die aus Urhuftieren hervorgingen **(Abb. 44.2)**. Die starken Klimaschwankungen im **Quartär** (2,6 Mill. J. bis heute), die zu einem mehrfachen Wechsel von Warm- und Kaltzeiten geführt haben, waren für die Evolution des Menschen von großer Bedeutung *(s. S. 56)*.

2.3.6 Massenaussterben und Evolutionsschübe in der Erdgeschichte

Das Aussterben von Arten ist ein normaler Vorgang im Evolutionsablauf. Stark spezialisierte Arten sind oft schon bei geringen Umweltveränderungen nicht mehr genügend an ihre Lebensbedingungen angepasst und sterben deshalb aus. Zeiten rascher Meeresspiegelveränderungen und Klimaschwankungen in der Erdgeschichte waren daher oft mit hohen Aussterberaten verknüpft, man spricht von **Massenaussterben** (**Abb. 45.1**).

Das größte bekannte Massenaussterben fand am Ende des Erdaltertums an der Grenze zwischen Perm und Trias statt: Vor 250 Millionen Jahren verschwanden ungefähr 90 % aller Tier- und Pflanzenarten von der Erdoberfläche, darunter zahlreiche Gruppen von Meerestieren. Die Ursachen sind noch ungeklärt; als Grund wird meist eine dramatisch rasche Änderung des Klimas auf der Erde angeführt, die zu einem starken Absinken des Meeresspiegels führte. Hinzu kamen wohl Vulkanausbrüche, weltweite Brände infolge von hoher Methanfreisetzung sowie möglicherweise ein Meteoriteneinschlag im heutigen Australien. Eine zweite einschneidende Veränderung des Artenspektrums fand an der Grenze zwischen Kreide und Tertiär vor etwa 65 Millionen Jahren statt. In diesem Zeitraum starben die Dinosaurier, Flugsaurier und viele andere Reptiliengruppen aus, außerdem unter anderem die Ammoniten. Hier dürfte der Einschlag eines großen Meteoriten im heutigen Mexiko die Ursache gewesen sein. Ein zusätzlicher Faktor für das Massenaussterben waren wohl starke vulkanische Aktivitäten, vor allem im Bereich des heutigen Indien, die zu einer globalen Staubentwicklung und in der Folge zu einer Abkühlung der Atmosphäre führten.

Infolge von Massenaussterbeereignissen werden viele ökologische Nischen frei. Dann ist es möglich, dass sich innerhalb kurzer geologischer Zeiträume aus den verbliebenen Arten zahlreiche neue Formen entwickeln. Die Evolution einer Ausgangsart geht dabei fast zeitgleich in zahlreiche verschiedene Richtungen, jede der entstehenden neuen Arten nutzt den Lebensraum in besonderer Weise. Man spricht dann von **adaptiver Radiation** (s. S. 37). Ein Beispiel für einen solchen Evolutionsschub ist die Entwicklung zahlreicher Säugetierarten im Tertiär, nachdem die bis dahin dominierenden Saurier von der Erde verschwunden waren.

In jüngster Zeit trägt auch der Mensch zu einem massiven Artensterben bei, sei es durch aktives Ausrotten von Arten, sei es durch Lebensraumzerstörung, anthropogen verursachte Klimaveränderungen oder Einschleppen von Arten in andere Lebensräume (s. S. 88).

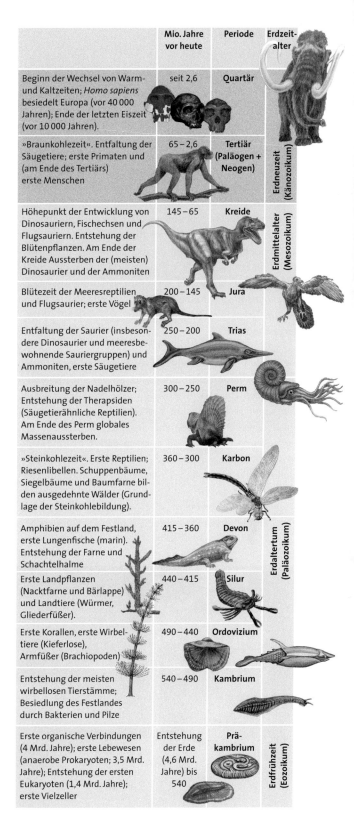

	Mio. Jahre vor heute	Periode	Erdzeitalter
Beginn der Wechsel von Warm- und Kaltzeiten; *Homo sapiens* besiedelt Europa (vor 40 000 Jahren); Ende der letzten Eiszeit (vor 10 000 Jahren)	seit 2,6	Quartär	Erdneuzeit (Känozoikum)
»Braunkohlezeit«. Entfaltung der Säugetiere; erste Primaten und (am Ende des Tertiärs) erste Menschen	65–2,6	Tertiär (Paläogen + Neogen)	
Höhepunkt der Entwicklung von Dinosauriern, Fischechsen und Flugsauriern. Entstehung der Blütenpflanzen. Am Ende der Kreide Aussterben der (meisten) Dinosaurier und der Ammoniten	145–65	Kreide	Erdmittelalter (Mesozoikum)
Blütezeit der Meeresreptilien und Flugsaurier; erste Vögel	200–145	Jura	
Entfaltung der Saurier (insbesondere Dinosaurier und meeresbewohnende Sauriergruppen) und Ammoniten, erste Säugetiere	250–200	Trias	
Ausbreitung der Nadelhölzer; Entstehung der Therapsiden (Säugetierähnliche Reptilien). Am Ende des Perm globales Massenaussterben.	300–250	Perm	Erdaltertum (Paläozoikum)
»Steinkohlezeit«. Erste Reptilien; Riesenlibellen. Schuppenbäume, Siegelbäume und Baumfarne bilden ausgedehnte Wälder (Grundlage der Steinkohlebildung).	360–300	Karbon	
Amphibien auf dem Festland, erste Lungenfische (marin). Entstehung der Farne und Schachtelhalme	415–360	Devon	
Erste Landpflanzen (Nacktfarne und Bärlappe) und Landtiere (Würmer, Gliederfüßer).	440–415	Silur	
Erste Korallen, erste Wirbeltiere (Kieferlose), Armfüßer (Brachiopoden)	490–440	Ordovizium	
Entstehung der meisten wirbellosen Tierstämme; Besiedlung des Festlandes durch Bakterien und Pilze	540–490	Kambrium	
Erste organische Verbindungen (4 Mrd. Jahre); erste Lebewesen (anaerobe Prokaryoten; 3,5 Mrd. Jahre); Entstehung der ersten Eukaryoten (1,4 Mrd. Jahre); erste Vielzeller	Entstehung der Erde (4,6 Mrd. Jahre) bis 540	Präkambrium	Erdfrühzeit (Eozoikum)

Abb. 45.1: Übersicht über die Erdzeitalter. Die Grenzen zwischen Erdaltertum (Paläozoikum) und Erdmittelalter (Mesozoikum) sowie zwischen Mesozoikum und Erdneuzeit (Känozoikum) sind durch Massenaussterbeereignisse charakterisiert.

2.3.7 **Koevolution**

In einem Ökosystem bestehen zahlreiche Wechselwirkungen zwischen den Organismen. Jeder Evolutionsschritt einer Art wirkt sich daher auch auf andere Arten aus, denn durch die Wechselwirkungen ändern sich deren Selektionsbedingungen ebenfalls. Bildet sich z. B. in einer Pflanze ein Bitterstoff, werden ihre Fressfeinde andere Futterpflanzen wählen: Die Zahl der bitteren Pflanzen nimmt auf Kosten anderer Pflanzen zu. Tritt aber bei bestimmten Fressfeinden eine Bitterstoff-Verträglichkeit auf, fressen diese nicht nur die neugewählten Futterpflanzen, sondern auch andere Pflanzen, die bisher durch Bitterstoffe geschützt waren. Evolution ist daher immer auch **Koevolution** der miteinander in Beziehung stehenden Arten: Jeder Evolutionsschritt gibt den Anstoß zu weiterer Evolution.

Bestäuber und Blütenpflanze. Besonders erstaunlich sind Koevolutionsphänomene bei Blüten und blütenbesuchenden Insekten. Die Blüten sind bezüglich Gestalt, Duft und Färbung an die bestäubenden Insekten angepasst. Umgekehrt zeigen viele Insekten Angepasstheiten an bestimmte Blüten, und zwar im Bau der Mundwerkzeuge, der Sinnesorgane und im Verhalten. Erst die Koevolution hat zur großen Artenvielfalt von Blütenpflanzen und Insekten geführt.

Man geht davon aus, dass im Verlauf der Erdgeschichte Käfer die ersten Blütenbestäuber waren. Käfer suchen Blüten auf, um mit ihren unspezialisierten kauend-beißenden Mundwerkzeugen Pollen zu fressen. »Käferblumen« produzieren große Pollenmengen, zeigen aber darüber hinaus kaum Anpassungen an ihre wichtigsten Bestäuber. Dagegen weisen Bienen- und Hummelblumen oft eine Landeplattform auf und sind in manchen Fällen als Rachen- oder Lippenblüten ausgebildet, in die die nahrungssuchenden Hautflügler hineinkriechen können (**Abb. 46.1 a**). Am Grund der Blüte wird Nektar abgesondert, an den die Tiere mit ihren spezialisierten leckend-saugenden Mundwerkzeugen gelangen. Typische Schmetterlingsblüten besitzen in Anpassung an den langen Saugrüssel ihrer Bestäuber eine lange Blütenkronröhre und produzieren große Mengen an Nektar (**Abb. 46.1 c**). Von Nachtfaltern bestäubte Blüten zeigen meist eine weiße, stark duftende Krone, die sich nachts öffnet. Tagfalterblumen sind dagegen oft rot, blau oder gelb gefärbt.

Wenn eine sehr ausgeprägte Koevolution vorliegt, ermöglicht die Evolutionstheorie sogar Vorhersagen. Die Orchidee *Angraecum sesquipedale* aus dem Regenwald Madagaskars besitzt Blüten mit einem bis über 30 cm langen Sporn, in dem die Nektardrüsen liegen (lat. *sesquipedalis* eineinhalb Fuß). CHARLES DARWIN sagte 1862 voraus, dass ein Insekt mit einem entsprechend langen Saugrüssel existieren müsse, das aus dieser Orchidee Nektar saugt und dabei die Blüten bestäubt. Zu Beginn des 20 Jahrhunderts wurde ein solcher Schwärmer dann entdeckt (**Abb. 47.1**); er erhielt den Namen *Xanthopan morgani praedicta* (lat. *praedictus* vorhergesagt).

Abb. 46.1: Koevolution von Blüten und Insekten. **a)** Die Rachenblüten des Roten Fingerhuts sind typische Hummelblumen. Die dunklen Flecken auf der Innenseite der Kronröhre werden als Staubbeutelattrappen gedeutet. **b)** Erdhummel mit Saugrüssel; **c)** Tagfalter (Admiral) an Blüten des Wasserdosts

Wirt und Parasit. Auch zwischen Parasiten und den von ihnen geschädigten Organsimen, den Wirten, findet Koevolution statt. Ohne ihren Wirtsorganismus können die meisten parasitisch lebenden Arten nicht existieren und leben daher ständig mit ihm zusammen. Bewohnen sie die Körperoberfläche ihres Wirtes, bezeichnet man sie als **Ektoparasiten** (gr. *ektos* außen), leben sie in dessen inneren Organen, spricht man von **Endoparasiten** (gr. *endon* innen).

Parasitische Arten stammen alle von frei lebenden Vorfahren ab und haben sich im Laufe der Stammesgeschichte schrittweise in Bau und Lebensweise zu Parasiten entwickelt. Oft beschränkt sich das Vorkommen eines Parasiten auf eine einzige oder wenige Wirtsarten. Bei diesen entwickelten sich im Laufe der Evolution Abwehrmechanismen, die den schädigenden Einfluss der Parasiten begrenzen. Im Gegenzug entstanden hochgradige Angepasstheiten der parasitischen Formen:

- Durch die Produktion sehr vieler Nachkommen wird die Wahrscheinlichkeit erhöht, dass einige davon ihren Wirt erreichen.
- Typisch für Ektoparasiten sind Klammerbeine und ein abgeflachter Körperbau. Viele Innen- und Außenparasiten besitzen Saugnäpfe und Haken, die einen festen Halt ermöglichen (**Abb. 47.2**).
- Blutsaugende Arten besitzen einen hochspezialisierten Saugrüssel oder einen leistungsfähigen Kieferapparat. Außerdem werden oft Substanzen abgesondert, die die Blutgerinnung beim Wirt verhindern.
- In vielen Fällen sind Organe oder sogar ganze Organsysteme reduziert, wenn sie für die parasitische Lebensweise nicht erforderlich sind. So sind die Verdauungsorgane vieler Endoparasiten als Angepasstheit an die Ernährung von leicht verdaulichen Körpersäften sehr einfach gebaut. Bandwürmer nehmen ihre Nahrung über die Körperwand auf; ihr Verdauungsapparat ist völlig rückgebildet. Auch Sinnesorgane und Nervensystem sind oft nur rudimentär vorhanden.
- Viele Parasiten leben in verschiedenen Lebensstadien in unterschiedlichen Wirten; sie machen einen **Wirtswechsel** durch (**Abb. 47.3**). Der Wechsel von einer Wirtsart auf eine andere wird durch oft komplexe Übertragungsmechanismen gewährleistet.

Im Zuge der Koevolution entstand so ein Gleichgewicht zwischen Abwehrmechanismen des Wirtsorganismus und Angepasstheiten des Parasiten. Dies führte dazu, dass die parasitische Art zwar von ihrem Wirt profitiert, dabei diesen aber nicht lebensbedrohlich schädigt und sich so selbst die Lebensgrundlage entzieht.

Abb. 47.1: Orchidee *Angraecum sesquipedale* mit bestäubendem Schwärmer

Hakenkranz

Saugnapf

Abb. 47.3: Bandwürmer verankern sich mit Hakenkränzen und Saugnäpfen in der Darmwand ihres Wirtes.

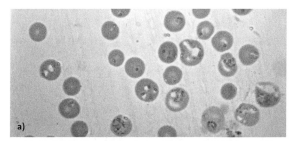

a)

b)

Abb. 47.3: Der endoparasitisch lebende Malariaerreger Plasmodium, wird durch Fiebermücken, blutsaugende Ektoparasi-ten, auf den Menschen übertragen. **a)** Malariaerreger in einem angefärbten Blutausstrich; **b)** Fiebermücke

Mechanismen der Evolution

Die **Synthetische Evolutionstheorie** liefert die kausale Erklärung für die Entstehung von Arten und Verwandtschaftsgruppen im Laufe der stammesgeschichtlichen Entwicklung. Zur Evolution tragen verschiedene Faktoren bei. Voraussetzung für Evolution ist die Variabilität einer Population; Individuen mit unterschiedlichen Merkmalen entstehen durch **Mutationen.** Bei geschlechtlicher Reproduktion kommt es zur Vermischung der Allele durch **Rekombination.** Die verschiedenen Genotypen bewirken Unterschiede in den Phänotypen der Individuen. An diesen setzt die **Selektion** an: Die »natürliche Auslese« sorgt dafür, dass sich besser an ihren Lebensraum angepasste Organismen einer Art auf längere Sicht durchsetzen. Die Eignung eines Individuums zum Überleben und zur Weitergabe seiner Allele an die Folgegeneration bezeichnet man als dessen **reproduktive Fitness.** Sie kann indirekt aus der Zahl der Nachkommen ermittelt werden. Durch die Selektion verändert sich die **Allelfrequenz** innerhalb einer Population. Zur Selektion können sowohl abiotische als auch biotische Faktoren beitragen. Im zweiten Fall unterscheidet man zwischen innerartlicher Selektion (z. B. infolge von Konkurrenz um Geschlechtspartner) und zwischenartlicher Selektion (z. B. bei Räuber-Beute-Beziehungen). Bei mehr oder weniger gleich bleibenden Umweltbedingungen wirkt die Selektion stabilisierend, bei sich verändernden Bedingungen kommt es zu einer transformierenden Selektion. Allelfrequenzen ändern sich aber nicht nur als Folge von Selektion, sondern auch durch zufallsbedingte Ereignisse (Tod, Naturkatastrophen …); diese Änderungen bezeichnet man als **Gendrift.** Bisweilen kommt es dabei zum »**genetischen Flaschenhalseffekt**«, einer extremen genetischen Verarmung einer Population (s. Kap. 2.1).

Normalerweise findet zwischen den Individuen einer Population ein Austausch von Allelen, ein **Genfluss**, statt. Kommt es aber im Verlauf der Stammesgeschichte zur Isolierung von Teilpopulationen, kann der Austausch genetischer Information zwischen den Populationsteilen unterbrochen werden. Diese Isolierung kann zu einer **genetischen Separation** führen; dann können sich die Individuen der beiden Teilpopulationen untereinander nicht mehr fortpflanzen. Dies ist die Voraussetzung für die Bildung neuer Arten. Meist erfolgt zunächst eine räumliche Trennung der Teilpopulationen, also eine geographische Isolation; in der Folge kommt es zu einer **allopatrischen Artbildung.** Seltener erfolgt die Artbildung in ein und demselben Lebensraum (**sympatrische Artbildung**), hier muss der Entstehung der neuen Arten eine reproduktive Isolation, beispielsweise aufgrund von unterschiedlichem Paarungsverhalten oder Polyploidisierung, vorausgehen. In neu entstandenen Lebensräumen wie beispielsweise Inselgruppen kommt es oft zu einer Aufspaltung einer gemeinsamen Stammform in zahlreiche neue Arten. Im Zuge dieser **adaptiven Radiation** werden verfügbare ökologische Nischen besetzt (s. Kap. 2.2).

Vor der Entwicklung des ersten Lebens auf der Erde müssen sich im Urozean der frühen Erde aus anorganischen Substanzen einfache organische Verbindungen gebildet haben. Aus diesen wiederum entstanden unter günstigen Bedingungen Ribonucleinsäuren, die zunächst sowohl als Informationsträger als auch als Katalysator fungierten. Später kam es zur Bildung von Proteinen. In kleinen, von Membranen abgeschlossenen Reaktionsräumen, die RNA und Proteine enthielten, konnten Stoff- und Energieumwandlungen stattfinden; damit war die früheste Lebensstufe der **Protobionten** erreicht. In weiteren Evolutionsschritten entstand daraus die **Protocyte** mit ATP als Energieträger und DNA als Träger der Erbinformation. Zu einem wichtigen Entwicklungsschritt kam es, als ursprünglich selbstständige Zellen von anderen phagocytiert wurden und als Symbionten im Inneren der Wirtszellen weiterlebten. Die **Endosymbionten-Theorie** besagt, dass auf diese Weise die Mitochondrien und Chloroplasten der Eukaryoten entstanden sind. Vor etwa einer Milliarde Jahren schließlich erschienen die ersten Vielzeller; eine Vorstellung davon, wie dieser Prozess, ausgehend von einzelligen Organismen, abgelaufen sein könnte, geben verschiedene rezente Grünalgenarten.

Im Verlauf der Evolution kam es immer wieder, vermutlich durch große Naturkatastrophen ausgelöst, zu **Massenaussterben,** so z. B. an der Grenze zwischen der Kreidezeit und dem Tertiär. In der Folge konnten andere Tier- und Pflanzengruppen die frei gewordenen Lebensräume besiedeln, wobei es zu einer starken Artaufspaltung infolge von adaptiver Radiation kam (s. Kap. 2.3).

Wechselwirkungen zwischen verschiedenen miteinander in Beziehung stehenden Organismenarten führen zur **Koevolution.** Bekannte Beispiele sind die parallel verlaufende Entwicklung von Angepasstheiten bei Blütenpflanzen und blütenbesuchenden Insekten sowie von Parasiten und ihren Wirten (s. Kap. 2.4).

AUFGABEN

1 Ein flugunfähiger Kormoran

Auf den Galapagos-Inseln lebt ein naher Verwandter unseres einheimischen Kormorans. Im Unterschied zur heimischen Art hat dieser Wasservogel Stummelflügel und ist flugunfähig.

Versuchen Sie, die Entstehung der flugunfähigen Galapagos-Kormorane (**Abb. 49.1**) auf der Basis der heutigen Evolutionstheorie zu erklären.

Berücksichtigen Sie dabei, dass flugunfähige Vogelarten besonders oft auf Inseln anzutreffen sind.

Abb. 49.1: Galapagos-Kormoran

2 Seltene Hirsche

Der ostasiatische Davidshirsch (**Abb. 49.2**) ist eine der seltensten Hirscharten der Welt. Heute besteht der Bestand aus etwa 1300 Tieren, von denen sehr viele in Zoologischen Gärten leben. Untersuchungen des Erbguts von Davidshirschen ergaben, dass sich die Individuen allesamt genetisch außerordentlich ähnlich sind. Erklären Sie diese Tatsache.

Abb. 49.2: Davidshirsch

3 Allelfrequenz

Geben Sie an, ob und inwiefern Mutationen, genetische Rekombination bzw. Gendrift Auswirkungen auf die Allelfrequenzen in einer Population haben.

4 Sympatrische Artbildung

Im Vergleich zu allopatrischer Artbildung scheint sympatrische Artbildung selten in der Stammesgeschichte aufzutreten. Begründen Sie diese Tatsache und stellen Sie Vermutungen an, welche Voraussetzungen erfüllt sein müssen, damit es überhaupt zu sympatrischer Artbildung kommen kann.

5 Artbildung

Die folgenden Diagramme (**Abb. 49.3**) zeigen drei Möglichkeiten, wie natürliche Selektion in einer Population wirken kann. Die violett unterlegten Flächen kennzeichnen jeweils Phänotypen, die durch Selektion eliminiert werden.

a) Beschreiben Sie die drei Varianten und benennen Sie die drei Typen mit Fachbegriffen.

b) Geben Sie eine mögliche Erklärung für den jeweiligen Selektionsverlauf.

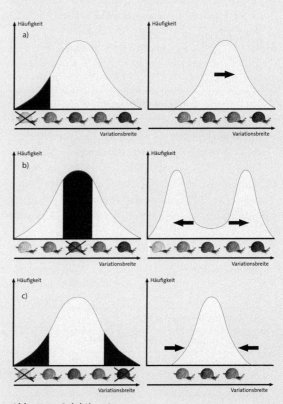

Abb. 49.3: Selektionstypen

6 Ungewöhnliche Blütenbestäuber

In den Tropen gibt es zahlreiche Blütenpflanzen, die nicht von Insekten, sondern von Vögeln und Fledermäusen bestäubt werden.

Abb. 50.1: Blütenbesuchende Kolibris

a) Bekannte Blütenbestäuber unter den Vögeln sind die südamerikanischen Kolibris. Fassen Sie anhand von **Abb. 50.1** zusammen, welche Merkmale eine typische Kolibriblüte aufweist.

b) Erläutern Sie am Beispiel von Kolibri und »Kolibriblüte« das Phänomen der Koevolution.

c) Finden Sie eine Begründung dafür, dass es in den gemäßigten Breiten Europas keine blütenbestäubenden Vögel gibt.

d) Recherchieren Sie, welche Eigenschaften eine »Fledermausblüte« besitzen muss.

7 Entstehung von Zellorganellen

Im Unterschied zu allen anderen Organellen der Eucyte besitzen Chloroplasten und Mitochondrien eine Hülle aus zwei Membranen, die sich in ihrem Aufbau beträchtlich voneinander unterscheiden (**Tab. 50.1**).

a) Interpretieren Sie die Tabellenwerte vor dem Hintergrund der Endosymbionten-Theorie.

b) Nennen Sie weitere Befunde, die diese Theorie untermauern.

8 Von Bienen und Hummeln

Eisenhuthummel *Bombus gerstaeckeri* K VI–IX: KL 20–26; RL 21–23 A VII–X: KL 15–18; RL 6–14	Gelber Eisenhut (selten), Blauer Eisenhut, Silberdistel 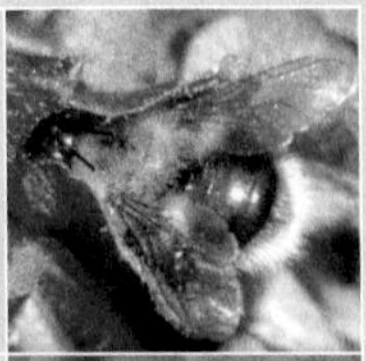
Gartenhummel *Bombus hortorum* K VI–V: KL 17–22; RL 19–22 A V–VIII: KL 11–16; RL 14–16	Taubnesseln, Ziest, Rot- und Weißklee, Disteln, Rittersporn, Springkraut, Goldregen, Obstbäume 
Dunkle Erdhummel *Bombus terrestris* K IV–V: KL 19–22; RL 9–10 A V–IX: KL 11–17; RL 8–9	Rot- und Weißklee, Taubnesseln, Wicken, Flockenblumen, Weiden, Fingerhut, Goldregen, Lerchensporn 
Helle Erdhummel *Bombus lucorum* K III–V: KL 18–21; RL 9–10 A III–VIII: KL 9–16; RL 8–9	Weiden, Obstbäume, Lupine, Taubnesseln, Rot- und Weißklee, Apfelrose, Johannisbeere 
Waldhummel *Bombus sivarum* K IV–VI: KL 16–18; RL 12–14 A V–X: KL 10–15; RL 10–12	Taubnesseln, Dornige Hauhechel, Klette, Wicken, Esparsette, Beinwell, Goldregen, Schwertlilie, Springkraut 
Honigbiene *Apis mellifera* A: KL 12–15; RL 6–7	Obstbäume, viele Pflanzenfamilien 

Abb. 50.2: Zeitraum der Futtersuche, Körpergröße, Rüssellänge und Hauptfutterpflanzen einheimischer Hummelarten und der Honigbiene. Römische Zahlen: Monate, in denen Nahrung gesammelt wird. K Königin, A Arbeiterin bzw. Jungkönigin, KL Körperlänge (in mm), RL Rüssellänge (in mm)

Membranlipid	innere Chloroplastenmembran (Spinat)	äußere Chloroplastenmembran (Spinat)	Plasmamembran eines Cyanobakteriums	Plasmamembran (Ratte)
Phosphatidylcholin (Lecithin)	3	22	0	38
Phosphatidylethanolamin	0	0	0	15
Phosphatidylglycerol	9	9	18	0
Monogalactosyldiacylglycerol	53	22	63	0

Tab. 50.1: Lipidzusammensetzung verschiedener Membrantypen (Stoffmengenanteil in %)

In Europa gibt es 53 Hummelarten. Hummeln sammeln wie Honigbienen Pollen und Nektar, allerdings bevorzugen sie robuste Blüten von Schmetterlingsblütlern (z. B. Klee, Luzerne) und Lippenblütlern (z. B. Salbei). Viele dieser Blüten öffnen sich nur, wenn sich ein Bestäuber mit einem Mindestgewicht auf ihnen niederlässt. Blütenkronröhren sind häufig recht lang (z. B. beim Rotklee 8–12 mm) und enthalten daher viel Nektar. Eine sehr lange Röhre (15–25 mm) mit eingerolltem Sporn bilden die Nektarblätter des Gelben Eisenhuts, eines Hahnenfußgewächses.

Hummelmännchen fordern Weibchen mit Sexuallockstoffen zur Paarung auf, die sie während des Flugs verbreiten. Haben die Männchen eine Hummelkönigin entdeckt, stürzen sie sich auf sie und versuchen sie zu begatten. Dies gelingt nur bei Königinnen der eigenen Art; von Weibchen anderer Arten werden sie abgeschüttelt. Bei den Hummeln überwintern nur die Königinnen, die im folgenden Frühjahr ein Nest bauen.

Darwin empfahl den Australiern, die bereits Bienenvölker zur Bestäubung von Obstbäumen einsetzten, für eine ergiebigere Saatgutproduktion von Luzerne und Rotklee die Gartenhummel einzuführen. Auch in Europa werden heute noch Gartenhummeln gezüchtet und z. B. in Gewächshäusern zur Bestäubung von Nutzpflanzen eingesetzt.

a) Begründen Sie, warum Darwin den Australiern die Einfuhr von Gartenhummeln empfahl.

b) Wie ist die Existenz so vieler heimischer Hummelarten der Gattung *Bombus* ökologisch zu erklären? Nutzen Sie zur Antwort die Angaben in **Abb. 50.2.**

c) Erläutern Sie, wie sich evolutionsbiologisch die Anpassung von Gelbem Eisenhut und Eisenhuthummel vollzogen haben könnte.

d) Rekonstruieren Sie den Ablauf der Evolution der heimischen Hummelarten der Gattung *Bombus*.

9 Minimalzellen

Mykoplasmen sind zellwandlose, parasitisch in Eukaryoten lebende Bakterien. Ihre kleinsten Vertreter haben einen Durchmesser von lediglich 0,3 μm. Sie sind damit so winzig, dass sie sogar Sterilfilter in Zellkulturen passieren und diese so verunreinigen können. Erklären Sie, welche Eigenschaften diese »Minimalzellen« haben müssen, um lebensfähig zu sein, und inwiefern sie als Modellorganismen für die Evolution frühen Lebens dienen können.

10 Australien, der Kontinent der Beuteltiere

Der australische Kontinent ist vergleichsweise arm an Säugetierordnungen. Neben verschiedenen Nagetier- und Fledermausgruppen sowie einigen Robbenarten kommen nur Beuteltiere und Kloakentiere in Australien vor. Allerdings ist die Formenvielfalt der Beuteltiere verblüffend: Neben insektenfressenden, mausähnlichen Formen (Beutelmäuse) findet man pflanzenfressende Steppen- und Waldbewohner (Kängurus), spezialisierte blattfressende Kletterer (Koala), Bodenwühler (Beutelmull, Wombat), früchtefressende Kletterer (Fuchskusu), Beutegreifer (Beutelmarder, Beutelteufel) sowie gleitfliegende Arten (Gleitbeutler), Blütensaftlecker (Honigbeutler) und Termitenfresser (Ameisenbeutler; **Abb. 51.1**). Auch auf den anderen Kontinenten lebten früher Beuteltiere; vor allem aus Südamerika kennt man viele unterschiedliche fossile Gruppen. Heute sind sie bis auf wenige amerikanische Beutelrattenarten ausgestorben. Die ältesten bekannten Beuteltierfossilien stammen aus der Kreide Nordamerikas und sind etwa 100 Millionen Jahre alt; die fossilen australischen Formen sind allesamt nicht älter als 2 Millionen Jahre.

a) Entwerfen Sie eine Hypothese zur Verbreitungsgeschichte der Beuteltiere und zur Entstehung der Vielfalt der australischen Formen.

b) Der Ameisenbeutler ernährt sich fast ausschließlich von Termiten. Mit seinen kräftigen Krallen ist er in der Lage, die steinharten Bauten dieser sozialen Insekten aufzubrechen. Die Beutetiere werden mit der langen, klebrigen Zunge aus dem Bau geholt. Finden Sie mithilfe einer Internetrecherche Säuger, die die ökologische Rolle des Ameisenbeutlers in anderen Kontinenten innehaben.

Abb. 51.1: Ameisenbeutler

3 Evolution des Menschen

3.1 Stellung des Menschen im natürlichen System der Organismen

Seinen Körpermerkmalen nach gehört der Mensch zu den Säugetieren. Schon Linné stellte ihn in die Säugetierordnung der Herrentiere oder Primaten. Diese wird heute in zwei Unterordnungen eingeteilt, die Feuchtnasenaffen und die Höheren Primaten (**Abb. 52.1**). Die etwa 350 rezenten Arten sind – von wenigen Ausnahmen abgesehen – in tropischen und subtropischen Regionen beheimatet. Die Feuchtnasenaffen, oft auch als »Halbaffen« bezeichnet, haben durch adaptive Radiation insbesondere auf der Insel Madagaskar eine große Zahl von Arten hervorgebracht. Die ursprünglichsten Höheren Primaten sind die nachtaktiven Koboldmakis, die mit wenigen Arten in Südostasien vorkommen. Die übrigen Arten werden in die räumlich getrennten Gruppen der Neuweltaffen und der Altweltprimaten aufgeteilt.

Die nur in den Tropenwäldern Mittel- und Südamerikas vorkommenden **Neuweltaffen** sind Baumtiere mit breiter Nasenscheidewand (»Breitnasenaffen«) und seitlich gestellten Nasenlöchern. Sie besitzen häufig einen Greifschwanz. Die **Altweltprimaten** mit schmaler Nasenscheidewand und nach vorne gerichteten Nasenlöchern (»Schmalnasenaffen«) sind auf die wärmeren Gebiete Asiens und Afrikas beschränkt. Zu dieser Gruppe gehören die Hundsaffen, darunter Paviane, Makaken und Meerkatzen, sowie Menschenaffen und Menschen. Allen altweltlichen Arten gemeinsam sind die Fähigkeit zum Farbsehen und die starke Überlappung der Sehfelder beider Augen, die ein ausgezeichnetes räumliches Sehen ermöglicht. Die optimale Nutzung dieser Fähigkeiten erfordert einen umfangreichen Gehirnbereich zur Auswertung der visuellen Informationen. Dieser muss mit den Gehirnbereichen, die Bewegungen steuern, gut koordiniert sein.

Der Mensch weist mit den Menschenaffen so viele Ähnlichkeiten auf, dass man ihn mit diesen in der Gruppe der **Hominoidea** (Menschenartige) zusammenfasst. Traditionell werden die Hominoidea in drei Familien gegliedert, die Gibbons, die Großen Menschenaffen (Pongidae) mit Orang-Utan, Gorilla, Schimpanse und Bonobo, sowie die Menschen. Neuere genetische Untersuchungen zeigen jedoch, dass die großen Menschenaffenarten und die Menschen so nahe miteinander verwandt sind, dass sie neuerdings in einer gemeinsamen Familie **Hominidae** untergebracht werden.

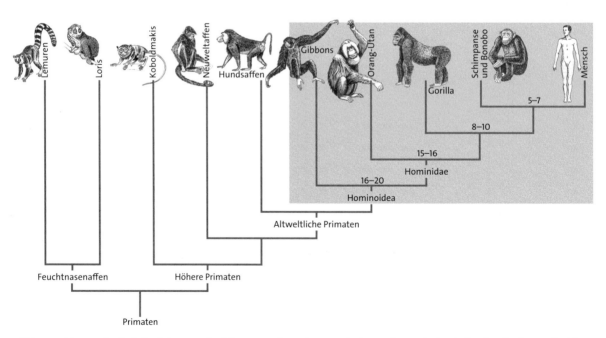

Abb. 52.1: Verwandtschaftsbeziehungen der Primaten aufgrund anatomischer und genetischer Befunde. Für die Hominoidea ist der Zeitraum (in Millionen Jahren) angegeben, in dem sich die Gruppen nach Vergleich von DNA-Sequenzen vermutlich voneinander getrennt haben.

3.2 Mensch und Menschenaffen im Vergleich

Der Vergleich des Menschen mit den heute lebenden Menschenaffen zeigt eine abgestufte Ähnlichkeit: Sowohl anatomische als auch molekulare Merkmale deuten darauf hin, dass Schimpansen und Menschen Schwestergruppen im Stammbaum der Primaten sind, Schimpanse und Bonobo stellen also die beiden nächsten lebenden Verwandten des Menschen dar, während der Gorilla weniger nah mit dem Menschen verwandt ist. Die Trennung der Stammeslinien von Menschen und Schimpansen dürfte vor 5–7 Millionen Jahren erfolgt sein, die Orang-Utan-Linie spaltete sich bereits vor 15–16 Millionen Jahren von der gemeinsamen Vorfahrengruppe der afrikanischen Menschenaffen und der Menschen ab.

3.2.1 Chromosomale und molekulare Merkmale

Menschenaffen und Menschen sind nahe Verwandte, die sich in ihrer genetischen Ausstattung ausgesprochen ähnlich sind. So besitzen alle Menschenaffenarten 48 Chromosomen; der Mensch hingegen nur 46. Dieser auf den ersten Blick gravierende Unterschied kann jedoch leicht erklärt werden, wenn man das Bandenmuster betrachtet, das sich beim spezifischen Anfärben der Chromosomen im Karyogramm ergibt (**Abb. 53.1**). Dabei zeigt sich, dass das 2. Chromosom des Menschen in der Evolution durch Verschmelzung des 2. und 3. Menschenaffenchromosoms entstanden ist.

Der Sequenzvergleich von Kern-DNA und mitochondrialer DNA liefert bei Mensch und Orang-Utan einen Unterschied von lediglich 3,1 %, Mensch und Gorilla unterscheiden sich in nur 1,6 % der Basenpaare. Zwischen Mensch und Schimpanse findet man lediglich eine Abweichung von 0,3 %. Allerdings zeigt die Analyse der Genaktivitätsmuster vor allem im Gehirn von Mensch und Schimpanse erhebliche Unterschiede.

3.2.2 Anatomisch-morphologische Merkmale

Die Unterschiede zwischen Menschenaffen und Menschen betreffen vor allem die Fähigkeit des Menschen zum aufrechten Gang und die damit verbundenen anatomischen Angepasstheiten, die Entwicklung einer leistungsfähigen Greifhand sowie die mit einer Höherentwicklung des Gehirns verbundenen geistigen Leistungen.

Aufrichtung des Körpers und Zweibeinigkeit. Gibbon und Orang-Utan bewegen sich auf Bäumen überwiegend hangelnd oder schwingend fort. Gorillas und Schimpansen bewegen sich meist auf vier Beinen am Boden. Dagegen ist der Mensch ganz zum Aufrechtgänger geworden (**Abb. 53.2**). Damit ging in der Evolution eine Umformung des gesamten Skeletts einher.

Die Wirbelsäule hat nicht die einfache Krümmung wie bei Menschenaffen, sondern ist doppelt S-förmig gekrümmt und trägt federnd Rumpf und Kopf. Der Unterstützungspunkt des Schädels liegt unter seinem Schwerpunkt und nicht hinter ihm wie bei den Menschenaffen, sodass nur schwache Nackenmuskeln zum Halten des Kopfes notwendig sind.

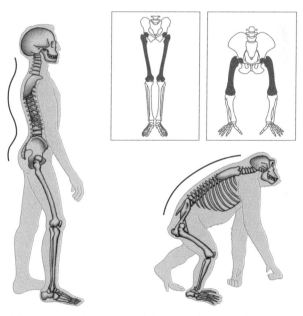

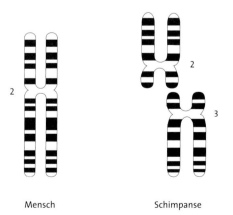

Abb. 53.1: Homologisierung von Chromosomen bei Mensch und Schimpanse anhand der Bandenmuster

Abb. 53.2: Form der Wirbelsäule bei normaler Körperhaltung sowie Bau und Stellung von Becken und Oberschenkelknochen beim Menschen und beim Schimpansen

Der menschliche Brustkorb ist breiter als tief. Dadurch liegt der Schwerpunkt des Körpers näher zur Körperlängsachse als bei den übrigen Primaten. Dies ist für die Erhaltung des Gleichgewichts beim aufrechten Gang von Vorteil. Beim Erwachsenen ist der Fuß ein ausgesprochenes Gehwerkzeug (**Abb. 54.1**). Die große Zehe liegt an und ist im Unterschied zum Daumen nur wenig beweglich. Nur beim Säugling kann die große Zehe noch zum Greifen verwendet werden. Bei den Menschenaffen ist die große Zehe hingegen zeitlebens abspreizbar. Fußwurzel- und Mittelfußknochen des Menschen bilden ein Gewölbe, wie es kein Menschenaffe aufweist. Die Hintergliedmaßen des erwachsenen Menschen sind länger als bei den Menschenaffen sowie länger und kräftiger als die Arme; die Gesäßmuskulatur ist verstärkt. Das Becken ist verbreitert und mehr nach vorne gedreht; es wird zur tragenden »Schüssel« für die Eingeweide.

Greifhand. Die Hand des Menschen dient normalerweise nicht mehr der Fortbewegung. Der kräftige Daumen kann den übrigen Fingern gegenübergestellt (opponiert) und der Unterarm um seine Längsachse gedreht werden. Deshalb ist die Hand ein ideales Greif-, Erkundungs- und Manipulationsorgan und damit auch Voraussetzung für viele Formen der kulturellen Betätigung.

Zahnbogen und Gebiss. Die Backenzahnreihen des Menschen sind anders als bei den Affen nicht parallel angeordnet, sondern die Zähne sind in einem parabolischen Zahnbogen angeordnet. Dies ist zusammen mit der Wölbung des Gaumens und der guten Beweglichkeit der Zunge und der Lippen die Voraussetzung dafür, viele Sprachlaute hervorzubringen. Das Gebiss des Menschen ist ein nur wenig differenziertes Allesessergebiss und kleiner als das der Menschenaffen (**Abb. 54.2**). Die Eckzähne unterscheiden sich kaum von den Schneidezähnen. Dagegen sind die Eckzähne der Menschenaffen deutlich größer und im Oberkiefer durch eine Lücke von den übrigen Zähnen abgesetzt (»Affenlücke«).

Haarkleid. Im Vergleich mit den Affen ist der Mensch viel schwächer behaart. Eine dichtere Behaarung findet sich als Achsel- und Schambehaarung dort, wo eine sehr große Zahl von Schweiß- und Duftdrüsen vorhanden ist.

Schädelform und Gehirn. Die Ausbildung der Greifhand förderte die weitere Evolution des Großhirns, das bei Gorilla und Schimpanse große Ähnlichkeit zum menschlichen Gehirn aufweist (**Abb. 55.1**). Das Gehirn des Menschen zeigt allerdings eine viel stärkere Oberflächenentwicklung. Sein Hirnschädel hat als Folge der Vergrö-

ßerung des Großhirns eine Aufwölbung erfahren, die sich zum Gesicht hin ausdehnt. Dadurch entsteht eine hohe Stirn. Der Gesichtsschädel ist kleiner und die bei Affen ausgebildete Schnauze zurückgebildet. Überaugenwülste fehlen, Nasenvorsprung und Kinn treten deutlich hervor.

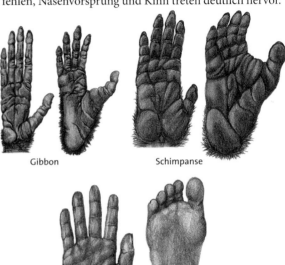

Gibbon   Schimpanse

Mensch

Abb. 54.1: Hand (links) und Fuß (rechts) von Gibbon, Schimpanse und Mensch. Beim Klettern und Hangeln im Geäst schließen Affen die Finger und krümmen die ganze Hand zu einem Haken.

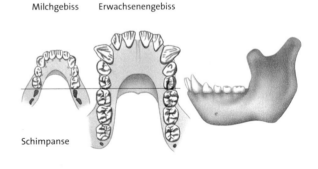

Milchgebiss   Erwachsenengebiss

Schimpanse

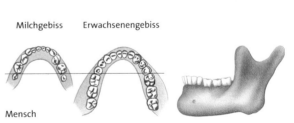

Milchgebiss   Erwachsenengebiss

Mensch

Abb. 54.2: Gebisse von Schimpanse und Mensch. Links: Milchgebiss; Mitte: Gebiss eines Erwachsenen; rechts: Unterkiefer in Seitenansicht

Vergleicht man die Entwicklungshöhe der Neugeborenen von Mensch und Menschenaffen, so wird der Mensch früher geboren. Bei einer längeren Schwangerschaftsdauer würde jedoch der größere Hirnschädel des Menschen nicht mehr durch den von den Beckenknochen begrenzten Geburtskanal passen. Der Mensch ist daher nach der Geburt monatelang völlig hilflos, wie Nesthockerjunge von Tieren. Dies macht eine starke nachgeburtliche Gehirnentwicklung in enger Verbindung mit Sinneseindrücken aus der Umwelt möglich.

3.2.3 Leistungen des menschlichen Gehirns

Die Lebensdauer des Menschen weit über das Fortpflanzungsalter hinaus hat eine zeitliche Überlappung der Generationen zur Folge; dies ist für die Weitergabe von Traditionen und Gruppenwissen wichtig. Vor allem die lebenslang anhaltende Lernfähigkeit ist eine wesentliche Grundlage für die Entwicklung der menschlichen Kultur. Während Vererbung aus einem Informationsfluss von Eltern zu Kindern besteht, beruht Lernen auf einem Informationsfluss auch zwischen nicht verwandten Individuen.

Eine Verständigung durch zweckbezogene Lautäußerungen und andere Zeichen ist bei Tieren weit verbreitet. Eine Wortsprache, die erlernt werden muss und in der Gedachtes in Laute umgesetzt wird, besitzen Tiere jedoch nicht. Mit der **Sprache** verfügt der Mensch über ein Mittel zur vielfältigen Kommunikation; sie ist deshalb die wichtigste Grundlage seiner sozialen Beziehungen. Voraussetzung für die Sprachfähigkeit ist neben den genannten anatomischen Besonderheiten *(s. S. 53)* die Ausbildung eines eigenen motorischen Sprachzentrums im Großhirn (BROCA'sche Region, Teil des präfrontalen Cortex), das ein zusammenhängendes Sprechen ermöglicht.

Durch seine Gehirnleistungen unterscheidet sich der Mensch am stärksten von den ihm im Körperbau nahe stehenden Menschenaffen; man bezeichnet diese Leistungen als den menschlichen **Verstand.** Diese hohe Leistungsfähigkeit äußert sich in einer deutlichen Volumenzunahme des Großhirns.

Vergleichende Untersuchungen des Sozialverhaltens von Affen zeigen, dass schon allein die Komplexität der Sozialstrukturen einer erheblichen Gehirngröße bedarf. Die bei den Menschenaffen beobachteten Fähigkeiten, soziale Beziehungen lange Zeit im Gedächtnis zu behalten, aber auch etwas zu verbergen, abzulenken oder sogar einen falschen Eindruck zu erwecken, erfordern erhebliche Intelligenz. Die genetische Grundlage solcher Leistungen wird als wichtige Präadaptation für die weitere Evolution der Gehirnleistungen beim Menschen angesehen.

Im Vergleich zu den Menschenaffen ist der Mensch viel weniger an ererbte Verhaltensweisen gebunden. Spezifisch menschlich ist die Fähigkeit, Ursache-Wirkungs-Beziehungen zu erkennen. Er kann Werkzeuge in viel umfangreicherem Maße als Schimpansen nutzen sowie Geräte und Werkzeuge selbst herstellen. Er kann auch Werkzeuge produzieren, die wiederum zur Herstellung anderer Werkzeuge dienen.

Der Mensch kann über seine Umwelt und sich selbst nachdenken, sich die Zukunft vorstellen, planen, individuell erworbene Erfahrung anderen mitteilen sowie durch Schrift und weitere Datenträger aufbewahren. Er kann daher sein Schicksal in weitaus stärkerem Maße selbst steuern und seine Lebensweise viel rascher ändern, als es einer Tierart bei ausschließlich biologischer Evolution möglich ist. In den letzten 40 000 Jahren vollzog sich die Entwicklung dieser Fähigkeiten ohne erkennbare Veränderung des Skeletts. Der menschliche Geist verleiht dem Menschen das spezifisch »Menschliche«. Aufgrund vieler quantitativer und allmählich abgelaufener Änderungen kommt in der Evolution zum heutigen Menschen eine einzigartige Qualitätsveränderung zustande.

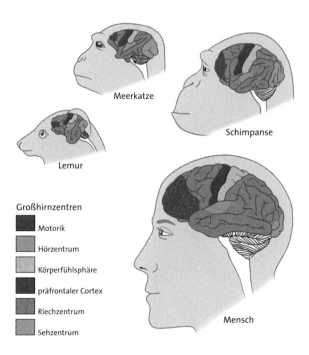

Großhirnzentren

- ■ Motorik
- ■ Hörzentrum
- ■ Körperfühlsphäre
- ■ präfrontaler Cortex
- ■ Riechzentrum
- ■ Sehzentrum

Abb. 55.1: Größenzunahme des Gehirns bei Primaten. Die Zunahme der Oberfläche der Großhirnrinde führt zur Ausbildung von immer mehr Gehirnwindungen. Ein Maß für die Organisationshöhe des Gehirns ist das Massenverhältnis Großhirnrinde/Stammhirn: Lemur ca. 25, Meerkatze 34, Schimpanse 50, Mensch 170.

3.3 Stammesgeschichte des Menschen

Die Erforschung der menschlichen Stammesgeschichte erfolgt nach drei Richtungen. Erstens werden Fossilreste untersucht. Aus deren Vergleich ergeben sich Entwicklungslinien; die absolute Altersdatierung der Funde ermöglicht eine zeitliche Einordnung. Zweitens erhält man aus dem Vergleich von DNA-Sequenzen heute lebender Primatenarten Auskunft darüber, wann sich die verschiedenen Gruppen der Affen und des Menschen voneinander getrennt haben (s. S. 52). Drittens liefert die Untersuchung von datierbaren Werkzeugen und Überresten von Lagerplätzen Anhaltspunkte für den jeweils erreichten Kulturstand.

3.3.1 Vorfahren der Menschen

Primaten sind seit dem ältesten Tertiär, das vor 65 Millionen Jahren begann, fossil nachzuweisen. Vermutlich entstanden sie aber bereits vor etwa 85 Millionen Jahren. Die frühesten Formen erinnern in ihrem Körperbau an die heutigen Halbaffen; sie lebten in Afrika und Asien und waren **Waldbewohner.** Ihr Körperbau deutet darauf hin, dass sich die Tiere kletternd und laufend in den Bäumen fortbewegt haben.

Die Stammeslinien der Hundsaffen und der Hominoidea trennten sich vor etwa 23 Millionen Jahren. Frühe Hominoiden-Vertreter, darunter *Proconsul* (**Abb. 56.1**), lebten in Ostafrika und gelten als Ausgangsgruppe der heutigen Menschenaffen und des Menschen. Als eine Landverbindung nach Eurasien entstanden war, konnten Menschenaffen vor etwa 17 Millionen Jahren Europa und Südasien erreichen. Sowohl in Afrika als auch in Eurasien entstanden zahlreiche Arten, von denen viele schon vor mehr als 5 Millionen Jahren wieder ausstarben.

Eine Stammeslinie der Hominoiden führte zu den Orang-Utans, die andere zu den afrikanischen Menschenaffen und Menschen. Vor 7 bis 5 Millionen Jahren erfolgte die Trennung der gemeinsamen Linie des Menschen und der Schimpansen. Aus dieser Zeit stammen Fossilien aus Afrika, die sich nicht sicher einer der beiden Stammeslinien zuordnen lassen, darunter Sahelanthropus aus dem Tschad (**Abb. 56.2**).

3.3.2 Die Entwicklung zum heutigen Menschen

Weltweite Klimaveränderungen führten vor etwa 7 bis 5 Millionen Jahren in Afrika zu einer Auflockerung der ausgedehnten Wälder und einer Zunahme der Savannenflächen. Auch die Menschwerdung ist vermutlich auf diese **Umweltveränderungen** und auf eine daraufhin eintretende veränderte Umweltnutzung zurückzuführen. Wahrscheinlich erfolgte die Bildung einer neuen ökologischen Nische zunächst durch eine Änderung der Ernährung. Zusätzlich zur Pflanzennahrung wurden Aas und Kleintiere verzehrt. Bei aufrechter Körperhaltung konnten die Individuen ein größeres Gebiet überblicken und daher ihre Nahrung leichter ausfindig machen. Bei dieser Körperhaltung wird außerdem ein kleinerer Teil der Körperoberfläche der Bestrahlung durch die Sonne ausgesetzt. Dadurch muss weniger Energie für die Regulation der Körpertemperatur aufgewendet werden.

Mit der Entwicklung des aufrechten Gangs waren weitreichende **anatomische Veränderungen** verbunden (s. S. 53). Die Hände waren nun frei verfügbar; dies erleichterte die Benutzung von Werkzeugen. Die Zuhilfenahme der Hände bei der Ernährung führte in der Evolution zu einer allmählichen Rückbildung der Kaumuskulatur und damit zu einer Umbildung des Schädels. Zusammen mit dem vielseitigen Gebrauch der Hand ver-

Abb. 56.1: *Proconsul,* ein Hominoide aus dem frühen Miozän. Der schwanzlose Baumbewohner ernährte sich vermutlich von Früchten und bewegte sich auf allen Vieren im Geäst.

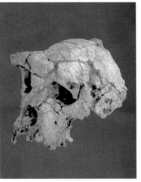

+Fundort

Abb. 56.2: *Sahelanthropus tchadensis.* Schädelfund aus dem Tschad (Alter 6 Millionen Jahre)

stärkte dies die Tendenz zur Vergrößerung des Gehirns, das dadurch mehr Energie benötigte. Daher erwies sich der Übergang zu gemischter Nahrung als vorteilhaft, da aus ihr mehr Energie je Masseneinheit gewonnen werden kann als aus rein pflanzlicher Nahrung.

Die **Hominisation**, d. h. die Entwicklung der typisch menschlichen Merkmale, umfasste einen mehrere Millionen Jahre währenden Evolutionsvorgang. Es gibt keine scharfe Grenze zwischen Tier und Mensch. Das sichere Merkmal des zum Menschen gewordenen Wesens, seine geistigen Fähigkeiten, lässt sich aus Skelettresten nicht erschließen. Eine Herstellung von Werkzeugen wird oft als Nachweis solcher Fähigkeiten herangezogen; jedoch lässt sich diese nur für einen Teil der Fossilfunde belegen.

Vormenschen. Jene Formen der menschlichen Evolutionslinie, die noch nicht alle anatomischen Merkmale der echten Menschen aufweisen und die noch keine behauenen Werkzeuge herstellten, bezeichnet man als **Vormenschen.** Zusammen mit den Skelettresten findet man gelegentlich als Werkzeuge genutzte Steine und zu Hiebwerkzeugen verarbeitete Knochen. Aus diesen Vormenschenformen entwickelten sich die heutigen Menschen. Zahlreiche Fossilfunde aus Ost- und Südafrika, die sich über einen Zeitraum von über drei Millionen Jahren erstrecken, erlauben eine Einteilung der Vormenschen in mehrere Arten. Die ältesten Funde aus Äthiopien (Ardipithecus) sind zwischen 5,2 und 3,9 Millionen Jahre alt. Diese Lebewesen gingen vermutlich nur zeitweilig aufrecht und waren noch Baumbewohner.

Die wichtigste Vormenschengattung ist *Australopithecus* (lat. *australis* südlich, gr. *pithekos* Affe). Aufgrund zahlreicher Funde gut bekannt ist *Australopithecus afarensis* aus der Afarsenke Äthiopiens (3,8–2,9 Millionen Jahre). Der erste Fund ist unter dem Namen »Lucy« bekannt geworden (**Abb. 57.1 a**). Von dieser Form stammen auch 3,7 Millionen Jahre alte Fußabdrücke aus Tansania, die den aufrechten Gang belegen (**Abb. 57.2**). Jedoch deuten die Skelettreste darauf hin, dass diese frühen Menschenformen auch gut Bäume erklettern konnten. Man nimmt an, dass sie dort auch schliefen. Vermutlich bewohnten sie flussbegleitende Wälder, von denen aus sie zur Nahrungssuche in die offene Savanne vorstießen.

Von den jüngeren *Australopithecus*-Arten kam der zierliche, etwa 1,2 m große *Australopithecus africanus* vor allem in Südafrika vor (**Abb. 57.1 b**). Andere Arten, darunter Australopithecus boisei aus Ostafrika (**Abb. 57.1 c**), waren größer und kräftiger, besaßen ein Gebiss mit besonders großen Backenzähnen, kräftige Kaumuskeln, einen

Abb. 57.2: *Australopithecus afarensis.* 3,7 Millionen Jahre alte Fußabdrücke aus Tansania belegen, dass diese Lebewesen aufrecht gingen.

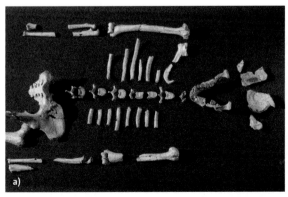

Abb. 57.1: Fossilfunde von Vormenschen. a) *Australopithecus afarensis.* Skelettfund aus Äthiopien (»Lucy«); b) *Australopithecus africanus.* Schädelfund (ergänzt) aus Südafrika (Alter ca. 3 Millionen Jahre); c) *Australopithecus boisei.* Schädelfund aus Tansania (Alter ca. 1,75 Millionen Jahre)

ausgeprägten Scheitelkamm und deutlich entwickelte Überaugenwülste (**Abb. 57.1 c**). Vermutlich ernährten sie sich zu einem großen Teil von Pflanzenkost. Diese »robusten« Formen gehören nicht in die unmittelbare Vorfahrenreihe des Menschen, sondern bilden eine getrennte Evolutionslinie, die vor etwa 1,4 Millionen Jahren ausstarb.

Frühformen der Gattung *Homo*. Im Zeitraum vor 3 bis 2 Millionen Jahren entwickelte sich in Afrika die Gattung *Homo,* die »echten Menschen«. Wichtige **anatomische Merkmale** der *Homo*-Arten sind der flache Gesichtsschädel und ein besonders großes Gehirn mit einem Volumen von mindestens 580 cm³; außerdem besitzen alle Arten der Gattung die Fähigkeit zur Werkzeugherstellung. Da *Australopithecus*-Arten neben *Homo*-Arten weiter existierten, müssen die beiden Gruppen unterschiedliche ökologische Nischen innegehabt haben. Nach Lagerplatzbefunden ernährten sich die frühen *Homo*-Vertreter in größerem Maß von Fleisch.

Die ältesten *Homo*-Fossilien sind zwischen 2,4 und 1,6 Millionen Jahre alt. Da alle Funde, die älter als 2 Millionen Jahre sind, aus Afrika stammen, nimmt man hier den Ursprung der modernen Menschen an. Eine dieser Frühmenschenarten erhielt den wissenschaftlichen Namen *Homo habilis* (**Abb. 58.1**). Der Artzusatz *habilis* (lat. geschickt) leitet sich von den Steinwerkzeugen her, die man dieser Art zuschreibt. *Homo habilis* war etwa 1,40 m groß und zeigte noch ursprüngliche Merkmale von grazilen *Australopithecus*-Arten, von denen sie sich wahrscheinlich ableiten, z. B. eine recht ausgeprägte Schnauze und vergleichsweise lange Arme. Allerdings besaß er ein deutlich größeres Gehirn (zwischen 580 und 750 cm³) und längere Beine mit einem an heutige Menschen erinnernden Fußskelett. Der Daumen war opponierbar.

Formen mit einem noch größeren Gehirnvolumen (800–1200 cm³) und einer rückgebildeten Schnauzenregion, die erstmals vor etwa 2 Millionen Jahren in Afrika auftreten, gehören zu *Homo erectus* (lat. *erectus* aufgerichtet). Typische Merkmale sind eine flache, fliehende Stirn mit starken Überaugenwülsten und das Fehlen des Kinns; das dem heutigen Menschen gleichende Extremitätenskelett lässt auf eine Körpergröße von über 1,50 m schließen. Vor etwas weniger als 2 Millionen Jahren haben Menschen der *Homo erectus*-Population erstmals Afrika verlassen. Über Südasien erreichte der Mensch Ost- und Südostasien; so entstand eine östliche Gruppe von *Homo erectus*. Der Fund eines Schädeldaches des »Javamenschen *Pithecanthropus erectus*« auf der Insel Java im Jahr 1891 ist etwa 800 000 Jahre alt; er war namengebend für *H. erectus*. Aus China stammt der fast gleichaltrige »Pekingmensch«, für den Feuernutzung nachgewiesen ist.

Andere Populationen des *Homo erectus* erreichten Europa und entwickelten sich dort weiter. Funde aus Spanien, Frankreich, Ungarn, Griechenland und Deutschland vermitteln in ihren Körperbaumerkmalen zwischen den asiatisch-afrikanischen Formen und dem modernen *Homo sapiens* und werden heute als eigene Art *Homo heidelbergensis* aufgefasst. Das Fossil erhielt seinen Namen nach einem 1907 in Mauer bei Heidelberg gefundenen, etwa 610 000 Jahre alten Unterkiefer (**Abb. 58.2**).

Bei der Evolution auf der Stufe des *Homo erectus* spielten Gewinnung und Verteilung der Nahrung eine wichtige Rolle. Diese Menschen sammelten pflanzliche Nahrung. Fleischnahrung wurde durch Jagd in Gruppen beschafft. Großwildjagd ist durch den Fund von Speeren, die etwa 400 000 Jahre alt sind, in Schöningen am Harz nachgewiesen. Am Wohnplatz erfolgte die Verteilung und Aufarbeitung der Nahrung mithilfe von Werkzeugen. Sofern die Nahrungsbeschaffung gleichartig verlief wie

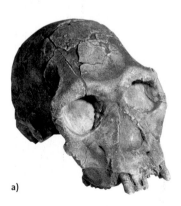

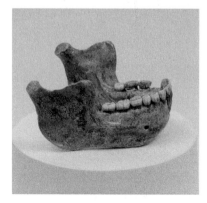

Abb. 58.1: *Homo habilis.* **a)** Schädel; **b)** Rekonstruktion

Abb. 58.2: *Homo heidelbergensis.* Unterkieferfund aus Mauer bei Heidelberg

bei heutigen Jäger-Sammler-Völkern, sammelten vor allem die Frauen, und die Männer jagten. Hierzu war Absprache erforderlich. Soziale und wirtschaftliche Beziehungen konnten nur mithilfe der Sprache geregelt werden. Daher bestand ein Selektionsdruck in Richtung auf eine bessere Sprach- und Denkfähigkeit. Dementsprechend beschleunigte sich die Vergrößerung des Gehirnvolumens. Gut geformte Feuerstein-Werkzeuge und die an einigen Fundstätten zu beobachtenden Brandspuren weisen die Vertreter der *Homo-erectus*-Gruppe als echte Menschen aus.

Neandertaler. In Europa entwickelte sich *Homo heidelbergensis* während der Eiszeiten und Zwischeneiszeiten weiter: Die Schädelform veränderte sich, und das Gehirnvolumen stieg auf über 1200 cm³. So entstanden die Vorläufer des Neandertalers und schließlich vor etwa 150 000 Jahren der Neandertaler selbst. Ein besonders gut erhaltener vermutlicher »Prä-Neandertaler« ist der Fund von Steinheim (Württemberg). Der 1933 gefundene Schädel ist mindestens 250 000 Jahre alt (**Abb. 59.1**). Er zeigt kräftige Überaugenwülste und hat ein größeres Gehirnvolumen als *H. heidelbergensis*.

Homo neanderthalensis (**Abb. 59.2**) ist nach dem ersten Fund im Neandertal bei Düsseldorf benannt und mittlerweile von über 70 Fundstellen in Europa und Vorderasien bekannt. Seine Steinwerkzeuge sind an vielen weiteren Orten gefunden worden. Aus Knochen des Neandertalers gewonnene DNA wurde mit jener des heutigen Menschen verglichen. Die Unterschiede belegen, dass der Neandertaler eine eigene Art gebildet hat und die Trennung von der Evolutionslinie zu *Homo sapiens* etwa 500 000 Jahre zurückliegen muss. Neandertaler waren kräftige, großwüchsige Menschen (1,80 m) mit langen Armen. Der Schädelinhalt betrug oft über 1500 cm³ und war somit sogar größer als beim heutigen Menschen. Die Stirn hatte Überaugenwülste, die Nase war breit und flach, ein Kinn fehlte. Neandertaler lebten in Gruppen, waren wohl zumindest zeitweise sesshaft und jagten Großwild wie Mammuts, Hirsche und Wollnashörner. Sie besaßen die Fähigkeit, auch kalte Klimaperioden zu überleben. Der Neandertaler verschwand in Europa vor etwa 30 000 Jahren spurlos. Danach findet man in Europa nur noch den heutigen Menschen. Die Ursache für das Verschwinden der Neandertaler ist umstritten; diskutiert werden unter anderem die Konkurrenz zu *Homo sapiens* oder Aussterben aufgrund von Krankheitserregern, die der moderne Mensch aus Afrika einschleppte. Wenn der Neandertaler eine nur um 10 % geringere Fortpflanzungsrate hatte, konnte sich der heutige Mensch innerhalb von wenigen Jahrtausenden in Europa durchsetzen und der Neandertaler starb aus.

Homo sapiens. Der moderne Mensch (*Homo sapiens*; lat *sapiens* weise) entstand nach heutigem Kenntnisstand vor 200 000 bis 160 000 Jahren in Afrika, vermutlich aus Vorfahren, die man zu *Homo erectus* stellen kann. Die frühesten Funde, die *Homo sapiens* zugerechnet werden, haben ein Alter von 160 000 bis 140 000 Jahren und stammen

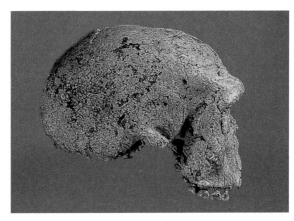

Abb. 59.1: »Steinheim-Mensch«. Schädel eines Prä-Neandertalers aus Steinheim (Württemberg)

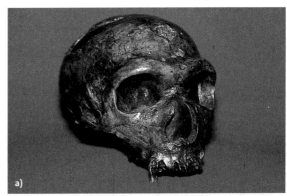

Abb. 59.2: Neandertaler. **a)** Schädelfund aus Chapelle-aux-Saints (Frankreich; Alter etwa 70 000 Jahre); **b)** Rekonstruktion aus dem Neanderthal-Museum bei Düsseldorf

aus Äthiopien (**Abb. 60.1**). Die Befunde der molekularen Verwandtschaftsforschung stehen mit der Datierung der Fossilien in Einklang. Im Vergleich zu seinen Vorfahren ist *Homo sapiens* durch ein deutlich größeres Gehirnvolumen von über 1400 cm³ gekennzeichnet. Der Schädel besitzt eine steile Stirn und ein gewölbtes Schädeldach sowie ein deutliches Kinn; Überaugenwülste fehlen. Der Sprechapparat ist hoch entwickelt.

Populationsgenetische Untersuchungen, bei denen die DNA-Sequenzen mitochondrialer Gene bei verschiedenen menschlichen Bevölkerungsgruppen verglichen wurden, ergaben, dass die außerafrikanischen Gruppen des heutigen Menschen näher verwandt sind als manche Schwarzafrikaner untereinander. Daraus schließt man, dass eine nur kleine Bevölkerungsgruppe Afrika vor etwa 100 000 Jahren verließ und nach Vorderasien einwanderte. Über Südasien gelangte der Mensch vor etwa 60 000 Jahren nach Ostasien; von dort erreichte er vor 35 000–15 000 Jahren in mehreren Wanderungen über die Beringstraße Amerika. Aus Vorderasien erfolgte vor über 40 000 Jahren die Einwanderung nach Südosteuropa. Frühe europäische Fossilfunde stammen aus Frankreich (»Cro-Magnon-Mensch«; benannt nach dem Fundort), Spanien und von der Balkanhalbinsel. Diese Menschen stellten kunstvolle Steinwerkzeuge her und verfertigten erstmals Kunstwerke. Wahrscheinlich über 35 000 Jahre alt sind kleine Elfenbeinschnitzereien sowie eine Flöte aus Knochen von der Schwäbischen Alb. Aus dieser Gegend stammt auch der etwas jüngere Fund einer menschlichen Figur mit Löwenkopf (**Abb. 62.1 b**). Berühmt sind die Höhlenmalereien aus Nordspanien und Südfrankreich mit ihren detaillierten und naturgetreuen Tierdarstellungen (**Abb. 62.1 a**), darunter die etwa 30 000 Jahre alten Bilder der Grotte Chauvet als älteste bekannte bildliche Darstellungen.

3.3.3 Der Stammbaum der Menschen

Die zunehmende Zahl von Funden fossiler Vormenschen und Menschen erlaubt es, einen Stammbaum aufzustellen, der die Entwicklung hin zum modernen *Homo sapiens* aufzeigt. Allerdings können die Fossilfunde unterschiedlich interpretiert werden, und es bleiben daher noch zahlreiche Fragen hinsichtlich der Evolution der Menschen offen. Eine mögliche Abstammungsreihe zeigt **Abb. 60.2**. Diese vereinfachte Darstellung umfasst nur die wichtigsten Arten. Sie verdeutlicht, dass es in der Evolution der Menschen mehrere »Sackgassen« gab, deren Vertreter ausstarben, und dass *Homo sapiens* die letzte überlebende Art einer einstmals weit verzweigten Verwandtschaftsgruppe darstellt.

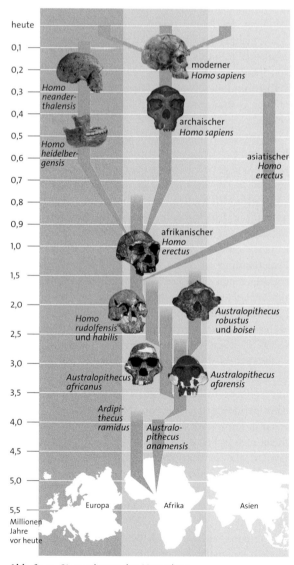

Abb. 60.2: Stammbaum des Menschen

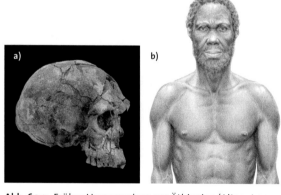

Abb. 60.1: Früher Homo sapiens aus Äthiopien (Alter etwa 150 000 Jahre). **a)** Schädelfund; **b)** Rekonstruktion des Aussehens

3.4 Kulturelle und soziale Evolution des Menschen

Kultur ist ein Artmerkmal des Menschen. Man zählt dazu Kunst, Wissenschaft, Technik, Sittlichkeit und Religion. Sie hat genetische Grundlagen, wird aber maßgeblich geprägt von den herrschenden Umweltverhältnissen. Durch die Entwicklung der Kultur schafft sich der Mensch im Verlauf seiner Evolution mehr und mehr eine eigene Umwelt; dadurch wird wiederum die biologische Evolution beeinflusst. Die genetischen Grundlagen der Kultur sind im Laufe der biologischen Evolution des Menschen entstanden. Zuerst entwickelten sich der aufrechte Gang und die Greifhand mit opponierbarem Daumen. Dadurch wurde die Werkzeugbenutzung und -herstellung erst möglich. Entscheidend für kulturelle Fortschritte waren aber insbesondere die außerordentliche Zunahme der Leistungsfähigkeit des Gehirns. Die Entstehung der sprachlichen Kommunikation ermöglichte eine Informationsweitergabe an alle Individuen der Gruppe. Dadurch erhöhte sich die Geschwindigkeit der **kulturellen Evolution**. Im Gegensatz zur biologischen Evolution erfolgt die Informationsweitergabe nicht nur an die Nachkommen; daher wird sie teilweise von dieser abgekoppelt.

Kulturentwicklung in der Vorgeschichte. Die kulturelle Evolution lässt sich nicht wie die biologische durch Fossilien belegen; jedoch kann man aus den überliefer-

ten Werkzeugen (»Kulturfossilien«) einige Schlüsse auf ihren Ablauf ziehen. Nach Art und Herstellungstechnik der Werkzeuge unterscheidet man in der Vorgeschichte die Altsteinzeit (Paläolithikum) mit behauenen Steinwerkzeugen, die Mittelsteinzeit (Mesolithikum) mit feiner behauenen kleineren Werkzeugen, die Jungsteinzeit (Neolithikum) mit geschliffenen Steinwerkzeugen sowie die Bronze- und die Eisenzeit.

Ob die Australopithecinen Werkzeuge selbst herstellten, ist unklar. Sie verwendeten aber Knochen und Gerölle als Werkzeuge. Frühe Vertreter der Gattung *Homo* stellten aus Geröllen primitive Werkzeuge her (**Abb. 61.1**). *Homo erectus* besaß bereits Werkzeuge aus Knochen und roh behauenen, scharfkantigen Feuersteinen. Angebrannte Knochenstücke und fossile Brandspuren an verschiedenen Fundstellen beweisen, dass *Homo erectus* das Feuer benutzte. Der Neandertaler besaß hoch entwickelte, wenn auch eher grobe Steinwerkzeuge: Spitzen, Schaber, Kratzer und Bohrer. Er lebte als Jäger und Sammler in Zelten, unter überhängenden Felswänden und zeitweilig in Höhlen. Seine Toten bestattete er z. T. mit Grabbeigaben; dies deutet auf religiöse Vorstellungen hin.

Die Ablösung des Neandertalers durch den modernen Menschen in Europa vor etwa 40 000 Jahren bezeichnet gleichzeitig eine starke Veränderung in der Kulturentwicklung. Zwar war der *Homo sapiens* der jüngeren **Altsteinzeit** immer noch Jäger und Sammler, aber die Feuersteinwerkzeuge wurden verbessert. Dazu kamen ver-

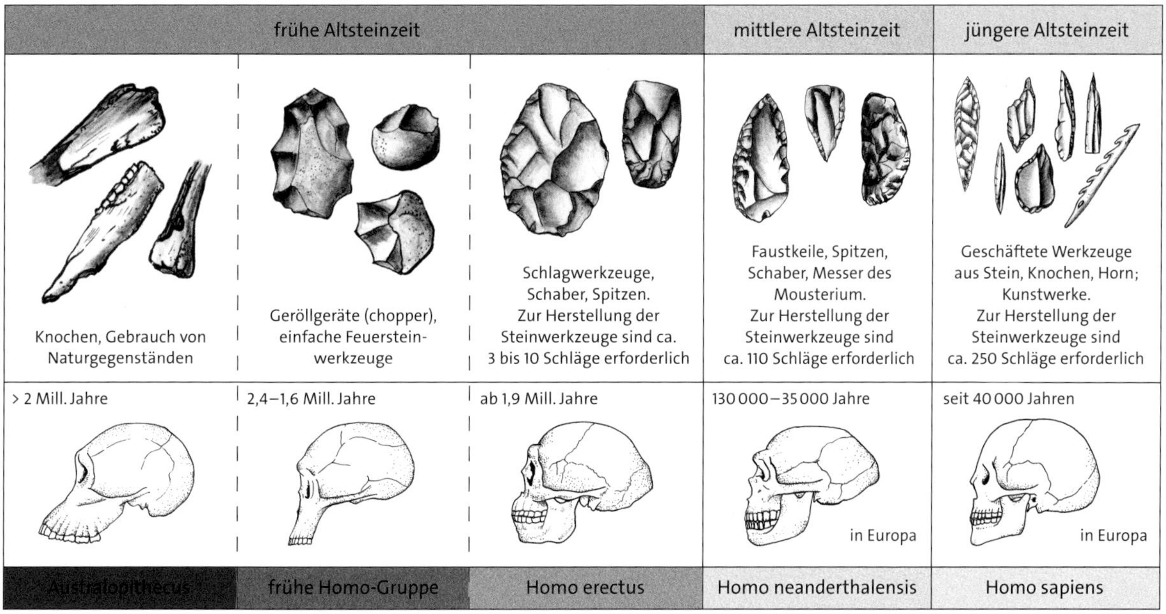

frühe Altsteinzeit			mittlere Altsteinzeit	jüngere Altsteinzeit
Knochen, Gebrauch von Naturgegenständen	Geröllgeräte (chopper), einfache Feuerstein-werkzeuge	Schlagwerkzeuge, Schaber, Spitzen. Zur Herstellung der Steinwerkzeuge sind ca. 3 bis 10 Schläge erforderlich	Faustkeile, Spitzen, Schaber, Messer des Mousterium. Zur Herstellung der Steinwerkzeuge sind ca. 110 Schläge erforderlich	Geschäftete Werkzeuge aus Stein, Knochen, Horn; Kunstwerke. Zur Herstellung der Steinwerkzeuge sind ca. 250 Schläge erforderlich
> 2 Mill. Jahre	2,4–1,6 Mill. Jahre	ab 1,9 Mill. Jahre	130 000–35 000 Jahre	seit 40 000 Jahren
			in Europa	in Europa
Australopithecus	frühe Homo-Gruppe	Homo erectus	Homo neanderthalensis	Homo sapiens

Abb. 61.1: Schädel und Werkzeuge fossiler Menschenformen

schiedenartige Knochenwerkzeuge, darunter Nadeln, die auf die Herstellung von Kleidung schließen lassen. Pfeil und Bogen wurden erfunden. Künstlerische Leistungen hinterließ der moderne Mensch in Form von Höhlenmalereien und plastischen Kunstwerken (**Abb. 62.1**).

Nach der letzten Eiszeit beginnt die **Mittelsteinzeit.** Die Werkzeuge werden weiter verfeinert. Aufgrund der zunehmenden Bewaldung in unseren Breiten nahm die Populationsdichte von Wildschweinen und Hirschen zu, die bevorzugt bejagt wurden.

In der anschließenden **Jungsteinzeit** gab ein Teil der Menschen das Nomadenleben auf und wurde zum teilweise sesshaften Viehzüchter oder völlig sesshaften Ackerbauern. Dieser baute sich feste Wohnungen und erfand die Töpferei und Weberei. In Vorderasien und im Niltal begann dieser Prozess zwischen 10 000 und 8000 v. Chr. Der Mensch nahm innerhalb von rund 1000 Jahren eine ganze Reihe von Wildpflanzen in Kultur, darunter verschiedene Getreidearten, Flachs und Hülsenfrüchte. Folge der veränderten Ernährungsgewohnheiten war eine starke Bevölkerungszunahme. Ähnliches geschah vor etwa 7000 Jahren in Ostasien und vor über 5000 Jahren in Mittelamerika. Fast gleichzeitig mit dem Ackerbau traten in Vorderasien die ersten Städte auf. Die Kenntnis von Ackerbau und Viehzucht verbreitete sich mit wandernden Bevölkerungsgruppen von Vorderasien über den Balkan nach Mittel- und Westeuropa, wo die Jungsteinzeit erst um 5500 v. Chr. einsetzte.

Um 5000 v. Chr. lernte der Mensch in Vorderasien, Metall aus erzhaltigem Gestein zu schmelzen. Infolgedessen wurden seine Steinbeile und -waffen allmählich von Metallgegenständen abgelöst. Ab der mittleren Jungstein-

zeit wurde Kupfer verwendet. Darauf folgte die **Bronzezeit,** die in Mitteleuropa von 2200 bis 850 v. Chr. dauerte. An diese Phase schließt sich die **Eisenzeit** an. In Vorderasien und Ägypten wurden um 3000 v. Chr. die ersten Schriften entwickelt (sumerische Schrift, Hieroglyphenschrift). Damit ging dort die Vorgeschichte in die durch schriftliche Zeugnisse dokumentierte Geschichte über.

Prinzipien der kulturellen Evolution. Viele Vorgänge im Bereich der kulturellen Evolution verlaufen analog zur biologischen Evolution. Neue schöpferische Ideen und Erfahrungen sind für die Kulturentwicklung das, was Mutationen für die biologische Evolution bedeuten: Neuerungen, die der Prüfung durch die Umwelt unterliegen. Brauchbare Ideen setzen sich in einer Population durch, weniger brauchbare verschwinden; z.B. ersetzte der Computer im letzten Jahrzehnt des 20. Jahrhunderts die Schreibmaschine. Durch Selektion erfolgt auch eine Anpassung der Menschen an die neuen, durch die kulturelle Entwicklung veränderten Lebensumstände.

Trotz auffälliger Parallelen in Bezug auf Informationsübertragung zwischen der biologischen und der kulturellen Evolution gibt es auch grundlegende Unterschiede. Die meisten Fortschritte in der Kultur sind die Folge von zweckgerichtetem Denken und nicht von richtungslosen Mutationen. Auch sind die schöpferischen Einfälle einzelner Menschen zwar ebenso spontan wie die Mutationen bei der biologischen Evolution; jedoch werden bei der gedanklichen Beschäftigung mit der Lösung eines Problems weniger brauchbare Einfälle schon vor der Verwirklichung wieder verworfen. Daher verläuft die kulturelle Evolution viel rascher als die biologische.

Abb. 62.1: Kunstwerke des frühen Jetztmenschen. **a)** Höhlengemälde von Wildpferden, Pech Merle (Südwestfrankreich), Alter ca. 27 000 Jahre; **b)** Löwenmensch aus dem Lonetal bei Ulm, eines der ältesten plastischen Kunstwerke, Alter ca. 30 000 Jahre; **c)** »Venus von Willendorf«, Österreich, Alter ca. 25 000 Jahre

Evolution des Menschen

Der Mensch wird innerhalb der Säugetiere in die Ordnung der **Primaten** gestellt. Diese Verwandtschaftsgruppe wird in zwei Unterordnungen eingeteilt, die Feuchtnasenaffen und die Höheren Primaten. Zu den Höheren Primaten gehören die Koboldmakis sowie die Neuweltaffen und die Altweltprimaten. Der Mensch wird mit den Menschaffen in der Gruppe der **Hominoidea** zusammengefasst *(s. Kap. 3.1)*.

Die nächsten Verwandten des Menschen sind die großen Menschenaffen Orang-Utan, Gorilla, Schimpanse und Bonobo, mit denen er gemeinsam in die Familie **Hominidae** gestellt wird. Befunde aus der Anatomie, der Genetik und der Molekularbiologie zeigen eine abgestufte Ähnlichkeit der vier Arten zum Menschen. Vor allem Schimpanse und Bonobo stimmen in zahlreichen Merkmalen mit dem Menschen überein. Die molekularen Befunde legen nahe, dass sich die gemeinsame Stammeslinie von Mensch und Schimpanse erst vor 5–7 Millionen Jahren aufgespalten hat. Die Unterschiede zwischen den Menschenaffen und dem Menschen beziehen sich insbesondere auf die Fortbewegungsweise, die Hand sowie das Gehirn. So entwickelte der Mensch im Laufe der Stammesgeschichte die Fähigkeit zum **aufrechten Gang.** Damit verbunden war eine Reihe von anatomischen Anpassungen. Diese Struktur-Funktions-Beziehungen betreffen insbesondere den Bau der Extremitäte und der Wirbelsäule. Andere wesentliche Unterschiede beziehen sich auf die Struktur von Schädel und Gebiss und die Entwicklung einer **Greifhand** beim Menschen. Die Leistungsfähigkeit der Hand war nur durch eine deutliche **Vergrößerung des Gehirns** möglich. Dies wiederum erklärt die Sonderstellung des Menschen in Bezug auf Wortsprache, Verstandesleistungen und Sozialverhalten gegenüber allen anderen Tierarten *(s. Kap. 3.2)*.

Zahlreiche Fossilfunde, dazu Ergebnisse des Genomvergleichs mit heute leblenden Primaten, erlauben eine Rekonstruktion der menschlichen Stammesgeschichte. Die frühen Primaten, die vermutlich bereits vor etwa 85 Millionen Jahren entstanden, waren kletternde Baumbewohner in bewaldeten Lebensräumen. Vor ca. 23 Millionen Jahren tauchten die ersten Menschenaffen in Afrika auf, darunter *Proconsul,* später wanderten Menschenaffen auch nach Europa und Asien ein. Man nimmt an, dass auch die Menschen in Afrika entstanden sind; frühe menschliche Fossilfunde, darunter *Sahelanthropus,* sind etwa 5–7 Millionen Jahre alt.

Die Entwicklung zum modernen Menschen wurde ausgelöst durch **Umweltveränderungen.** Weltweite Klimaverschiebungen sorgten auf dem afrikanischen Kontinent für einen Rückgang der dichten Wälder und eine Zunahme offener Savannen. Damit verbunden war wahrscheinlich eine Änderung des Ernährungsverhaltens; der Anteil an tierischer Nahrung nahm zu. Bei dieser neuen Art der Nahrungsbeschaffung erwies sich der aufrechte Gang als besonders vorteilhaft.

Frühe Menschen, die noch nicht alle typischen Merkmale der heutigen Menschen aufweisen und für die noch kein Werkzeuggebrauch nachgewiesen ist, bezeichnet man als **Vormenschen.** Die meisten dieser Funde stammen aus Ost- und Südafrika und werden in die Gattung *Australopithecus* gestellt. Die Vormenschen gingen bereits aufrecht, konnten aber auch noch gut klettern. Menschen der Gattung *Homo* zeichnen sich durch eine deutliche Zunahme des Gehirnvolumens und die Fähigkeit zur Werkzeugherstellung aus. Sie entstanden vor etwa 2,4–1,6 Millionen Jahren in Afrika und drangen vor knapp 2 Millionen Jahren in andere Kontinente vor. Eine frühe Form aus Afrika ist *Homo habilis;* Formen aus Asien und Europa bezeichnet man als *Homo erectus* und *Homo heidelbergensis.* Vom »Heidelberg-Mensch« leitet sich vermutlich der **Neandertaler** ab, der in den Eiszeiten und Zwischeneiszeiten Europa und Vorderasien besiedelte. Der Jetztmensch (*Homo sapiens*) ist seit ca. 150 000 Jahren in Afrika nachzuweisen, und vor ca. 100 000 Jahren erfolgte die Auswanderung einer kleinen Population nach Eurasien. In Europa hat er vor ca. 30 000 Jahren den Neandertaler verdrängt *(s. Kap. 3.3)*.

Die **kulturelle Evolution** läuft der biologischen parallel; erst beim modernen Menschen werden in rascher Folge viele Kulturstufen durchlaufen. Dabei zeigen biologische und kulturelle Evolution in Bezug auf die Informationsübertragung viele Parallelen, aber auch deutliche Unterschiede. Die Kulturstufen der frühen Menschen werden durch spezifische Werkzeugfunde, die Nutzung des Feuers sowie künstlerische Leistungen in Form bildlicher und plastischer Darstellungen charakterisiert. Mit Beginn der Jungsteinzeit gaben in verschiedenen Regionen der Erde die Menschen ihr Nomadenleben auf und siedelten sich in Dörfern an. Die Grundlage der neuen Lebensform waren der Anbau von Nutzpflanzen, darunter verschiedene Getreidearten, und die Haltung und Zucht von Nutztieren. Ein wichtiger Schritt in der kulturellen Evolution war die Erfindung der Schrift *(s. Kap. 3.4)*.

AUFGABEN

1 DNA-Vergleich

Der Vergleich von insgesamt 5000 Genen von Schimpanse und Mensch ergab, dass sich diese in gerade einmal 1,3 % voneinander unterscheiden.

a) Begründen Sie, weshalb trotz dieser sehr geringen genetischen Distanz Mensch und Schimpanse lange Zeit sogar in unterschiedliche Familien innerhalb des Primatensystems gestellt wurden.

b) Die gemeinsame Stammeslinie der beiden Schimpansenarten einerseits und der Menschen andererseits dürfte sich nach heutigem Erkenntnisstand vor 5 bis 7 Millionen Jahren getrennt haben. Stellen Sie zwei Möglichkeiten dar, wie solche Zahlen ermittelt werden können.

2 Bedrohte »Halbaffen«

Die ursprünglichsten heute lebenden Primaten sind die Halbaffen. Die meisten Arten sind auf Madagaskar endemisch; ihre Formenfülle gilt als Paradebeispiel für den Prozess der adaptiven Radiation.

a) Definieren Sie den Begriff »Endemit«.

b) Entwickeln Sie eine begründete Hypothese, weshalb die Halbaffen in Madagaskar eine solch große Formenfülle entwickeln konnten.

c) Der Larvensifaka (**Abb. 64.1**), eine madagassische Halbaffenart, gilt als vom Aussterben bedroht. Informieren Sie sich über die Ursachen für die Gefährdung dieser und anderer Halbaffen.

d) Listen Sie anhand von **Abb. 64.1** für Primaten typische Merkmale auf.

3 Hände im Vergleich

Abb. 64.2 zeigt das Handskelett eines Menschenaffen. Beschreiben Sie den Bau der Hand und vergleichen Sie mit den Verhältnissen beim Menschen. Interpretieren Sie die Unterschiede als Angepasstheiten an Lebensraum und Lebensweise des Tiers und versuchen Sie eine Zuordnung zu einer der vier Menschenaffenarten.

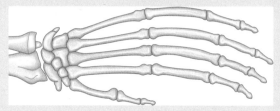

Abb. 64.2: Handskelett eines Menschenaffen

4 Ein Vormenschenschädel

Das in **Abb. 64.3** gezeigte Schädelmodell wurde nach Funden aus etwa 3 Millionen Jahre alten Ablagerungen in Ostafrika rekonstruiert.

a) Beschreiben Sie den Schädel und versuchen Sie anhand der Altersangabe und der Schädelmerkmale eine Zuordnung zu einer der im Text vorgestellten Arten aus der Frühgeschichte der Hominiden.

b) Man nimmt heute an, dass die Hominidenart, zu der dieser Schädel gehört, aufrecht ging.
Nennen Sie Befunde, die dieser Annahme zugrunde liegen.

Abb. 64.1: Larvensifaka, Weibchen mit Jungtier

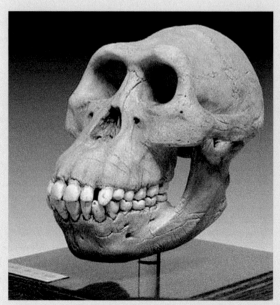

Abb. 64.3: Schädelrekonstruktion eines Vormenschen

5 Der älteste Europäer nördlich der Alpen

Der Fund eines menschlichen Unterkiefers in einer Sandgrube in Mauer bei Heidelberg stellte im Jahre 1907 eine wissenschaftliche Sensation dar. Die Forschung bemüht sich seither, das Alter dieses Fossils (**Abb. 59.1**) und seine Stellung im Hominiden-Stammbaum zu ermitteln.

a) Neueren Forschungsergebnissen zufolge hat das Fossil aus Mauer ein Alter von etwa 650 000 Jahren. Nennen Sie verschiedene Methoden, mit deren Hilfe das Alter eines Fossils ermittelt werden kann. Diskutieren Sie jeweils, ob diese Methode zur Bestimmung des *Homo-heidelbergensis*-Fundes eingesetzt werden kann.

b) Begründen Sie anhand der Kopfrekonstruktionen von *Homo heidelbergensis* (**Abb. 65.2**), inwiefern diese Urmenschenform einen Beleg für die Evolution zum modernen Menschen darstellt.

c) In der Fundschicht des Unterkiefers wurden außer dem Hominidenfossil zahlreiche Säugetierknochen gefunden, darunter Reste von Waldelefanten, Wildpferden, Flusspferden, Laub fressenden Waldnashörnern, Waldbisons, Rehen, Rothirschen, Elchen, Bibern, Kragenbären, Wölfen und Löwen. Versuchen Sie anhand der Funde Aussagen über den Lebensraum und die klimatischen Verhältnisse zu machen, unter denen *Homo heidelbergensis* lebte.

d) Die Stellung von *Homo heidelbergensis* im Stammbaum des Jetztmenschen ist nach wie vor umstritten. Eine Hypothese fasst den Heidelberg-Menschen als unmittelbaren Vorfahren des heutigen Menschen auf, nach einer anderen Vorstellung führte die Entwicklung von *Homo heidelbergensis* in eine »evolutive Sackgasse«. Erläutern Sie diese Bezeichnung anhand von **Abb. 60.2**.

6 Familie Feuerstein

Im Mittelpunkt der bekannten Zeichentrickserie »Familie Feuerstein« steht eine Familie von Steinzeitmenschen. Als Haustier hielt sich der Steinzeitclan in der Serie einen Dinosaurier. Beurteilen Sie anhand der erdgeschichtlichen Epochen, in denen diese Menschen bzw. die Dinosaurier lebten, ob dies theoretisch möglich gewesen wäre.

7 Kulturelle Evolution

Die kulturelle Evolution unterliegt ähnlichen Gesetzmäßigkeiten wie die biologische Evolution. Zeigen Sie dies am Beispiel der Entwicklung von Landfahrzeugen (**Abb. 65.1**). Erläutern Sie an diesem Beispiel auch wesentliche Unterschiede zwischen den beiden Entwicklungsformen.

Abb. 65.1: Entwicklung von Landfahrzeugen. **a)** Pferdekutsche; **b)** Motorkutsche von Daimler (1886); **c)** Auto um 1950; **d)** modernes Auto

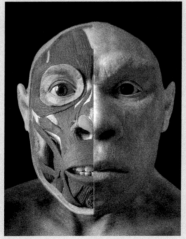

Abb. 65.2: Rekonstruktionen des Kopfes von *Homo heidelbergensis*

DER MENSCH ALS UMWELTFAKTOR

Der Mensch ist ein Teil der Natur und die Natur ein Teil des Menschen. Sein Leben hängt daher ganz und gar von der ihn umgebenden Natur, seiner Umwelt, ab. Ihr entnimmt er die Nahrung und die Luft zum Atmen. Indem der Mensch die Umwelt nutzt, belastet er sie auch. Starke Umweltbelastungen z. B. Schadstoffeintrag in die Atmosphäre, können die Lebensgrundlagen des Menschen, der Tiere und der Pflanzen bedrohen.

Mit den Beziehungen der Lebewesen zu ihrer Umwelt beschäftigt sich die Ökologie, die die allgemeinen Gesetzmäßigkeiten dieser Beziehungen erforscht. Der Begriff Ökologie (gr. *oikos* Haus, Haushalt) bezeichnet die »Lehre vom Haushalt der Natur«. Da die Beziehungen der Lebewesen in ihrer Umwelt weltweit durch den Menschen beeinflusst werden, sind auch Ergebnisse anderer nicht-

biologischer Disziplinen, z. B. der Wirtschaftswissenschaft, zum Verständnis des »Naturhaushaltes« wichtig. Umgangssprachlich wird der Begriff Ökologie manchmal auch im Sinne von Umweltschutz bzw. umweltschonendem Vorgehen verwendet.

Der Lebensraum heißt in der Ökologie **Biotop;** darin bilden Pflanzen, Tiere und Mikroorganismen eine Lebensgemeinschaft, die **Biozönose.** Die Einheit von Lebensraum und Lebensgemeinschaft, die sich aus der Summe aller Beziehungen ergibt, bezeichnet man als **Ökosystem.** In Mitteleuropa hat der Mensch alle Ökosysteme verändert und sogar ganz neue Biotope geschaffen, z. B. Äcker, Parks, Straßenböschungen, Parkplätze usw. Die Folgen einer solchen Einflussnahme durch den Menschen sind häufig Belastungen und Zerstörungen der Natur.

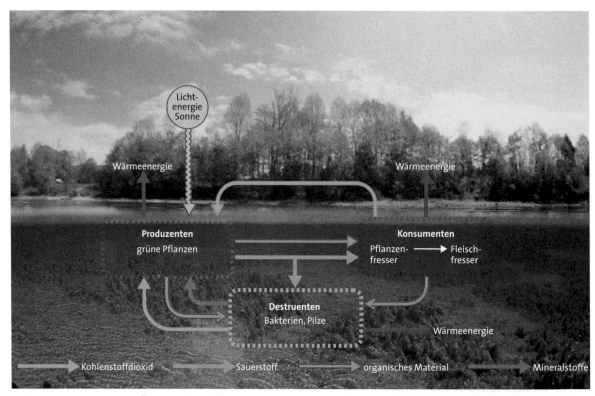

Abb. 66.1: Gliederung eines Ökosystems. Im Ökosystem erfolgt ein Kreislauf von Stoffen und ein Umsatz von Energie.

Die wichtigste Einheit, von der ökologische Betrachtungen ausgehen, ist das Ökosystem. Ein Beispiel dafür ist der Teich: Die im Wasser schwebenden Algen, das Phytoplankton, und die anderen Wasserpflanzen betreiben Fotosynthese, d. h. sie bauen aus den anorganischen Stoffen Kohlenstoffdioxid, Wasser und aus Mineralstoffen energiereiche organische Stoffe auf. Von diesen Stoffen ernähren sich die Tiere: unmittelbar die Pflanzenfresser, z. B. einzellige, eukaryotische Rädertierchen und Kleinkrebse als Zooplankton. Mittelbar ernähren sich von Pflanzenstoffen die Tiere, die Beutetiere fressen. Die grünen Pflanzen sind die **Produzenten** der Biomasse, die von den Tieren verbraucht wird. Die Tiere sind die **Konsumenten.** Die Ausscheidungen der Tiere, ihre Leichen und die abgestorbenen Pflanzenteile werden von den **Destruenten** nämlich von Bakterien und Pilzen zu einfachen, anorganischen Stoffen abgebaut (Kohlenstoffdioxid, Wasser und Mineralstoffe). Diese Mikroorganismen findet man vornehmlich auf dem Teichboden. Die anorganischen Stoffe stehen für das Wachstum der Pflanzen wieder zur Verfügung. Zwischen den grünen Pflanzen, den Tieren und den Mikroorganismen finden also Stoffkreislauf und Energieumsatz statt (**Abb. 66.1**). Der Umsatz wird durch die von den Produzenten erzeugte organische Substanz bestimmt. Deren Produktion ist abhängig von der CO_2-Konzentration, der eingestrahlten Lichtmenge, der Temperatur und der Konzentration der Mineralstoffe. Je höher diese Werte sind, desto stärker vermehren sich die Produzenten.

Einfluss des Menschen auf die Umwelt. Der Mensch war während seiner Evolution zunächst lange Zeit als Konsument in natürliche Ökosysteme eingebunden. Als Jäger und Sammler entnahm er den Ökosystemen die für ihn erforderliche Nahrung. Vor knapp 10 000 Jahren begann er an einigen Orten der Erde mit Ackerbau und Viehzucht. Dadurch entstanden in der Jungsteinzeit neue, vom Menschen gestaltete Ökosysteme. Die menschliche Ernährung wurde auf eine neue Grundlage gestellt: Die geschaffene Nutzfläche konnte viel mehr Individuen ernähren. Eine Folge davon war die Entwicklung von Siedlungen bzw. Städten (**Abb. 67.1**). Diese waren als unvollständige Ökosysteme von den bäuerlichen Nutzökosystemen getrennt, aber gleichzeitig von ihnen abhängig. Die ökologischen Beziehungen wurden durch diese Entwicklung also verändert. Heute leben weltweit mehr Menschen in Städten als außerhalb.

Der vorgeschichtliche Mensch hat vor über 500 000 Jahren begonnen, das Feuer zu nutzen. Bis ins 18. Jahrhundert blieb Holz, das verbrannt wurde, die wichtigste Energiequelle. Der Beginn des bergmännischen Abbaus der Kohle fiel etwa mit der Erfindung der Dampfmaschine zusammen. Diese erleichterte den Abbau von Kohle, sodass die Menge der verfügbaren Energie stark anstieg. Die Erfindung der Dampfmaschine führte zur industriellen Revolution und trug zum Bevölkerungswachstum bei.

Die Aktivitäten des Menschen bewirkten von jeher lokale oder regionale Umweltveränderungen. Aufgrund des Wachstums der Erdbevölkerung sowie der weltweiten Ausweitung der industriellen und wirtschaftlichen Prozesse wirken sich diese Aktivitäten merklich auf Stoffkreisläufe und Energieflüsse im System Erde aus. Sie beeinflussen damit auch die Biosphäre. Als Folge davon stellen sich heute gravierende globale Umweltprobleme. Dazu gehören die Verknappung nicht erneuerbarer Ressourcen, wie Kohle und Erdöl, die Abnahme der biologischen Vielfalt sowie die Zunahme von Armut, Hunger und Krankheiten. Allgemeine Ursachen dieser Entwicklung sind die Übernutzung der Umwelt, die zunehmende Verstädterung und Probleme der Entsorgung von Abfällen.

Ziel internationaler Abkommen ist eine nachhaltige Entwicklung. Diese soll dadurch gekennzeichnet sein, dass die wirtschaftliche Leistungsfähigkeit mit der Erhaltung der natürlichen Lebensgrundlagen und sozialer Sicherheit in Einklang gebracht wird *(s. S. 92)*.

Abb. 67.1: Mexiko City, eine Megastadt mit etwa 9 Millionen Einwohnern

1 Populationsentwicklung

1.1 Exponentielles und logistisches Wachstum

Milch kann von einem Tag auf den anderen sauer werden, besonders, wenn sie nicht im Kühlschrank aufbewahrt wird. Dann entwickelt sich in der Milchpackung schnell eine riesige Zahl von Milchsäurebakterien, ausgehend von wenigen Bakterien, die beim Melken in die Milch gelangt waren. Die Bakterien in der Milchtüte bilden eine **Population.** Darunter versteht man die Gesamtheit der artgleichen Individuen, die zur selben Zeit in einem Verbreitungsgebiet leben. Das Wachstum einer Population kann im Labor verfolgt werden. Dazu bringt man eine kleine Zahl von Bakterien in ein steriles Nährmedium. Unter günstigen Bedingungen teilt sich jedes von ihnen innerhalb von 20 bis 40 Minuten. In jeder Generation verdoppelt sich so die Anzahl der Individuen, sofern kein Bakterium stirbt (**Abb. 68.1 a**). Man spricht von **exponentiellem Wachstum.** Es wird durch das folgende fiktive Beispiel verdeutlicht: Ein Bakterium hätte bei einer konstanten Verdopplungszeit von 20 Minuten nach 44 Stunden (= 132. Generation) 2^{132} (= $5 \cdot 10^{39}$) Nachkommen. 10^{12} Bakterien wiegen ungefähr 1 g. So brächten jene Bakterien etwa die Masse der ganzen Erde (= $5,973 \cdot 10^{27}$ g) auf die Waage.

Wachstumsphasen. Das Wachstum einer realen Bakterienpopulation wird allerdings nur zu Beginn der Reproduktion, in der **Vermehrungsphase** durch eine exponentielle Kurve beschrieben (**Abb. 68.1 b**). Im weiteren Verlauf kommt es aufgrund der steigenden Zahl der Bakterien zu Nahrungsmangel und Anhäufung giftiger Stoffwechselprodukte. Dann teilen sich immer weniger Bakterien. In dieser **Verzögerungsphase** des Wachstums verdoppelt sich die Gesamtzahl der Bakterien nicht mehr von Generation zu Generation; der Zuwachs wird immer geringer. Schließlich findet keine weitere Zunahme der Individuenzahl mehr statt. In dieser **stationären Phase** besteht ein Gleichgewichtszustand, bei dem ebenso viele Zellen sterben wie durch Teilung entstehen. Ein Wachstum, das laufend langsamer wird, bis es die stationäre Phase erreicht, heißt **logistisches Wachstum.** In der **Absterbephase** nimmt die Individuenzahl ab.

Exponentielles Wachstum. Während des Wachstums einer Population hängt die Anzahl der Individuen N von der Zahl der Geburten und der Zahl der Todesfälle ab. Die Wachstumsrate der Population, nämlich die Änderung der Individuenzahl pro Zeiteinheit, ergibt sich aus der Differenz von Geburtenrate und Sterberate: Wenn z.B. pro 1000 Bakterien in jeder Generation 1000 weitere entstehen, ist die »Geburtenrate« (Teilungsrate) 1000/1000 = 1. Angenommen, es sterben pro 1000 Bakterien nach

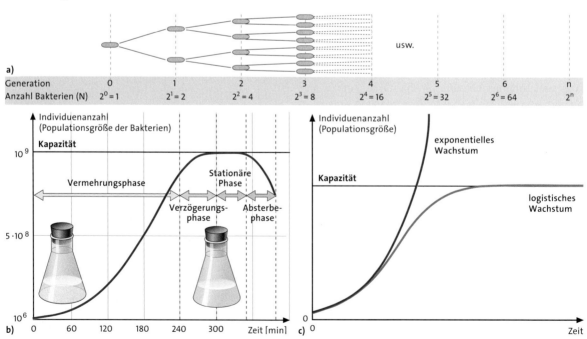

Abb. 68.1: Wachstum einer Population. **a)** Modell des exponentiellen Wachstums einer Bakterienpopulation; **b)** Wachstumskurve einer realen Bakterienpopulation; **c)** Exponentielles und logistisches Wachstum

der Teilung jeweils 100, so liegt eine Sterberate von 100/1000 = 0,1 vor (10 %). Dann beträgt die Wachstumsrate 0,9. Der tatsächliche Zuwachs an Individuen pro Zeit (dN/dt) ergibt sich aus dem Produkt der Anzahl vorhandener Bakterien (N) und der Wachstumsrate (r):

$$dN / dt = N \cdot r$$

Wenn in der ersten Generation N Individuen vorliegen, findet man in der nächsten Generation

$$N + N \cdot r = N(1+r),$$

in der darauf folgenden

$$N(1+r) + N(1+r) \cdot r = N(1+r)^2$$

und in der n-ten Generation

$$N(1+r)^n \text{ Individuen.}$$

Mit dieser **Wachstumsgleichung** beschrieb der englische Wirtschaftswissenschaftler MALTHUS 1798 das exponentielle Wachstum bei Lebewesen. Sie gilt nur unter der Bedingung, dass die Wachstumsrate konstant bleibt.

Logistisches Wachstum. In der Bakterienpopulation verlangsamt sich das Wachstum immer mehr. Die Wachstumsrate wird immer kleiner und die Populationsgröße nähert sich der Kapazität K an. Der Zuwachs hängt nun aber davon ab, wie weit sich die Anzahl der Individuen N der Kapazität des Lebensraums K bereits angenähert hat. Dem trägt die folgende erweiterte Wachstumsgleichung Rechnung:

$$dN / dt = N \cdot r \cdot (K - N) / K = \underbrace{N \cdot r}_{\substack{\text{expotentielles} \\ \text{Wachstum}}} - \underbrace{(N^2 \cdot r) / K}_{\substack{\text{nicht verwirklichte} \\ \text{Zunahme}}}$$

Liegt N nahe 0, so gilt

$$(K - N) / K = (K - 0) / K,$$

d. h. es liegt nahezu ein exponentielles Wachstum vor. Nimmt aber N den Wert von K an, so gilt

$$(K - N) / K = 0.$$

Dann liegt ein Gleichgewichtszustand vor, in dem kein Zuwachs erfolgt. In der stationären Phase ist eine weitgehend konstante Populationsgröße im betreffenden Lebensraum erreicht. Diese wird auch als Kapazität K des Lebensraumes bezeichnet. K wird von der Verknappung der Nahrung, vom Raumangebot und der Anhäufung giftiger Stoffwechselprodukte der Bakterien in der Kulturflüssigkeit bestimmt. Gießt man Kulturflüssigkeit zu, stellt sich ein neuer K-Wert ein.

1.2 Populationsentwicklung des Menschen

Die Population des Menschen auf der Erde zeigt in den letzten Jahrhunderten einen superexponentiellen Verlauf (**Abb. 69.1**). Sie ist quasi explodiert. In der jüngsten Vergangenheit ist eine geringe Verlangsamung der Zunahme zu erkennen. Wann die stationäre Phase erreicht wird, lässt sich kaum vorhersagen, weil sehr viele Einflussgrößen berücksichtigt werden müssen. Die meisten Bevölkerungsforscher rechnen damit für den Zeitraum zwischen 2050 und 2080 bei einer Erdbevölkerung von acht bis zehn Milliarden. Die Individuenzahl der verschiedenen Altersgruppen wird für den Menschen häufig durch **Bevölkerungspyramiden** dargestellt.

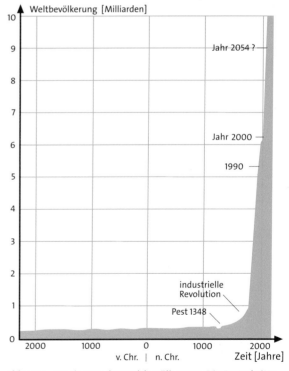

Abb. 69.1: Wachstum der Weltbevölkerung. Die Fortschritte der Wissenschaft verbesserten die Überlebenschancen durch eine Erhöhung des Lebensstandards. Um 1800 erreichte die Weltbevölkerung gerade die erste Milliarde. Seit 100 Jahren explodiert die Zahl. Für den Zeitraum von 2050 bis 2080 wird mit 8 bis 10 Milliarden Menschen gerechnet.

Aus deren Gestalt kann man erkennen, ob eine Population wächst, konstant bleibt oder schrumpft (**Abb. 70.1**). Die Bevölkerungspyramiden lassen auch Kriege, Hungersnöte und Epidemien erkennen (**Abb. 70.2**). In vergangenen Jahrhunderten gab es mehrfach Populationszusammenbrüche infolge rascher Seuchenausbreitung. So starben während der Pest-Epidemie von 1347 bis 1352 etwa 25 % der europäischen Bevölkerung. In den heutigen Industrieländern findet aufgrund des höheren Lebensstandards keine größere Schwankung in der Populationsdichte statt. Jedoch könnte eine plötzliche Virus-Epidemie, gegen die es kein Heilmittel gibt, einen regionalen Populationszusammenbruch hervorrufen.

Demografischer Übergang. Die Populationsgrößen aller Industrieländer haben sich im Zeitverlauf weitgehend gleichartig entwickelt. Zunächst sank die Sterberate infolge der Verbesserung des Lebensstandards, z. B. in den Bereichen Ernährung und Gesundheitspflege. So kam es über eine gewisse Zeit zu einem starken Anstieg der Bevölkerungszahl. Dann nahm die Geburtenrate ab, weil sich parallel zu einer Verbesserung der wirtschaftlichen Bedingungen eine striktere Familienplanung durchsetzte. Das hatte zur Folge, dass nun bei einer höheren Bevölkerungsdichte die Population wie in Großbritannien und Frankreich konstant bleibt, oder wie in Deutschland, Italien und Österreich sogar abnimmt.

Diese zeitliche Veränderung der Populationsgröße heißt **demografischer Übergang**. Er entspricht einer Veränderung der Bevölkerungspyramide wie in **Abb. 70.1** von a nach d. Die meisten Entwicklungsländer befinden sich derzeit in unterschiedlichen Stadien dieses Übergangs, der auch verschieden lang dauern kann (**Abb. 70.3**). Es zeigt sich immer wieder, dass Aufklärung und Appelle zur Geburtenkontrolle allein keine Wirkung zeigen; entscheidend dafür ist die Erhöhung des Lebensstandards.

Schrumpfen Populationen (»negatives Populationswachstum«), können soziale Probleme entstehen; denn dann muss eine kleine Zahl von arbeitsfähigen Menschen eine große Zahl von Alten und Kranken mitversorgen.

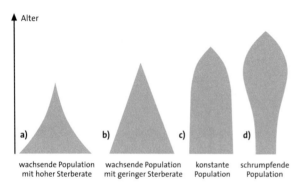

Abb. 70.1: Aufbau verschiedener Bevölkerungen. **a)** Uganda 1990; **b)** Deutschland um 1910; **c)** Großbritannien 1968; **d)** Deutschland ab 1986

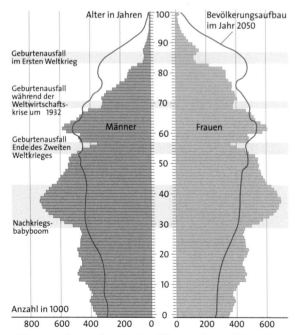

Abb. 70.2: Altersaufbau der Bevölkerung der Bundesrepublik Deutschland am 31.12.2002

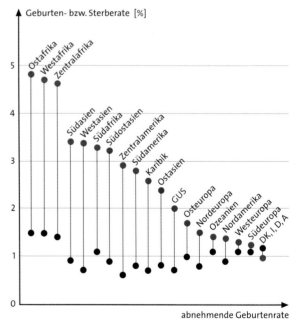

Abb. 70.3: Geburtenraten (rote Punkte) und Sterberaten (schwarze Punkte) der Regionen der Welt nach abnehmender Geburtenrate geordnet (1985–1995). Die Regionen befinden sich in verschiedenen Stadien des demografischen Übergangs.

1.3 Fortpflanzungsstrategien

An beständige Lebensräume, wie Wald, Korallenriff oder Höhle, sind Populationen angepasst, deren Größe über lange Zeit relativ konstant bleibt. Die Zahl der Individuen liegt nahe bei dem Wert, der durch die Kapazität des Lebensraums vorgegeben ist. Für diese Arten ist die Konkurrenzfähigkeit entscheidend. Viele der hier siedelnden Arten weisen eine **K-Strategie** auf *(s. S. 69, Kapazität K)*.

Wird ein Lebensraum plötzlich verändert, wie z.B. Sandbänke in einem Fluss oder Lichtungen nach einem Kahlschlag, oder entsteht er neu, wie der Fruchtkörper eines Pilzes oder ein Kuhfladen, so wird er zunächst nur von sehr wenigen Organismen besiedelt. Die an diese Lebensräume angepassten Arten sind langfristig dadurch erfolgreich, dass sie sich rasch vermehren und viele Nachkommen haben, von denen wenigstens einige wiederum einen gleichen Biotop an anderer Stelle finden und besiedeln können. Diese Arten zeichnen sich durch eine hohe Wachstumsrate ihrer Populationen aus; sie zeigen eine **r-Strategie** *(s. S. 69, Wachstumsrate r)*.

Bei Arten mit r-Strategie handelt es sich um »Ausbreitungstypen«. K-Strategen sind »Platzhaltertypen«. Beide können nebeneinander im gleichen Lebensraum vorkommen. Pflanzen mit r-Strategie sind meist klein, oft einjährig und bilden sehr viele und leicht zu verbreitende Samen (viele Acker- und Gartenwildkräuter). Sehr vorteilhaft ist eine lange Lebensdauer der Samen, sodass sie viele Jahre im Boden verbleiben können. Diese »Samenbank« im Boden ist für die Wiederbesiedlung von Flächen, z.B. bei Flächenstilllegung oder Renaturierung, von großer Bedeutung. Pflanzen mit K-Strategie sind dagegen oft sehr langlebig, z.B. Bäume (**Abb. 71.1**).

Tiere mit K-Strategie haben in der Regel wenige Nachkommen, betreiben aber eine intensive Brutpflege und leben ebenfalls relativ lang. Der Mäusebussard z.B. wird etwa 24 Jahre alt (**Abb. 71.2**). Erst ab einem Alter von drei Jahren zieht er jährlich bis zu drei Nachkommen groß. Bei Blattläusen, r-Strategen, können dagegen pro Jahr zehn bis zwölf Generationen aufeinander folgen. Dabei legt eine weibliche Laus bis zu 300 widerstandsfähige Eier, die den Einsatz herkömmlicher Insektizide im Gegensatz zur entwickelten Laus überleben können.

Bei Blattläusen wechseln sich zwei Formen geschlechtlicher Fortpflanzung ab. Weibliche Blattläuse, die sich aus befruchteten Eizellen entwickelt haben, erzeugen sehr viele Nachkommen aus unbefruchteten Eizellen. Wenn es daraufhin zu einer Überbevölkerung an einer Wirtspflanze kommt, entstehen geflügelte Exemplare, die zur nächsten Wirtspflanze fliegen. Deren Nachkommen entstehen wieder aus befruchteten Eizellen.

Abb. 71.1: K-Strategen. Laubbäume im Mischwald

Abb. 71.2: K-Stratege. Mäusebussard am Horst

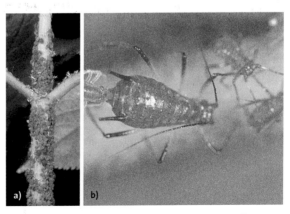

Abb. 71.3: r-Strategen. **a)** Blattläuse an einer Wirtspflanze; **b)** aus unbefruchteten Eiern erzeugte junge Blattläuse

1.4 Regulation der Populationsdichte

Die Raupen des Kiefernspanners können bei starker Vermehrung erhebliche Forstschäden verursachen. Zu ihren natürlichen Feinden zählen vor allem Insekten fressende Vögel. Dazu gehören die in Baumhöhlen nistenden Meisen. Sind viele Insekten vorhanden, können sich die Meisen stark vermehren. Infolgedessen nimmt die Anzahl der Insekten wieder ab, und damit auch das Nahrungsangebot dieser Vögel. Hat die Populationsdichte der Vögel abgenommen, kann die Anzahl der Insekten wieder zunehmen. Die den Vögeln zur Verfügung stehende Nahrungsmenge hängt also von der Populationsdichte der Vögel selbst ab. Sie wird daher als **dichteabhängiger Faktor** bezeichnet.

Besonders in bewirtschafteten Wäldern existieren wenig natürliche Nistmöglichkeiten. Demzufolge ist die Anzahl der Höhlenbrüter relativ gering und der Kiefernspanner kann sich ungehindert vermehren. Der Mensch beeinflusst diese Populationsdynamik durch gezielte Korrektureingriffe in das Ökosystem, wie z. B. das Anbringen von künstlichen Nisthöhlen. Dadurch wird die Populationsdichte von Höhlenbrütern deutlich gesteigert und die Anzahl der Insekten gering gehalten (**Abb. 72.1**).

Auch andere Umweltfaktoren, wie z. B. die Temperatur, können die Populationsdichte der Vögel beeinflussen: In kalten Wintern gehen mehr Meisen zugrunde als in warmen. Die Temperatur wird von der Populationsdichte der Vögel nicht beeinflusst. Es handelt sich daher um einen **dichteunabhängigen Faktor**.

Der strenge Winter 1963/1964 führte auf der St. Matthew-Insel in der Beringsee zwischen Alaska und Ostsibirien sogar zum Zusammenbruch der Rentierpopulation. 1944 hatten amerikanische Truppen 24 weibliche und fünf männliche Rentiere auf die Insel gebracht. Die Tiere ernährten sich auf dem 330 km2 Areal fast nur von Flechten und Gräsern. Nach dem Abzug der Soldaten konnten sie sich ungestört vermehren. Messungen im Jahre 1963 zeigten, dass sowohl die Flechten auf den Verbiss als auch die Rentiere auf das ärmliche Nahrungsangebot reagiert hatten. Die ursprüngliche Wuchshöhe der Flechten von 12 cm hatte auf 1 cm abgenommen und die Rentiere wiesen eine geringere Körpergröße auf. Ihre Populationsdichte hatte allerdings die Kapazität K überschritten. Im Winter 1963/1964 starben fast alle 8000 Tiere. Im Jahr 1966 zählte man nur noch 42 Exemplare (**Abb. 72.2**).

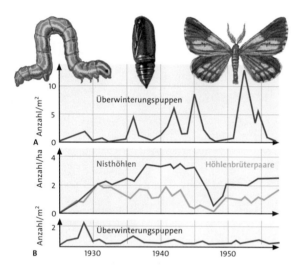

Abb. 72.1: Populationsdichte beim Kiefernspanner, gemessen an der Anzahl der Puppen. **a)** Wald ohne künstliche Nisthöhlen; **b)** Wald mit künstlichen Nisthöhlen

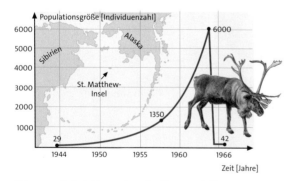

Abb. 72.2: Entwicklung einer Rentierpopulation auf der St. Matthew-Insel in der Beringsee

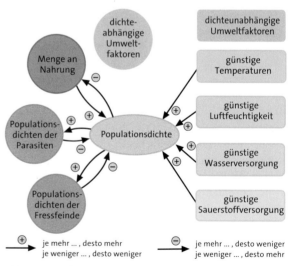

Abb. 72.3: Einfluss von dichteabhängigen und dichteunabhängigen Faktoren auf die Populationsichte

Die Populationsdichte einer Art wird von dichteunabhängigen und dichteabhängigen Faktoren beeinflusst. Mit den dichteabhängigen steht sie in einer Wechselbeziehung mit negativer Rückkopplung (**Abb. 72.3**).

Populationsdynamik: Räuber-Beute-Systeme. Zu den Milben gehören nicht nur die blutsaugenden Zecken, sondern auch viele Pflanzenschädlinge sowie räuberisch lebende Arten. Pflanzenfressende Milben werden von Raubmilben verzehrt. Diese können also zur Bekämpfung der pflanzenfressenden eingesetzt werden. In Versuchen in einem Gewächshaus werden die Populationsgrößen der beiden Milbenpopulationen über längere Zeit verfolgt. Die Populationsdichten beider Arten schwanken periodisch. Dabei sind die Maxima der pflanzenfressenden Milbe stets viel höher, als die der Raubmilbe. Auch geht der Anstieg der Population der pflanzenfressenden stets dem Anstieg der Population der Raubmilbe voraus (**Abb. 73.1**).

1925 bzw. 1926 entwickelten A. J. LOTKA und V. VOLTERRA unabhängig voneinander ein mathematisches Modell zur Darstellung von Räuber-Beute-Beziehungen. Die LOTKA-VOLTERRA-Regeln beschreiben die Entwicklung voneinander abhängiger Populationen unter der Voraussetzung, dass die sonstigen biotischen und abiotischen Umweltfaktoren konstant sind.

1. LOTKA-VOLTERRA-Regel: Die Populationsdichten von Räuber und Beute schwanken periodisch und gegeneinander zeitlich versetzt. Dabei folgen die Maxima und Minima der Räuberpopulation denen der Beutepopulation.

2. LOTKA-VOLTERRA-Regel: Die Durchschnittsgrößen (Mittelwerte) der Räuber- bzw. Beutepopulation sind trotz periodischer Schwankungen langfristig konstant.

Diese beiden Gesetzmäßigkeiten wurden nicht nur im Experiment, sondern auch in der Natur bestätigt, z. B. bei den Populationsschwankungen von Marienkäfern, die Zitrusschildläuse jagen. Auch bei Schlupfwespen, die Käferlarven fressen, ließen sich die Aussagen bestätigen.

3. LOTKA-VOLTERRA-Regel: Werden Räuber- und Beutepopulation prozentual gleichermaßen reduziert, so erholt sich die Beutepopulation rascher als die der Räuber.

In der Realität sind derartige Populationsschwankungen selten zu beobachten. Die LOTKA-VOLTERRA-Regeln beschreiben Räuber-Beute-Beziehungen nur unter der Voraussetzung, dass abiotische Umwelteinflüsse sich nicht stark ändern und keine anderen Arten auf das System einwirken. Die Populationsdichten der pflanzenfressenden Milbe und der Raubmilbe können z. B. auch auf Schwankungen im Nahrungsangebot der Blattläuse zurückgehen. Auch Veränderungen der klimatischen Bedingungen wie etwa Temperatur- und Feuchtigkeitsschwankungen können sich auf die Larvenentwicklung auswirken. Aus dem Auftreten von korrelierten Populationsschwankungen allein darf man nicht auf einen bestimmenden Einfluss des Räubers auf die Beutepopulation schließen. Dies ergab z. B. die Analyse des Räuber-Beute-Systems »Nordluchs/Schneeschuhhase« in Kanada. In Gebieten, wo der Nordluchs ausgerottet worden ist, beobachtete man weiterhin Schwankungen der Hasenpopulation. Sie wird dichteabhängig durch Stress reguliert. Die Luchspopulation ist demgegenüber deutlich von der Zahl der Schneeschuhhasen abhängig. Schrumpft die Hasenpopulation, hat der Luchs weniger Nachkommen. Erholt sich die Hasenpopulation z. B. aufgrund günstiger Witterungsbedingungen, steigt seine Populationsdichte (*bottom-up-Kontrolle*).

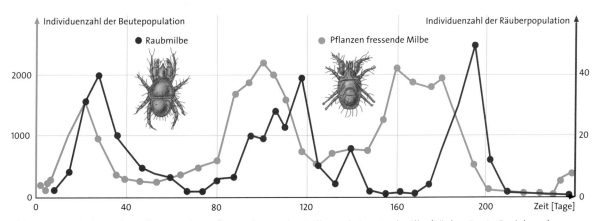

Abb. 73.1: Populationsschwankungen einer pflanzenfressenden Milbe und einer Raubmilbe (Räuber-Beute-Beziehung). Die Kurven entsprechen den LOTKA-VOLTERRA Gesetzen. Beachten Sie die unterschiedlichen Skalen der beiden y-Achsen.

LOTKA-VOLTERRA-Modell. Die regelmäßigen Schwankungen einer Population sind auf unterschiedliche abiotische und biotische Umwelteinflüsse zurückzuführen. Das LOTKA-VOLTERRA-Modell beschreibt lediglich die Beziehung zwischen zwei Populationen, die voneinander wechselseitig abhängig sind, nämlich der Population der Räuber und derjenigen der Beute. Alle anderen Umwelteinflüsse werden als konstant vorausgesetzt und nicht in das Modell einbezogen (**Abb. 74.1**). Räuber dezimieren die Beutepopulation. Ist diese stark reduziert, verhungert ein Teil der Räuber. Eine geringe Anzahl von Räubern wirkt sich fördernd auf die Entwicklung der Beuteorganismen aus. Große Beutemengen führen zu einer Zunahme der Zahl der Räuber. Dieses einfache LOTKA-VOLTERRA-Modell basiert auf vereinfachenden Annahmen für das Populationswachstum. So wird angenommen, dass die Sterblichkeit der Beute nur durch die Räuberpopulation verursacht sei. Werden die Populationen gleichartig verändert, so kommt es zu Störungen der zyklischen Schwankungen.

Herabsetzung der Konkurrenz als Folgewirkung eines Räubers. In der Gezeitenzone der Pazifikküste Nordamerikas lebt der Seestern *Pisaster* als dominierender Räuber für etwa 15 verschiedene Arten von Weichtieren und Krebsen. Die Beuteorganismen scheinen dabei ohne zwischenartliche Konkurrenz zu koexistieren. Werden jedoch alle Seesterne entlang eines größeren Küstenabschnitts entfernt, verringert sich die Anzahl der Beutetierarten drastisch. Sieben Arten verschwinden vollständig aus dem beobachteten Küstengebiet. In dem begrenzten Lebensraum der Gezeitenzone herrscht zwischen den 15 verschiedenen Beutearten tatsächlich stets Konkurrenz, sie bleibt jedoch in Anwesenheit des räuberischen Seesterns gering. Die Abwesenheit des Räubers führt dazu, dass sich die Konkurrenz verstärkt. Dann dominieren wenige konkurrenzkräftige Arten das Gezeitensystem. Der Seestern *Pisaster* vermindert also die Populationsdichten seiner Beutetiere und verringert somit die Konkurrenz unter diesen Arten (**Abb. 74.2**). Dies hat zur Folge, dass mehr verschiedene Beutearten nebeneinander existieren können als es ohne Anwesenheit des Räubers möglich wäre (*top-down-Kontrolle*).

Massenwechsel. Bis etwa 1965 kam es in Deutschland immer wieder zu Maikäferplagen. Die Käfer fraßen die Laubbäume kahl. Dieses Massenphänomen hat schon WILHELM BUSCH in seinen »Lausbubengeschichten« genutzt, als er Max und Moritz die Käfer im Bett eines nichts ahnenden Opfers verstecken lässt (**Abb. 75.2**).

Zeiten mit starkem Auftreten wechseln sich mit solchen ab, in denen die Individuenanzahl sehr gering ist. Man nennt dieses Phänomen Massenwechsel. Der Maikäfer durchläuft je nach Region eine drei- oder vierjährige

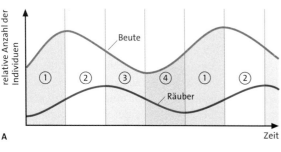

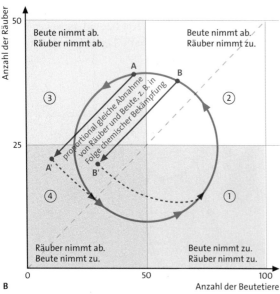

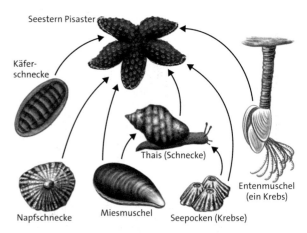

Abb. 74.1: LOTKA-VOLTERRA-Modell. **a)** Räuber-Beute-Beziehung in einer zeitlichen Darstellung; **b)** Beziehung in einem zeitunabhängigen Schema; rot: Veränderung durch äußeren Eingriff

Abb. 74.2: Nahrungsbeziehungen des räuberischen Seesterns *Pisaster* zu verschiedenen Arten von Weichtieren und Krebsen in der Gezeitenzone

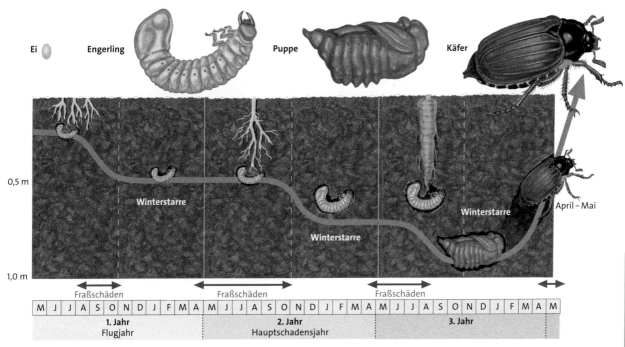

Abb. 75.1: Entwicklungszyklus des Maikäfers

Entwicklung, von der Eiablage, über das Schlüpfen der Larven (Engerlinge) bis zur vollständigen Metamorphose zum geschlechtsreifen Tier. Im ersten Jahr erfolgt im Frühling die Eiablage. Nach etwa vier bis sechs Wochen schlüpfen die jungen Larven. Sie ernähren sich zunächst von abgestorbenem Pflanzenmaterial. Nach der ersten Häutung im Spätsommer leben die Larven zunehmend von Wurzeln. Den Winter verbringen die Engerlinge in tieferen, frostsicheren Bodenschichten. Im zweiten Jahr ist die Fraßtätigkeit und somit die Gewichtszunahme der Larven am größten. Es wird daher auch als Hauptschadensjahr bezeichnet. Im dritten Jahr kommt es im Sommer nach einem kurzen Reifungsfraß zur Verpuppung. Dazu wandern die Engerlinge in tiefere Bodenschichten. Nach etwa vier bis sechs Wochen verlässt der fertige Käfer die Puppenhülle und überwintert im Boden. Erst im nächsten Frühjahr kommt der Maikäfer zum weiteren Reifungsfraß aus der Erde. Als Nahrung dienen die Knospen und Blätter von Laubgehölzen, wie z. B. Eichen, Buchen und Obstbäumen (**Abb. 75.1**). Aufgrund dieser spezifischen Entwicklung war die Maikäferdichte alle drei oder vier Jahre relativ groß. In klimatisch günstigeren Gebieten war der Entwicklungszyklus schon nach drei Jahren, in ungünstigeren nach vier Jahren abgeschlossen. Daher konnten bis etwa 1965 ca. alle 12 Jahre flächendeckend Massenvorkommen auftreten. Heute gibt es Maikäfer infolge von Insektizidbehandlungen nur noch lokal begrenzt in größeren Mengen.

Massenwechsel werden auch bei Wanderheuschrecken beobachtet. Unter günstigen Bedingungen können sie sich sehr stark vermehren. Der enge Kontakt der sonst vereinzelt lebenden Tiere wirkt sich auf ihren Hormonhaushalt aus. Gestalt und Verhalten ändern sich. Die weitgehend ortstreuen, einzeln lebenden Tiere haben relativ kurze Flügel. Die Wanderform bildet riesige Schwärme mit Millionen Tieren. Sie zeichnet sich durch relativ große Flügel und eine auffällige Bewegungsaktivität aus. Sie weisen zudem ein charakteristisches Nachahmungsverhalten und eine synchrone Entwicklung auf. Während ihrer Wanderungen über Tausende von Kilometern hinweg verursachen sie verheerende Fraßschäden an der Vegetation.

Abb. 75.2: Max und Moritz von WILHELM BUSCH

Das Ökosystem stellt die Einheit von Biotop und Biozönose dar. In ihm fließt von Produzenten zu Konsumenten und Destruenten Energie, auch findet ein Stoffkreislauf statt. Mit dem Aufkommen von Ackerbau und Viehzucht entstanden neue Ökosysteme. Dazu kamen Städte als unvollkommene Ökosysteme. Heute wirken sich die Aktivitäten des Menschen nicht nur auf lokale und regionale, sondern auf globale Energieflüsse und Stoffkreisläufe aus. Globale Umweltprobleme sind die Folge.

Populationsentwicklung

Eine **Population** von Bakterien, die sich reproduzieren, wächst in der Vermehrungsphase exponentiell, in der folgenden Verzögerungsphase laufend langsamer und dann in der stationären Phase nicht mehr. Diese Art des Wachstums heißt **logistisches Wachstum**. In der stationären Phase ist im betreffenden Lebensraum eine weitgehend konstante Populationsgröße erreicht, die als Kapazität des Lebensraums bezeichnet wird. Das Wachstum der Weltbevölkerung verläuft insgesamt exponentiell, wenn auch nicht in allen Teilpopulationen. So nahmen als Folge der Industrialisierung zunächst die Sterberate und dann die Geburtenrate ab, sodass die Bevölkerungsdichte in manchen Industrieländern heute konstant ist, in anderen schrumpft. Diese Veränderung der Sterbe- und Geburtenrate beim Übergang vom Agrar- zum Industrieland heißt **demografischer Übergang** *(s. Kap. 1.1 und 1.2).*

In Anpassung an den Lebensraum werden verschiedenen Fortpflanzungsstrategien verfolgt: K-Strategie führt in beständigen Biotopen zu einer relativ konstanten Populationsgröße, r-Strategie in sich verändernden Biotopen zu starkem Populationswachstum. Dieses wird stets von Umweltfaktoren beeinflusst. Das zeigen die wechselseitigen Einflüsse von Räuber- und Beutepopulationen. Diese dichteabhängigen Einwirkungen können durch die LOTKA-VOLTERRA-Gesetze unter bestimmten Bedingungen als Regulation beschrieben werden. Auch dichteunabhängige Faktoren wie die mittlere Jahrestemperatur beeinflussen das Populationswachstum. Ein Räuber kann die Konkurrenz von Beutearten herabsetzen, sodass diese nebeneinander existieren können. Bestimmte Arten wie Maikäfer zeigen in Abhängigkeit von den Lebensbedingungen auffällige Populationswellen (Massenwechsel) *(s. Kap. 1.3 und 1.4).*

1 Schutz des Seeadlers

Abb. 76.1: Seeadler im Horst

Der in Norddeutschland heimische Seeadler war Jahrhunderte lang verfolgt worden, sodass er Anfang des 20. Jahrhunderts in vielen Gebieten fehlte. Nachdem die Jagd auf ihn eingestellt worden war, erholten sich die Bestände wieder. Wegen der Verwendung von DDT als Insektenvernichtungsmittel, das sich in der Nahrungskette anreicherte und über die vom Seeadler bevorzugten Beutetiere, Wasservögel und Fisch, in dessen Körper gelangte, kam es zu einem erneuten Rückschlag: Der Giftstoff führte zu dünnen Eierschalen, die beim Bebrüten zerbrachen. Eiersammler, die Horste des Greifvogels ausnahmen. taten ein Übriges. Nachdem DDT verboten worden war und weil die Horste bewacht wurden, erhöhte sich die Wachstumsrate, und die Populationsdichte nahm wieder zu.

a) Erläutern Sie, wie sich die verschiedenen Schutzmaßnahmen auf die Wachstumsrate auswirkten.

b) Nennen Sie weitere Maßnahmen, die – unabhängig vom Seeadler – die Wachstumsrate gefährdeter Arten erhöhen können.

c) Analysieren Sie, ob die Bejagung des Haupträubers einer gefährdeten Art das Wachstum der gefährdeten Art in jedem Fall erhöht.

2 Populationsschwankungen
Paramecium und *Didinium* sind einzellige, eukaryotische Wimpertierchen. *Paramecium* frisst Bakterien oder Algen, *Didinium* frisst *Paramecien. Paramecien* lassen sich über viele Wochen in einer Kultur halten, in der Algen leben.

Versuch 1: Man gibt *Didinien* zu einer *Paramecien*-Kultur mit Versteckmöglichkeiten für die Beutetiere.
Versuch 2: Man gibt *Didinien* zu einer *Paramecien*-Kultur ohne Versteckmöglichkeiten für die Beutetiere.

a) Beschreiben Sie die Entwicklung, die die beiden Populationen jeweils in den zwei Versuchen nehmen. Zeichnen Sie die entsprechenden Wachstumskurven und begründen Sie Ihre Auffassung.

b) Erklären Sie, warum Versuch 2 zur Sicherung der Ergebnisse von Versuch 1 erforderlich ist.

c) Leiten Sie die Hypothese für Versuch 1 ab.

---

3 Kapazität des Lebensraums

Die Weltbevölkerung wuchs in den letzten Jahrhunderten superexponentiell. Dies wurde dadurch möglich, dass der Mensch die Kapazität K seines Lebensraumes erhöht hat.

Erläutern Sie, auf welche Weisen die Kapazität erhöht worden ist.

---

4 Räuber-Beute-Beziehung

In **Abb. 73.1** ist die Räuber-Beute-Beziehung einer pflanzenfressenden Milbe und einer Raubmilbe anhand von Populationsschwankungen dargestellt.

a) Beschreiben Sie das Diagramm auf der Abbildung in eigenen Worten. Gehen Sie dabei auf die Korrelationen der Änderungen der Populationsdichten ein. Beispiel: »Nimmt die Zahl der Pflanzen fressenden Milben zu, steigt die Zahl der Raubmilben«.

b) Beschreiben Sie die Wechselbeziehung der Populationen mit Pfeilen. Kennzeichnen Sie die gleichsinnigen Beziehungen gemeinsam mit einem Pfeil mit Pluszeichen. (»je größer die eine Population wird, desto größer wird die andere« *und* »je kleiner die eine Population, desto kleiner die andere«) Fassen Sie dann die gegensinnigen Beziehungen mit einem Pfeil mit Minuszeichen zusammen (»je größer die eine Population wird, desto kleiner wird die andere« *und* »je kleiner die eine Population desto größer die andere«).

c) Kennzeichnen Sie die Art der Wechselbeziehung. Liegt ein Regelkreis oder ein Konkurrenzkreis vor?

d) Als Modell der Räuber-Beute-Beziehung wird in der Literatur häufig die Waage verwendet. Sie soll zum Ausdruckbringen, dass sich durch das Auf und Ab der Populationsdichten eine Art Gleichgewicht einstellt. Dabei symbolisiert jede der beiden Waagschalen eine Population. Das Absinken einer Waagschale bedeutet Zunahme der Populationsdichte, das Ansteigen demgegenüber Abnahme der Dichte. Prüfen Sie in Gedan-ken, ob dieses Modell die verschiedenen Beziehungen zwischen Beute und Räuber adäquat darstellt und begründen Sie Ihre Auffassung.

---

5 Begrenzung der Elefantenpopulationen

Abb. 77.1: Eine Elefantenkuh mit Kalb

Die folgende Überlegung hat DARWIN angestellt: »*The elephant is reckoned the slowest breeder of all known animals, and I have taken some pains to estimate its probable minimum rate of natural increase; it will be safest to assume that it begins breeding when thirty years old, bringing forth six youngs in the interval, and surviving till one hundred years old; if this be so, after a period of from 740 to 750 years there would be nearly nineteen million elephants alive descended from the first pair*«. DARWINS Altersangaben sind etwas zu hoch, im Übrigen ist die Berechnung korrekt.

Begründen Sie, warum es nach 750 Jahren viel weniger Elefanten gibt, obwohl der Elefant keine natürlichen Feinde hat. Gehen Sie davon aus, dass auch nach Einstellung jeder Bejagung ein so starkes Populationswachstum nicht möglich wäre.

---

6 Bussarde, Füchse und Mäuse

In einem Wald leben einige Bussardpaare. Zu Ihrer Ernährung und zur Aufzucht der Jungen sind sie auf die Population von Feldmäusen auf angrenzenden landwirtschaftlichen Flächen angewiesen. Sie leben vor allem von diesen Mäusen.

a) Beantworten Sie die Frage, ob die Bussarde, die Mäuse ausrotten können, wenn sie eine besonders große Zahl von Jungen aufziehen.

b) Im Waldrand siedelt sich zusätzlich ein Fuchspaar an, das ebenfalls Feldmäuse jagt.
Beschreiben Sie die Wirkungen der Füchse auf die Bussard- und die Mäusepopulation. Begründen Sie.

2 Biodiversität

In der Umwelt findet man ganz unterschiedliche Öko-systeme wie z. B. Äcker, Wiesen, Laub- und Nadelwälder, Hecken, Bäche und Teiche. An der Meeresküste stößt man auf Sandstrand und Watten, und vor der Küste eines warmen Meeres kann ein Korallenriff liegen. Diese Öko-systeme enthalten verschiedenartige Tiere, Pflanzen und Mikroorganismen, auch unterscheiden sie sich in der Zahl der Arten. Den verschiedenen Lebensgemeinschaften ent-spricht eine immense Vielfalt von Arten auf der Erde.

Die **Artenvielfalt** gehört zu den Merkmalen der Bio-diversität. Man kann sie als Artenzahl pro Fläche messen. Das Messergebnis kann jedoch von einem Messzeitpunkt zum anderen variieren, wenn z. B. die Zahl der Vögel eines Gebietes vor und nach dem Wegzug der Zugvögel bestimmt wird. Außer vom Messzeitpunkt hängt das Er-gebnis auch von der Größe der untersuchten Fläche ab. Wählt man nämlich eine relativ große Bezugsfläche, z. B. ganz Deutschland, so zählt man auch alle sehr seltenen Arten mit und man misst daher eine sehr große Arten-vielfalt. Auf einer Teilfläche von wenigen Quadratkilo-metern kann die Artenvielfalt sehr klein sein.

Ein weiteres Merkmal der Biodiversität ist die Fähigkeit einer Art, Individuen mit unterschiedlichen Merkmalen auszubilden. Die Vielfalt der Phänotypen einer Art beruht vor allem auf **genetischer Vielfalt**. Diese ist eine unver-zichtbare Bedingung für die Anpassung einer Art an ver-änderte Umweltbedingungen *(s. S. 28)*. Bei Kulturpflan-zen, Haustieren und genutzten Mikroorganismen wurde die genetische Variabilität durch Züchtung erhöht. Dies zeigen die vielen Hunde-, Hauskatzen- und Haustauben-rassen. Hochzuchtformen verdrängen heute jedoch viele ursprüngliche Nutzpflanzen und Nutztiere *(s. S. 81)*.

Zur Biodiversität gehört weiterhin die **Vielfalt an Le-bensgemeinschaften bzw. Ökosystemen** in einem Gebiet. In unserer Kulturlandschaft wurde diese Vielfalt durch die Flurbereinigung stark vermindert, der z. B. Feldgehölze zum Opfer fielen. Biodiversität betrifft alle Organisations-elemente der Biosysteme. Eine Region, in der die Biodiver-sität besonders hoch ist und viele Arten endemisch vor-kommen wird auch als »Hot spot« bezeichnet. Ein gutes Beispiel hierfür ist der atlantische Regenwald mit etwa 20 000 verschiedenen Pflanzen- und 2300 Tierarten.

Artenvielfalt im Korallenriff. Die artenreichsten und zugleich farbenprächtigsten Ökosysteme befinden sich im Flachwasser subtropischer und tropischer Meere: Die riesigen Riffe werden vor allem von den kleinen, norma-lerweise nur wenige Millimeter großen Steinkorallen ge-bildet. Als Baustoff dient das Außenskelett aus Kalk, das diese koloniebildenden Hohltiere abscheiden. Die Stein-korallen leben in Symbiose mit einzelligen Algen, die sie mit Kohlenhydraten aus der Fotosynthese versorgen. Die Steinkoralle stellt den Algen Stickstoff- und Phosphor-verbindungen zu Verfügung, die bei der Verdauung von eingefangenem Plankton abfallen.

Abb. 78.1: Blick in ein Korallenriff

Über die Vielfalt und Farbenpracht der Korallenriffe im Roten Meer hat schon ERNST HÄCKEL im Jahre 1876 einen begeisterten Bericht geschrieben:

»Ein Vergleich dieser formenreichen und farbenprächtigen Meerlandschaften mit den blumenreichsten Landschaften gibt keine richtige Vorstellung. Denn hier unter den blauen Tiefen ist eigentlich alles mit bunten Blumen überhäuft, und alle diese zierlichen Blumen sind lebendige Korallentiere. In diesen wunderbaren Korallengärten … wimmelt ein vielgestaltiges Tierleben. Metallglänzende Fische von den sonderbarsten Formen und Farben spielen in Scharen um die Korallenkelche, gleich Kolibris, die um die Blumenkelche der Tropenpflanzen schweben. Noch viel mannigfaltiger als die Fische sind die wirbellosen Tiere der verschiedensten Klassen, welche auf den Korallenbänken ihr Wesen treiben. Zierliche durchsichtige Krebse aus der Garnelengruppe klettern zwischen den Korallenzweigen; der Scharen bunter Muscheln und Schnecken nicht zu gedenken. Reizende Würmer mit bunten Kiemenfederbüscheln schauen aus ihren Röhren hervor. Auch die roten Seesterne, violette Schlangensterne und schwarze Seeigel klettern in Menge auf den Ästen der Korallensträucher.«

Die Korallenriffe bilden zwar nur ein Prozent der Erdoberfläche, beherbergen aber 25 % aller Fischarten des Meeres. So leben von den asiatischen Riffen nicht weniger als 250 Millionen Menschen. Korallenriffe dienen auch als Kinderstube vieler Fischarten des offenen Meeres und sind daher wichtig für den globalen Fischfang. Als Wellenbrecher schützen Korallenriffe Tausende Kilometer Küste vor zerstörerischer Brandung. Der Tourismus viele Länder in den Tropen und Subtropen hängt in hohem Maße von gesunden Riffen ab. Korallenriffe bilden also die Lebensgrundlage zahlloser Menschen.

Im Riff lebt eine riesige Zahl unterschiedlicher Organismen auf engstem Raum zusammen. So bildeten sich im Laufe der Evolution zahlreiche Substanzen wie Gifte zum Beutefang oder Antibiotika zur Abwehr von Bakterien heraus. Solche Stoffe sind medizinisch bedeutsam, sie werden zur Entwicklung von Medikamenten genutzt. Korallenriffe besitzen also nicht nur einen ästhetischen Wert sondern sind auch wirtschaftlich wertvoll, ganz abgesehen vom Eigenwert, der jedem Lebewesen als solchem zugesprochen wird. Aus diesen Gründen sind Korallenriffe besonders schützenswert.

Allerdings gelten die meisten Riffe als bedroht: Wegen des zunehmenden Säuregehaltes des Meerwassers wachsen die Kalkskelette langsamer und löst sich Kalk aus den Korallenbänken. Die Erwärmung der Meere schädigt die Korallen ebenso wie Überfischung und verschmutztes Wasser, das weniger Licht durchlässt als klares Wasser.

Maskenfalterfisch

Harlekingarnele

Zackenmuschel

Neonsternschnecke

Weihnachtsbaum-Röhrenwurm

Schlangenstern

Zwei Rote Seesterne und schwarzer Seeigel (verdeckt)
Abb. 79.1: Tiere des Korallenriffs

2.1 Wirtschaftliche Nutzung der Natur und Artenvielfalt

2.1.1 Einflüsse der Land- und Forstwirtschaft

Der Mensch war während seiner Evolution zunächst lange Zeit Konsument in natürlichen Ökosystemen. Als Jäger und Sammler entnahm er diesen die für ihn erforderliche Nahrung. Vor knapp 10 000 Jahren begann er an einigen Orten mit Ackerbau und Viehzucht. Seine Ernährung wurde dadurch auf eine neue Grundlage gestellt, die geschaffene Nutzfläche konnte viel mehr Individuen ernähren. Zugleich entstanden in der Jungsteinzeit neue, vom Menschen gestaltete Ökosysteme; vor allem Waldökosysteme wurden in Agrarökosysteme umgewandelt.

Wildlebende Pflanzen und Tiere. Landwirtschaftliche Flächen bieten wildlebenden Pflanzen und Tieren Lebensräume. Dies gilt z. B. für Kornblume, Kornrade und Klatschmohn, die in Getreidefeldern wachsen, sowie für eine Fülle verschiedener Wiesenpflanzen. 270 verschiedene Pflanzenarten kommen ausschließlich oder bevorzugt auf Äckern vor. Zu den vielen Tierarten, zu deren Lebensraum landwirtschaftliche Flächen gehören, zählen Kiebitz, Feldlerche und Feldhamster. Naturnahe Biotope wie Hecken, Wegraine und Feldgehölze, die die Landschaft strukturieren, bieten einer großen Vielfalt von Vögeln, Säugetieren, Insekten und anderen Organismen Lebensmöglichkeit.

Allerdings schränkt heute die intensive Bewirtschaftung von Wiesen und Äckern die Biodiversität massiv ein. Die Intensivierung zur Steigerung der Produktion setzte vor etwa sechs Jahrzehnten in Europa ein. 1950 ernährte ein Landwirt etwa zehn Menschen. Im Jahr 2000 waren

es 90. Die Produktionssteigerung wurde durch Züchtung ertragreicher Nutzpflanzensorten, deren Anbau auf großen Flächen und intensive Düngung ermöglicht. Die großen Monokulturen ermöglichten den kostensparenden Einsatz landwirtschaftlicher Maschinen. Auf Feldern auf denen nur eine einzige Kulturpflanze wächst, können sich aber auch Schädlinge schnell ausbreiten. Eine intensive Schädlingsbekämpfung mit Pflanzenschutzmitteln wurde erforderlich. Die Zusammenführung kleiner Nutzflächen zu großen (**Abb. 80.1**) führte zu einer Zerstörung von Biotopen und damit zu einer Gefährdung wildlebender Arten: Durch diese Flurbereinigung verschwanden Hecken und Raine der Feldflur und damit z. B. Brutmöglichkeiten für das Rebhuhn. Auch wurden Trockenmauern beseitigt, in denen z. B. Eidechsen vorkommen, Feldgehölze gerodet sowie Weg- und Waldränder verkleinert. So gingen nicht genutzte Übergangszonen zwischen Nutzflächen verloren, die vielen Wildtieren (**Abb. 81.1**) als Lebensraum dienen. Um Moore, Feuchtwiesen und Nasswälder zu nutzen, wurden diese entwässert. Damit wurde u. a. Fröschen die Lebensgrundlage entzogen.

Infolge des Eintrags stickstoffhaltiger Ionen wie z. B. Nitrationen durch Düngung und vor allem von Molekülen wie NO_2 durch Luftverschmutzung *(s. S. 82)* werden insbesondere jene Blütenpflanzen gefährdet, die nur bei geringem Gehalt des Bodens an Stickstoffverbindungen konkurrenzfähig sind. Nicht zuletzt wegen des andauernden Eintrags aus der Luft hat der Schutz artenreicher Flächen wie z. B. Magerrasen nur geringen Erfolg.

Die chemische Bekämpfung z. B. von Insekten oder Unkräutern erfolgt nicht artspezifisch. Sie beeinträchtigt auch unschädliche und nützliche Insekten und Wildpflanzen bei. Durch die Intensivierung der Landwirtschaft wird also die Artenvielfalt verringert (**Abb. 81.1**).

Abb. 80.1: Landschaft im Wandel. Landschaft als Mosaik aus Monokulturen und naturnahen Biotopen mit artenreichen Lebensgemeinschaften (links), ausgeräumte Landschaft zur Verbesserung der maschinellen Bearbeitung (rechts)

In Deutschland ist derzeit eine Umkehrung der Entwicklung hin zur Erhaltung bzw. Erhöhung der Biodiversität nicht erkennbar. Gegenwärtig sind 36 % aller Wirbeltier- und 30 % aller Blütenpflanzenarten gefährdet. Zur Erhaltung der Artenvielfalt von Wildtieren muss vor allem die Vielfalt der Lebensräume erhöht werden. Auch müssen beim Einsatz von Pflanzenschutz- und Düngemitteln negative Folgen für die Biodiversität vermieden werden.

Eine Gefährdung wildlebender Arten geht zwar vor allem von der Landwirtschaft aus, allerdings nicht allein von ihr. Dies ergab eine Studie im Jahr 2005, die sich mit der Bedrohung der 601 einheimischen Tierarten befasste, die auf der Roten Liste gefährdeter Arten aufgeführt sind. Aus **Abb. 81.2** geht hervor, wie viele Arten jeweils durch einen bestimmten Einflussfaktor wie z. B. Landwirtschaft, Forstwirtschaft, Wasserwirtschaft, Raumplanung, Fischerei oder Küstenschutz gefährdet sind.

Nutzpflanzen. Schon seit vorgeschichtlicher Zeit hat der Mensch Pflanzen in Kultur genommen. In höchstens 10 000 Jahren ist dabei durch künstliche Zuchtwahl aus verhältnismäßig wenigen Wildformen die Fülle der heutigen Kulturpflanzen entstanden. Viele von diesen werden heute durch besonders ertragreiche und gegen Schädlinge und Krankheiten resistente Hochzuchtformen verdrängt. Damit verringert sich die genetische Vielfalt und damit die Variabilität der Arten.

Raubbau an Wäldern. Von Natur aus wäre mehr als die Hälfte der Landoberfläche der Erde von Wäldern bedeckt. Infolge der menschlichen Eingriffe ist es heute nur noch knapp ein Drittel. Von dieser Waldfläche sind 15 % künstlich angelegt. Bei der übrigen Fläche handelt es sich um Naturwald, der aber größtenteils durch Entnahme von Bäumen genutzt wird. Große Naturwaldgebiete sind vor allem die tropischen und subtropischen Wälder sowie die Nadelwälder der nordischen Gebiete. Derzeit erfolgt weltweit eine starke Abnahme der Waldflächen infolge von Abholzung tropischer und nordischer Wälder; vielerorts werden die Naturwälder in Wirtschaftswälder umgewandelt.

In den Tropen wird die Landwirtschaft vielfach im Wanderfeldbau mit Brandrodung betrieben. Ursache der Rodung ist vor allem ein größerer Bedarf an landwirtschaftlicher Nutzfläche aufgrund der Bevölkerungsexplosion; außerdem die Nachfrage nach wertvollen Hölzern in den Industriestaaten. Jährlich werden etwa 0,8 % bis 2 % des tropischen Regenwaldes gerodet; in jeder Minute sind dies mehr als 10 ha. Hält diese Entwicklung an, so werden die Tropenwälder bis zum Jahr 2030 bis auf kleine Reste verschwunden sein. Sie bedecken heute noch knapp 7 % der Erdoberfläche, darin lebt aber fast die Hälfte aller Pflanzen- und Tierarten. Die tropischen Regenwälder sind gemeinsam mit den Korallenriffen die artenreichsten Ökosysteme der Erde.

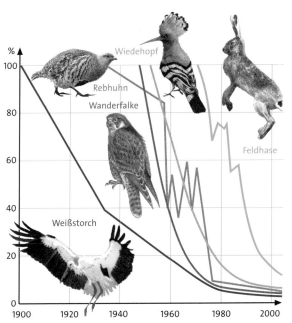

Abb. 81.1: Rückgang der prozentualen Häufigkeit von Tieren der heimischen Kulturlandschaft. Die Häufigkeit im Jahre 1900 ist willkürlich gleich 100 % gesetzt.

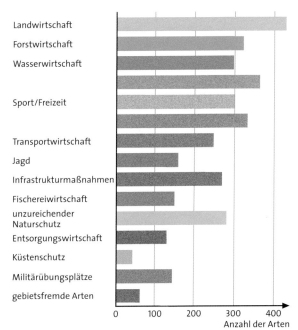

Abb. 81.2: Anzahl von Arten der Roten Liste gefährdeter einheimischer Tierarten, die von verschiedenen Einflussfaktoren bedroht werden.

2.1.2 Schadstoffeintrag und Bioindikatoren

Schadstoffe in Gewässern. Stehende Gewässer halten bei Belastung einen stabilen Zustand längere Zeit durch Regelung aufrecht (**Abb. 82.2**). Die Lebensgemeinschaft ändert sich dabei nicht grundlegend. So werden organische Schadstoffe durch Destruenten (Bakterien, Protozoen, Würmer, einige Insektenlarven) abgebaut. Dazu benötigen diese viel Sauerstoff. Wenn allerdings der Regen z. B. in einen Teich dauerhaft Mineraldünger oder Gülle von den umliegenden Feldern einspült, bleibt der Gehalt an Mineralsalzen erhöht. Die Produzenten, Algen und andere Wasserpflanzen, vermehren sich stark. Die Konsumenten haben mehr Nahrung und vermehren sich ebenfalls. In der Nacht konkurrieren die aeroben Organismen einschließlich der Produzenten jedoch um Sauerstoff, viele sterben ab. Die Destruenten mineralisieren die absterbenden Organismen. Weil dafür zu wenig Sauerstoff vorhanden ist, lagern sich unvollständig abgebaute Reste von Organismen am Grund des Geässers als Faulschlamm ab. Der Teich kippt um. Auch sein neuer Zustand bleibt stabil. Das vermindert die Artenvielfalt: Starke Verunreinigungen in Seen und Flüssen dezimieren die Wirbellosen und damit die Fischpopulationen.

Luftschadstoffe und Waldschäden. Wichtige Quellen von Luftschadstoffen sind Industrieanlagen, Kraftwerke, Autoverkehr und Hausbrand. Die Abgabe von Stoffen in die Luft heißt Emission. Zu den Luftschadstoffen gehören z. B. die **Stickstoffoxide** (allg. Summenformel NO_x). Sie entstehen bei allen Verbrennungsvorgängen, hauptsächlich in Kraftfahrzeugen und Öfen. Stickstoffmonooxid (NO) oxidiert an der Luft zu Stickstoffdioxid (NO_2).

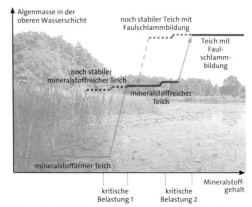

Abb. 82.2: Stabilität bzw. Veränderung eines Teiches, der durch Schadstoff belastet wird. Gestrichelten Linien: Zustand bei Schadstoffabnahme; gelbe Pfeile: instabiler Zustand.

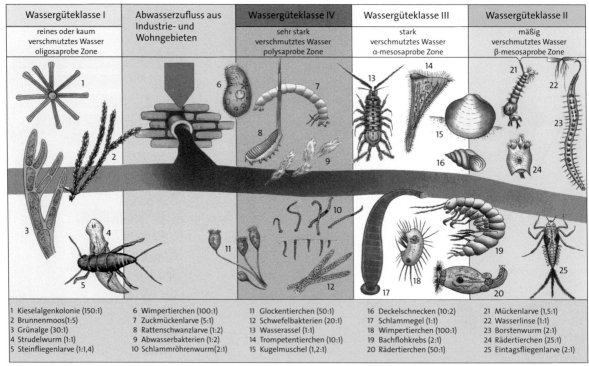

Wassergüteklasse I	Abwasserzufluss aus Industrie- und Wohngebieten	Wassergüteklasse IV	Wassergüteklasse III	Wassergüteklasse II
reines oder kaum verschmutztes Wasser oligosaprobe Zone		sehr stark verschmutztes Wasser polysaprobe Zone	stark verschmutztes Wasser α-mesosaprobe Zone	mäßig verschmutztes Wasser β-mesosaprobe Zone

1 Kieselalgenkolonie (150:1)	6 Wimpertierchen (100:1)	11 Glockentierchen (50:1)	16 Deckelschnecken (10:2)	21 Mückenlarve (1,5:1)
2 Brunnenmoos(1:5)	7 Zuckmückenlarve (5:1)	12 Schwefelbakterien (20:1)	17 Schlammegel (1:1)	22 Wasserlinse (1:1)
3 Grünalge (30:1)	8 Rattenschwanzlarve (1:2)	13 Wasserassel (1:1)	18 Wimpertierchen (100:1)	23 Borstenwurm (2:1)
4 Strudelwurm (1:1)	9 Abwasserbakterien (1:2)	14 Trompetentierchen (10:1)	19 Bachflohkrebs (2:1)	24 Rädertierchen (25:1)
5 Steinfliegenlarve (1:1,4)	10 Schlammröhrenwurm(2:1)	15 Kugelmuschel (1,2:1)	20 Rädertierchen (50:1)	25 Eintagsfliegenlarve (2:1)

Abb. 82.1: Nachweis der Effekte der Abwassereinleitung in ein Fließgewässer durch Bioindikatoren. Verschieden stark verschmutzte Zonen enthalten kennzeichnende Organismenarten (Saprobien): oligosaprob – wenig Saprobien, mesosaprob – mäßig viele Saprobien, polysaprob – viele Saprobien. In Klammer ist die Vergrößerung der Organismen angegeben.

Diese reagiert mit Wasserdampf zu Salpetersäure. Unter Einwirkung des kurzwelligen Sonnenlichts entsteht bei Gegenwart von NO- bzw. NO_2-Molekülen im Stickstoff-oxid-Ozonzyklus das besonders aggressive Ozon (O_3), ein sehr giftiger Pflanzenschadstoff (**Abb. 83.1**).

Seit Anfang der siebziger Jahre des 20. Jahrhunderts ist in Mitteleuropa eine zunehmende großflächige Schä-digung der Wälder zu erkennen. **Waldschäden** treten vor allem dort auf, wo Bäume natürlicherweise ungünstigen Bedingungen ausgesetzt sind. Dazu gehören steile Hangla-gen, wie z. B. in den Alpen und Mittelgebirgen, saure oder mineralstoffarme Böden und trockene Standorte. Pflan-zen werden dort bei zusätzlicher Belastung durch Schad-stoffimmissionen häufig irreversibel geschädigt (**Abb. 83.2**), z. B. durch Pilz- oder Virusbefall. Drei Ursachenkomplexe der Waldschäden sind bekannt:

1. Die Pflanzen nehmen als zusätzlichen Stickstoff in Form von Stickstoffoxiden über die Blätter auf. Weil da-durch das Wurzelwachstum gehemmt wird, ist die Auf-nahmefähigkeit für andere Stoffe vermindert. Längere Trockenheit führt dann schneller zu Dürreschäden. Bei Stickstoff-Überschuss sinkt auch die Widerstandsfähig-keit gegen Frost und Parasiten, so treten Sekundärschäden leichter auf.

2. Allein durch den Kohlenstoffdioxid-Gehalt der Luft hat Regenwasser einen pH-Wert um 5. Sind in der Atmo-sphäre Schwefeldioxid und Stickstoffoxide zugegen, die mit Wasser unter Bildung von Säure (H_3O^+-Ionen) rea-gieren, so sinkt der pH-Wert weiter ab. Al^{3+}- und Schwer-metall-Ionen können daraufhin aus Bodenmineralien verstärkt freigesetzt werden. Sie wirken im pflanzlichen Organismus giftig.

3. Ozon führt im Licht zur Bildung von Peroxiace-tylnitrat (PAN, **Abb. 83.1**), das ebenso wie Ozon stark oxi-dierend wirkt und Zellen und die Cuticula schädigt. Dies wiederum erhöht die Wasserdampfdurchlässigkeit; auch auf diesem Weg schädigt Trockenheit die Bäume.

Bioindikatoren. Organismen, die besondere Eigen-schaften der Umwelt anzeigen, z. B. den Grad ihrer Be-lastung, bezeichnet man als Bioindikatoren. So erkennt man in einem Bach den Grad der Verschmutzung am Vorkommen von Saprobien, d. h. an Organismen, die von faulenden Stoffen leben (**Abb. 82.1**). Im Labor kön-nen Monitororganismen, z. B. Fische oder Muscheln zur Überwachung der Wasserqualität von Fließgewässern ge-nutzt werden: Die Dreikantmuschel *Dreissena polymor-pha* saugt zur Atmung und Nahrungsaufnahme Wasser an, wobei die Schalen geöffnet sind. Bei Anwesenheit von Schadstoffen werden die Schalen geschlossen. Das Schließen registrieren Magnetschalter. Reagiert mehr als

die Hälfte der Muscheln, wird Alarm ausgelöst. Auch Zei-gerpflanzen weisen auf bestimmte Standorteigenschaften hin. So wachsen Stinkender Storchschnabel, Brennnessel und Giersch, die hohe Stickstoffgehalte bevorzugen, auf überdüngten Böden. Von diesen werden z. B. in den Wäl-dern des Jura die Türkenbundlilie, die Küchenschelle und die Akeleiblättrige Wiesenraute verdrängt. Heidekraut und Besenginster weisen auf saure Böden hin (**Abb. 83.2**).

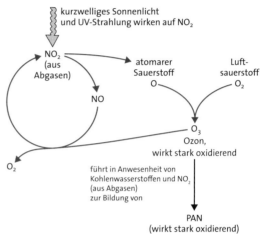

Abb. 83.1: Stickoxid-Ozon-Zyklus. Fotochemische Spaltung von NO_2 löst die Reaktionen aus. PAN: Peroxyacetylnitrat

Abb. 83.2 Pflanzen als Bioindikatoren. **a)** Stinkender Storchschnabel; **b)** Giersch; **c)** Heidekraut

Abb. 83.3 Waldschäden. Bei Fichten sind die Äste häufig nur noch an der Spitze benadelt.

2.1.3 Weltweiter Tier- und Pflanzentransfer

Der Mensch hat absichtlich oder versehentlich Tausende Arten in Gebiete verschleppt, in denen sie von Natur aus nicht vorkommen. In vielen Fällen verlief das problemlos. Dies gilt z. B. für Amerikanische Roteiche, Douglasie und Damwild, die in Europa angesiedelt wurden. Einige der Neubürger vermehren sich jedoch sehr stark und verdrängen heimische Arten. So haben sich Kanadische Goldrute und Drüsiges Springkraut, die als Zierpflanze in Europa eingeführt wurden, an Weg- und Waldrändern sowie an Bahndämmen ausgebreitet (**Abb. 84.2 a, b**). Deckt sich die ökologische Nische der neuen Art mit der einer heimischen, so konkurrieren die Arten. Ist die neue Art überlegen, wird die heimische sogar aussterben. Diese Gefahr ist groß auf abgeschiedenen Inseln, auf denen Pflanzen und Tiere sich nie gegenüber anderen Arten behaupten mussten.

Auch die Einführung eines zusätzlichen Räubers kann das Artenspektrum eines Gebietes stark verändern. Ein Beispiel dafür ist das Aussetzen des Mungos auf Jamaika, eines in Ostindien heimischen Raubtieres von Mardergröße (**Abb. 84.1**). Er sollte die von Schiffen eingeschleppten Ratten vertilgen, die an Zuckerrohrpflanzungen großen Schaden anrichteten. Die 1872 eingeführten Tiere vermehrten sich stark und verminderten die Zahl der Ratten. Daraufhin fraß der Mungo auch andere Tiere, z. B. Vögel, Eidechsen, Schlangen und Lurche. Als Folge davon nahmen die Bestände an Schadinsekten verheerend zu. Schon 1890 war deren Schadwirkung viel größer als der Nutzen des Mungos. Dieser wurde daraufhin bejagt.

Durch den weltweiten Gütertransport wurden in der jüngsten Vergangenheit auch Schadinsekten nach Deutschland gebracht, z. B. der bis zu 4 cm lange Asiatische Laubholzbockkäfer (**Abb. 84.2 c**). Er wurde aus China mit Verpackungsholz von Natursteinen eingeschleppt, in

dem sich Jugendstadien befanden. Die besonders großen Larven entwickeln sich innerhalb von Bäumen, in denen sie bis zu 30 cm lange und 1–3 cm breite Gänge fressen. Der Käfer befällt nahezu alle Laubbaumarten, die daraufhin absterben. Er gehört zu den gefährlichsten Forstschädlingen. Auch der Westliche Maiswurzelbohrer, ein etwa 5 mm langer Blattkäfer, wurde eingeschleppt. Er ist in Mittelamerika heimisch. Die Larven befallen die Wurzeln von Maispflanzen, die bei starkem Befall absterben oder umkippen. Die adulten Käfer ernähren sich ebenfalls von der Maispflanze, z. B. von jungen Maiskörnern. In Deutschland hat der Maiswurzelbohrer keine natürlichen Feinde und ist daher besonders gefährlich.

Pflanzenarten, die seit der Entdeckung Amerikas zur heimischen Flora hinzukamen, werden als **Neophyten** bezeichnet Neubürger unter den Tieren als **Neozoen.**

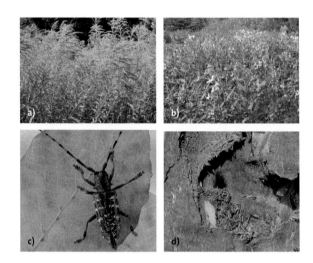

Abb. 84.2: Neophyten. **a)** Goldrute; **b)** Drüsiges Springkraut. Asiatischer Laubholzbockkäfer, ein Neozon. **c)** Imago; **d)** massive Holzschäden an einem Ahorn

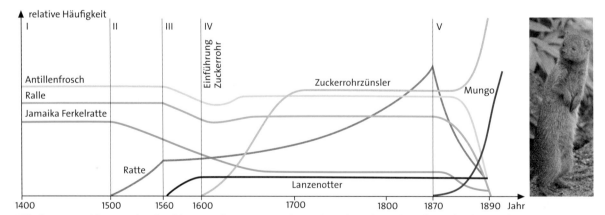

Abb. 84.1: Auswirkungen der Einschleppung des Mungos auf Jamaika; Jahresabstände nicht maßstabsgerecht

2.1.4 Ökonomische und ökologische Bedeutung der Biodiversität

Ökonomische Bedeutung. Aus Nutzpflanzen gewinnt der Mensch Nahrungsbestandteile wie Mehl, Gemüse, Obst, Gewürze, Medikamente und Kosmetika. Weiterhin liefern ihm Nutzpflanzen Grundstoffe zur Herstellung von Kleidungsstücken, Möbeln, Papier und anderen Produkten. Außerdem nutzt der Mensch Pflanzen als Energieträger etwa zur Herstellung von Biokraftstoff und als Viehfutter. Auch Nutztiere dienen dem Menschen als Nahrung; sie liefern ihm unter anderem Fleisch und Produkte wie Milch, Eier oder Honig. Zur Herstellung von Kleidung verwendet er z. B. Schafwolle, Felle und Seide. Einzeller wie Hefen dienen der Herstellung von Alkoholika und Backwaren, Bakterien z. B. zur Herstellung von Antibiotika. Demnach hängt die Existenz des Menschen von einer großen Zahl von Organismenarten ab. Diesen kommt dadurch auch eine immense wirtschaftliche Bedeutung zu. In der amerikanischen Datenbank NAPRALERT werden Naturstoffe aus 113 000 Organismen dokumentiert, die potentiell genutzt werden können.

Diese gewaltige Vielfalt an Nutzungsmöglichkeiten von Organismen ist ein Spiegel der immensen Artenvielfalt bezogen auf die ganze Erde. Problematisch ist in diesem Zusammenhang allerdings der Rückgang an genetischer Vielfalt. Heute bilden weltweit Hochertragsformen von Getreidearten wie Saatweizen, Mais und Reis die Grundlage der landwirtschaftlichen Produktion. Alte Kulturformen wurden verdrängt. Diese zeigen jedoch ein breites Spektrum an erblichen Eigenschaften, die sie im Laufe der Evolution durch die Anpassung an ungünstige Umweltbedingungen, Schädlinge oder Krankheitserreger erworben haben. Wie wichtig dieses Genreservoir für die Züchtung sein kann, zeigt die Entwicklung des Panzerweizens, der hohe Ertragsfähigkeit mit Winterhärte verbindet. Er entstand durch Kreuzung einer wenig ertragreichen aber frostresistenten schwedischen Weizensorte mit dem reich tragenden aber kälteempfindlichen englischen Dickkopfweizen. Der Anbau anderer Kulturpflanzen wurde aufgrund der Intensivierung der Landwirtschaft ganz aufgegeben. Das gilt z. B. für die auf der Schwäbischen Alb heimische Alblinse. Als diese im Zuge der späteren Extensivierung wieder angebaut werden sollte, waren keine Samen mehr zu finden. Schließlich konnte dieser von der Samenbank in St. Petersburg bezogen werden (**Abb. 85.1**). Daran ist die allgemeine wirtschaftliche Bedeutung der Konservierung von Samen verschiedenster Nutzpflanzen zu erkennen. Mit dieser Maßnahme kann man dem Verlust der Artenvielfalt entgegenwirken.

Vergleichbares gilt auch für bedrohte Wildpflanzen. Diese können ökonomische Bedeutung erlangen. Ein Beispiel ist das Madagaskar-Immergrün, das heute auch als Gartenpflanze gehalten wird (**Abb. 85.2**). Aus diesem werden zwei Medikamente gewonnen, deren Einsatz die Überlebenschancen an Leukämie erkrankten Kinder von 20 % im Jahre 1950 auf mittlerweile 95 % erhöhten.

Ökologische Bedeutung. Die genetische Vielfalt innerhalb einer Population ist eine unverzichtbare Bedingung für die Anpassung an veränderte Umweltbedingungen (s. S. 28), z. B. eine Änderung des Klimas. Diese Form der Biodiversität dient also der Stabilisierung von Populationen. Ob allerdings eine höhere Artenvielfalt, also eine höhere Anzahl Arten pro Fläche, ein Ökosystem besser stabilisiert als eine geringere, ist umstritten. Dagegen wird angeführt, dass die Funktion der Arten im Ökosystem für dessen Stabilität bedeutsamer ist als die reine Anzahl der Arten. So kann die Herabsetzung der Konkurrenz durch eine einzige Art für die Stabilität von herausragender Bedeutung sein (s. S. 74). Auch wenn eine bestimmte Art ein Ökosystem neu gestaltet, ist sie für dessen Stabilität entscheidend. Das gilt z. B. für den Biber, der Fließgewässer aufstaut, so dass sich ein Teich oder Sumpf mit charakteristischem Artenspektrum bildet.

Abb. 85.1: Blick in die Kühlkammer einer Samenbank

Abb. 85.2: Madagaskar-Immergrün

2.2 Klimaveränderung und Biodiversität

Unter Klima versteht man den durchschnittlichen Verlauf des Wettergeschehens über einen langen Zeitraum, etwa über Jahre, Jahrzehnte, Jahrhunderte oder Jahrmillionen hin. Es setzt sich zusammen aus einer Vielzahl von Umweltfaktoren wie Temperatur, Licht, Feuchtigkeit und Windverhältnisse, die alle in Wechselwirkung stehen.

Veränderung der Wälder. Diese das Klima bestimmenden Größen, beeinflussen als abiotische Umweltfaktoren die in einem Gebiet vorkommenden Lebewesen. Für jede Art gibt es bezüglich eines jeden Umweltfaktors einen begrenzten Bereich, in dem sie gedeihen und sich fortpflanzen kann. In **Abb. 86.1** sind, bezogen auf die mittlere Jahrestemperatur und die Jahresniederschlagssumme, die Bereiche der Gedeihfähigkeit, die **Klimahüllen**, von Rotbuche und Fichte grün dargestellt. Die violette Linie beschreibt die gegenwärtigen Temperatur- und Niederschlagsverhältnisse in Deutschland, die rote Linie kennzeichnet die künftigen Bedingungen. Die Forstwirtschaft geht davon aus, dass der Anbau einer Baumart dort risikoarm ist, wo ein ähnliches Klima herrscht wie im natürlichen Verbreitungsgebiet. Daher wird sich die Anbaufläche der Fichte verkleinern, und auf den frei werdenden Flächen werden z. B. Rotbuchen angepflanzt. Auch die Bestände von Lärche und Kiefer werden in den Forsten abnehmen. Dagegen werden Stieleiche, Bergahorn und Esche weniger stark betroffen sein.

Der Klimawandel wird also Konsequenzen für die Forstwirtschaft haben. Dieser ist bereits im Gang: In Deutschland hat sich die mittlere Jahrestemperatur im 20. Jahrhundert um 0,9 °C erhöht. Die Niederschläge haben im gleichen Zeitraum um 10 % zugenommen. Dies geschah vor allem im Winter, die sommerlichen Niederschläge gingen tendenziell zurück. Nun können Winterniederschläge nur von tiefgründigen Lehmböden gespeichert werden, nicht jedoch von flachgründigen, sandigen Böden. Auf Sandböden leiden daher vor allem Bäume mit flachen Wurzeln wie die Fichte unter sommerlicher Trockenheit. Sie werden dann auch eine leichte Beute für Schädlinge wie den Borkenkäfer.

Einwanderung neuer Arten. Die Zunahme der mittleren Jahrestemperatur hat den Zuzug von an Wärme angepassten Arten aus südlichen Ländern nach Deutschland zur Folge. So dringen Insekten westlich der Alpen zum Rheintal und östlich der Alpen zum Donautal vor oder werden auch auf Verkehrsmitteln eingeschleppt. In **Abb. 86.2** sind einige neu eingewanderte Insektenarten dargestellt: Die **Delta-Lehmwespe** kommt aus dem Mittelmeergebiet. An sonnenexponierte Steine und Mauern baut sie ein Nest aus Lehm, in das sie zur Nahrung für ihre Larven Schmetterlingsraupen einträgt. Die **Feuerlibelle** lebte früher nur in Afrika und Südeuropa. Sie fängt kleine Insekten. Die nur 5 mm lange **Rosskastanien-Miniermotte** kommt aus Mazedonien. Ihre Larven fressen Gänge in Kastanienblätter. Diese färben sich daraufhin

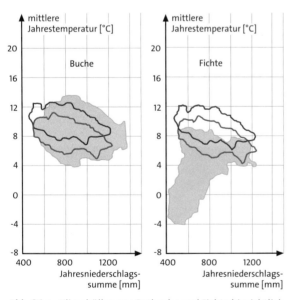

Abb. 86.1: Klimahüllen von Rotbuche und Fichte hinsichtlich Temperatur und Niederschlag (grün) sowie Bedingungen in Deutschland in Gegenwart (violett) und Zukunft (rot)

Abb. 86.2: Neue wärmeliebende Insektenarten in Süddeutschland. **a)** Delta-Lehmwespe; **b)** Feuerlibelle; **c)** Rosskastanien-Miniermotte; **d)** Japanischer Eichenseidenspinner

schon im Sommer braun. Der **Japanische Eichenseiden-spinner** (Flügelspannweite bis 15 cm), wurde aus Japan zur Seidenproduktion nach Südosteuropa gebracht und kam von dort nach Bayern. Die genannten Arten wurden erstmals zwischen 1995 bis 2001 in Bayern nachgewiesen.

Auswirkungen auf Vögel. Der Klimawandel beeinflusst die genetische Diversität bei Vögeln. Dies zeigen Änderungen beim Vogelzug. Viele Vogelarten wandern in jedem Jahr vom Brutgebiet weg in ein Winterquartier und wieder zurück. So gelangen Weißstörche bis nach Südafrika. Mönchsgrasmücken wandern vor allem in den Mittelmeerraum, neuerdings auch nach Südengland. Hausrotschwänze ziehen ebenfalls ins Mittelmeergebiet, Gartenrotschwänze bis südlich der Sahara. In den letzten Jahrzehnten ziehen viele Zugvögel später oder überhaupt nicht mehr weg, kommen früher zurück oder fliegen kürzere Strecken. Man erklärt diese Veränderungen als Anpassung an die Erhöhung der mittleren Jahrestemperatur.

Das Zeitprogramm für die Dauer des Fluges ins Winterquartier und die vorrangige Zugrichtung sind genetisch bestimmt. Dies lässt sich in sogenannten Registrierkäfigen nachweisen (**Abb. 87.1**): Während der Zugzeit werden Nachtzieher wie z. B. die Mönchsgrasmücke in den Nachtstunden aktiv. Sie hüpfen bevorzugt in die Richtung, in die sie in freier Natur fliegen würden. Im Käfig lassen sich die entsprechenden Richtungen registrieren. In **Abb. 87.2** ist die Richtungswahl von Mönchsgrasmücken dargestellt. Im Winterquartier Südengland gefangene Altvögel und deren Nachkommen hüpfen in Richtung Westen. Jungvögel aus einer Population, die aus Deutschland ins westliche Mittelmeergebiet zieht, wählen Richtung Südwest.

In den sechziger Jahren des 20. Jahrhunderts überwinterten mitteleuropäische Mönchsgrasmücken nicht mehr nur im Mittelmeerraum und im nördlichen Afrika, sondern wenige Exemplare auch in neuen Winterquartieren in Südengland. Mittlerweile ziehen jährlich Zehntausende der mitteleuropäischen Mönchsgrasmücken dorthin. Wegen des milden Klimas ist dort eine Überwinterung möglich geworden. Und weil dieses Gebiet gegenüber dem mediterranen Vorteile bietet, hat sich das neue Zugverhalten verstärkt: Die Vögel haben kleinere Strecken zurückzulegen und finden auf den Britischen Inseln ein größeres Nahrungsangebot vor als früher. Von dort kommen sie früher wieder im Brutgebiet an als die in den Süden ziehenden Vögel. Daher sind sie auch beim Auffinden eines günstigen Reviers im Vorteil und paaren sich vermutlich bevorzugt mit Vögeln, die ebenfalls aus England kommen. Somit trägt der Klimawandel auch zur Änderung der genetischen Vielfalt der Mönchsgrasmücke bei. Dies wurde auch bei anderen Arten beobachtet. Es ist anzunehmen, dass der Klimawandel weltweit derartige Änderungen der genetischen Diversität bei Vögeln bewirkt.

Altvögel von England   Jungvögel aus England

Jungvögel aus Deutschland

Abb. 87.1: Mönchsgrasmücke im Registrierkäfig zur Erfassung der Zugaktivität. Die beweglichen Sitzstangen sind auf Mikroschaltern gelagert.

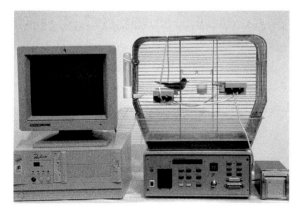

Abb. 87.2: Mönchsgrasmücke. Oben Weibchen und Männchen (von links); unten Richtungswal von Mönchsgrasmücken im Registrierkäfig während der Wegzugsperiode

2.3 Freizeitverhalten und Biodiversität

Skifahren, Mountainbike fahren, Drachenfliegen, Kanufahren, Bergwandern und Sportklettern gehören heute zu den Freizeitaktivitäten vieler Menschen in der freien Natur. Oft sind die Freude an der Bewegung in einer ungewöhnlichen Landschaft oder der Spaß an besonderen sportlichen Leistungen wichtige Antriebe dafür. Diese Aktivitäten können, wenn sie zum Massensport werden, negative Auswirkungen auf die Natur haben. Unter anderem können sie die Artenvielfalt beeinträchtigen. Wenn z. B. Bergwiesen planiert oder aufgefüllt werden, um Skipisten einzurichten, wird das Biotop einer Vielfalt von Alpenpflanzen zerstört. Oder wenn die Startplätze von Drachenfliegern auf Magerrasen angelegt werden, wird deren reichhaltige Vegetation vernichtet.

Die Auswirkungen ungeregelten Sportkletterns an Felsen etwa des Fränkischen Juras (Abb. 88.1), des Bayerischen Waldes oder der Alpen zeigt diese Problematik exemplarisch auf: Kletterer bevorzugen zwar Felsen ohne Vegetation. Dennoch werden aus Unachtsamkeit seltene Pflanzen zertreten, insbesondere auf den Felsköpfen, wo die Sportler Rast machen. Auf Fels leben Pflanzen, die an trockene Standorte angepasst sind. Dazu gehören neben vielen anderen das Immergrüne Felsenblümchen, der Traubensteinbrech und die Weiße Fetthenne (Abb. 88.2 a–c). Die Weiße Fetthenne dient den Raupen vieler Schmetterlinge zur Nahrung, z. B. den Raupen des sehr seltenen Apollofalters. Felsen dienen auch vielen anderen an diesen Lebensraum angepassten Tieren, z. B. Insekten, Schnecken und Wirbeltieren als Lebensraum (Abb. 88.2 d–f). Diese können durch Sportkletterer gestört oder getötet werden. So brüten der Wanderfalke und der Uhu auf Felsen. Werden die Elternvögel gestört, verlassen sie längere Zeit den Brutplatz. Die ungeschützten Jungen können dadurch Schaden nehmen, z. B. an kalten Tagen erfrieren. Zu den Reptilien, die am Fels vorkommen, zählt die Mauereidechse, deren Lebensraum gerade im Einstiegsbereich am Fuß von Kletterfelsen zerstört werden kann. Um den Interessen der Sportler ebenso gerecht zu werden wie dem Schutz der Natur sind Regelungen nötig.

Abb. 88.1: Klettern im Jura

Beispielsweise muss ein Fels, auf dem ein geschützter Vogel brütet, während der Brutzeit gesperrt werden. Freies Bergklettern sollte nur an vegetationsfreien Stellen erlaubt sein. Im Übrigen sollte nur auf bestehenden Routen geklettert werden dürfen.

Die genannten Sportarten sind Teil des Tourismus. Dieser hat große wirtschaftliche Bedeutung z. B. für Reiseunternehmen, Gaststätten und Hotels. Die Reisebranche ist mit rund 2,8 Millionen Arbeitsplätzen nach dem Handwerk der größte Arbeitgeber in Deutschland. Sie trägt mit zur Schädigung der Natur bei, etwa durch die erwähnte Beeinträchtigung der Biodiversität oder durch die Emissionen von Treibhausgasen der Verkehrsmittel. Auf diese Weise kann die Reisebranche ihre ökonomischen Grundlagen untergraben; denn eine intakte Umwelt am Urlaubsziel ist eine unverzichtbare Bedingung dafür, dass Touristen dieses aufsuchen.

a) Trauben-Steinbrech b) Immergrünes Felsenblümchen

c) Weiße Fetthenne d) Wanderfalke

e) Raupe des Apollofalters f) Apollofalter

g) Mauereidechse

Abb. 88.2: Beispiele für Pflanzen und Tiere, die auf Felsen vorkommen

2.4 Umweltmanagement

2.4.1 Natur- und Artenschutz

Artenschutz. Der Naturschutzgedanke galt anfänglich vor allem der Erhaltung auffälliger wild lebender Pflanzen und Tiere, wie z. B. Edelweiß, Orchideen und Storch. Heimatliche Naturlandschaften wurden unter Schutz gestellt, um typische Lebensräume wie Hochmoor, Watt oder Gebirge und die in ihnen vorkommenden Arten, wie z. B. Auerhahn, Grünschenkel oder Steinbock, zu bewahren. Die relativ kleinen geschützten Areale milderten in der Folgezeit den Rückgang vieler bedrohter Tiere und Pflanzen. Heute umfasst der Artenschutz gezielte Schutzmaßnahmen, wie die Aufzucht und Auswilderung von Organismenarten in früheren Verbreitungsgebieten, z. B. die des Uhus (**Abb. 89.1**). Durch den enormen Aufwand sind diesen Maßnahmen allerdings Grenzen gesetzt.

Biotopschutz. Erkenntnisse der wissenschaftlichen Ökologie bewirkten schließlich, dass ganze Biotope geschützt wurden. Es hatte sich gezeigt, dass Artenschutz ohne Biotopschutz unmöglich ist. Veränderung oder Zerstörung von Lebensräumen sind die wichtigste Ursache für den Artenrückgang. Dazu trägt vor allem die intensive Flächennutzung in der Landwirtschaft und in anderen Wirtschaftsbereichen bei (**Abb. 79.2**).

Biotopvernetzung. Die Zerschneidung von Biotopen durch Verkehrswege (**Abb. 81.3**) trägt ebenfalls zum Verlust des Artenreichtums bei; denn in kleineren isolierten Gebieten ist die Artenvielfalt in der Regel niedriger als in großen geschlossenen. Auch ist die Gefahr des zufälligen Aussterbens einer Population in einem kleinen Gebiet sehr viel größer. Dies gilt auch für kleine Naturschutzgebiete. Daher wurde die Biotopvernetzung nach dem Arten- und dem Biotopschutz zu einer weiteren wichtigen Aufgabe des Naturschutzes (*s. FFH-Richtlinie S. 92*).

In Mitteleuropa ist es nirgends möglich, Gebiete von erforderlicher Größe unter Naturschutz zu stellen. Daher müssen schutzwürdige Biotope ähnlicher Beschaffenheit so verbunden werden, dass eine Wanderung von Tieren bzw. eine Bestäubung von Pflanzen über Biotopgrenzen hinweg möglich ist (**Abb. 89.2**). Die Biotopvernetzung erfolgt durch wenig genutzte Randbereiche von Äckern und Wiesen und neu angelegte Hecken, Alleen und Baumreihen. Auch durch neue Vogelschutzgehölze, Feuchtbiotope und Bachauenbepflanzungen versucht man, die Abstände zwischen naturnahen Biotopen zu verkleinern.

Die Biotopvernetzung ist zum Teil nur mit erheblichem Pflegeaufwand zu erhalten. Deshalb ist abzuwägen, was Vorrang haben soll: ein völliger Schutz vernetzter kleiner Flächen (Naturschutzgebiete) oder ein teilweiser Schutz großer Flächen (Nationalparke, *s. S. 91*). Kleine geschützte Gebiete mit einer partiellen Vernetzung sind vorteilhaft, weil sich Krankheitserreger von Pflanzen und Tieren weniger schnell ausbreiten können. Relativ große Randbereiche im Vergleich zur Fläche sind nachteilig: Beispielsweise herrscht am Waldrand größere Trockenheit als im Inneren des Waldes. Auch sind am Rand die Winde stärker und die Temperaturen höher. ■

a) Biber

b) Uhu

c) Luchs

d) Bartgeier

Abb. 89.1: Erfolgreich ausgewilderte Tierarten

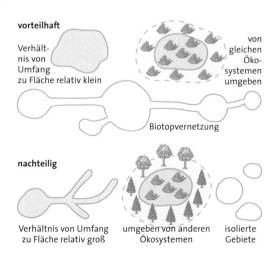

Abb. 89.2: Bedeutung von Gestalt und Umgebung eines Gebietes für die Schutzwirkung

2.4.2 Wiedereinbürgerung des Luchses in Bayern

Der Luchs (Art: eurasische Luchs) gehört, wie auch die Hauskatze, zu den Kleinkatzen, wird aber etwa so groß wie ein Schäferhund. Zu den kennzeichnenden äußeren Merkmalen gehören ein geflecktes Fell, ein kurzer Schwanz und Haarpinsel an den Ohrspitzen. Der Luchs ist standorttreu. Die Reviere der Weibchen sind etwa 200 km² groß, die der Männchen bis zu 400 km². Sein Lebensraum umfasst größere Waldgebiete wie den Bayerischen Wald oder den Harz. Natürlicherweise kommt der Luchs heute unter anderem in Skandinavien und den Karpaten vor. Zur Nahrung dienen ihm Säugetiere bis zur Größe des Rehs, aber auch Vögel, Reptilien und Amphibien. Nach Katzenart lauert er seiner Beute auf, schleicht sich an und überwältigt sie im Sprung. Der Luchs lebt als Einzelgänger, er ist vor allem in der Dämmerung und nachts aktiv.

In Bayern galt der Luchs seit Mitte des 18. Jahrhunderts als ausgerottet. Er wurde bejagt, weil er mit den Jägern um Wild konkurrierte und Nutztiere wie Schafe und Ziegen riss. Im Bayerischen Wald wurde der letzte Luchs im Jahr 1846 geschossen. In den fünfziger und sechziger Jahren des vorigen Jahrhunderts wurden dort wieder einzelne Luchse beobachtet, die möglicherweise aus den Karpaten eingewandert waren. Seit in den siebziger Jahren im Bayerischen Wald und in den achtziger Jahren im angrenzenden Böhmerwald eurasische Luchse freigelassen wurden, ist diese Art dort wieder heimisch.

Die Wiederansiedlung der Tiere ruft einen Widerstreit von Interessen hervor: Jäger sorgen sich vor allem um den Bestand des Reh- und Rotwildes. Förster erwarten von der Verbreitung des Luchses eine Verminderung des Wildverbisses an Jungbäumen. Landwirte beunruhigt der Verlust von Nutztieren. Naturschützer wollen den Luchs als Teil unserer ausgedehnten Waldökosysteme erhalten. Der Ausgleich der verschiedenen Interessen gehört zu einem Konzept der Wiederansiedlung. Eine Voraussetzung dafür ist die Untersuchung über die Wirkung des Luchses im Ökosystem.

So werden im Nationalpark Bayerischer Wald z. B. die Wechselbeziehungen zwischen dem Luchs und seinen Beutetieren untersucht (siehe www.luchsprojekt.de): Gibt es in Luchsrevieren wirklich weniger Rehe? Wenn ja, werden diese vom Luchs dezimiert oder wandern sie ab? Auch wird der Luchsbestand laufend erfasst. Mit Hilfe von Halsbandsendern werden die Aufenthaltsorte der Luchse telemetrisch ermittelt. Die Richtung, aus der die Signale eines Senders kommen, wird in eine topographische Karte übertragen. Misst man von verschiedenen Standpunkten aus (Kreuzpeilung; **Abb. 90.1**), so zeigt die Überschneidung der Richtungslinien den Aufenthaltsort an. Hat der Luchs diesen wieder verlassen, wird dort z. B. nach Beuteresten und anderen Spuren gesucht.

Auf der Grundlage der Forschungsergebnisse wird ein Managementplan erarbeitet, der dem Schutz des Luchses ebenso dient wie dem Ausgleich der verschiedenen Interessen. Beispielsweise erhalten Landwirte eine Geldprämie, wenn ein Luchs ein Nutztier gerissen hat.

Außerhalb des bayerisch-tschechischen Grenzgebietes wurde der Luchs im Harz, in Österreich, Slowenien, Kroatien, der Schweiz und Frankreich angesiedelt. Die Vernetzung der Lebensräume der isolierten Populationen wäre im Sinne des Artenschutzes, jedoch nur unter erheblichem Kostenaufwand zu realisieren. ∎

Abb. 90.1: Ortung eines Luchses. **a)** Luchs mit Sendehalsband; **b)** Kreuzpeilung

Abb. 90.2: Naturschutzgebiet Eggstätt-Hemhofer-Seenplatte

DER MENSCH ALS UMWELTFAKTOR

2.4.3 Naturschutzregelungen in Deutschland

Die Naturschutzbestimmungen sind im Bundesnaturschutzgesetz enthalten. Dieses sieht einen Gebietsschutz für Naturschutzgebiete, Nationalparks, Landschaftsschutzgebiete, Naturparks und Biosphärenreservate vor. Ein Objektschutz gilt unter anderem für Naturdenkmäler, wie z. B. Felsen, Quellen oder seltene Bäume.

Naturschutzgebiete sind naturnahe Gebiete, in denen »ein besonderer Schutz von Natur und Landschaft in ihrer Ganzheit oder in einzelnen Teilen zur Erhaltung von Lebensgemeinschaften oder Biotopen bestimmter wild lebender Tier- und Pflanzenarten aus wissenschaftlichen, naturgeschichtlichen oder landeskundlichen Gründen oder wegen ihrer Seltenheit, besonderen Eigenart oder hervorragenden Schönheit erforderlich ist« (§ 13, 1). Nutzung und Betreten dieser Gebiete sind eingeschränkt.

Das in **Abb. 90.2** dargestellte Naturschutzgebiet im Voralpenland zeichnet sich durch großflächige Hochmoore und Streuwiesen aus. Auf solchen Feuchtwiesen wurde Einstreu für Viehställe gewonnen. Sie wurden nicht gedüngt und nur im Herbst gemäht. Unter diesen Bedingungen hielt sich dort eine reichhaltige Flora und Fauna. Seit der Umstellung von Hartmist auf Gülle war Streu verzichtbar, und so wurden viele Streuwiesen trockengelegt. Die Wiederherstellung des früheren Zustandes z. B.

durch Rückvernässung, sowie die Vernetzung und Pflege der Schutzgebiete ist äußerst kostenintensiv.

Nationalparke sind Gebiete, die »großräumig und von besonderer Eigenart sind, im überwiegenden Teil ihres Gebietes die Voraussetzungen eines Naturschutzgebietes erfüllen, sich in einem vom Menschen nicht oder wenig beeinflussten Zustand befinden und vornehmlich der Erhaltung eines möglichen artenreichen heimischen Pflanzen- und Tierbestandes dienen« (§ 14, 1). Sie sollten so groß sein, dass sich ihr Komplex an Ökosystemen selbst erhält und besondere Biotopvernetzungen nicht erforderlich sind (**Abb. 91.2**; s. S. 89, 90).

Die **Landschaftsschutzgebiete** sind landschaftlich reizvolle und wegen ihres wenig gestörten Charakters erhaltenswerte Gebiete (**Abb. 91.1 a**), in denen »ein besonderer Schutz von Natur und Landschaft zur Erhaltung und Wiederherstellung der Leistungsfähigkeit der Naturgüter wegen der Vielfalt, Eigenart und Schönheit des Landschaftsbildes oder wegen ihrer besonderen Bedeutung für die Erholung erforderlich ist« (§ 15, 1). Landschaftsschutzgebiete sind weniger streng geschützt als Naturschutzgebiete. Alle Eingriffe in die Landschaft bedürfen jedoch einer amtlichen Genehmigungsprüfung.

Die Organisation für Erziehung, Wissenschaft und Kultur der Vereinten Nationen (UNESCO) weist weltweit Schutzgebiete aus, die als **Biosphärenreservate** bezeichnet werden. Das Bundesnaturschutzgesetz versteht unter einem Biosphärenreservat eine »durch hergebrachte vielfältige Nutzung geprägte Landschaft«, deren historisch gewachsene Arten- und Biotopvielfalt gefördert werden soll (§ 25). Solche Gebiete erfüllen in wesentlichen Teilen Voraussetzungen eines Naturschutzgebietes und sonst überwiegend eines Landschaftsschutzgebietes. ■

Abb. 91.1: Schutzgebiete. **a)** Landschaftschutzgebiet Hörnergruppe; **b)** Biosphärenreservat Rhön

Abb. 91.2: Nationalpark Bayerischer Wald

2.4.4 Internationale Abkommen

Agenda 21. Vor 300 Jahren verteuerte Holzmangel den Silberbergbau in Sachsen. Zur Sicherung der Stollen war Grubenholz erforderlich, und die Schmelzhütten benötigten Holzkohle. Wegen Jahrhunderte langer ungeregelter Abholzung waren die Wälder in der Umgebung der Bergwerke verschwunden. Damals entstand die Idee der **nachhaltigen Entwicklung.** Der Wald sollte schonend und vorausschauend bewirtschaftet werden, um auch den Holzbedarf kommender Generationen zu decken.

Diese Idee der Nachhaltigkeit verbreitete sich in der Folgezeit rasch in ganz Deutschland und über die Grenzen hinaus. Sie wurde schließlich zur Grundlage der Agenda 21, eines globalen Aktionsplanes für das 21. Jahrhundert auf den sich 1992 auf der Konferenz für Umwelt und Entwicklung in Rio de Janeiro 178 Staaten geeinigt haben. Danach ist das allgemeine Ziel der nachhaltigen Entwicklung der Erde, die wirtschaftliche Leistungsfähigkeit mit sozialer Sicherheit und der Erhaltung der natürlichen Lebensgrundlagen in Einklang zu bringen. Die Politik der Nachhaltigkeit soll dazu führen, dass die Lebenschancen und die Lebensqualität heute lebender Menschen und später geborener vergleichbar sind. Aus diesem Grund ist der Schutz der Umwelt Teil der gesellschaftlichen und wirtschaftlichen Entwicklung.

Die Deklaration »Rio de Janeiro« bezieht sich auf globale Umweltprobleme. Diese haben allerdings stets regionale Ursachen. So trägt zum Anstieg der Stickoxid-Konzentration der Atmosphäre z. B. der Autoverkehr in Europa maßgeblich bei. Gemäß der Rio-Deklaration sollen die Verursacher die Kosten der Umweltschäden tragen. Dabei sind auch Folgekosten zu berücksichtigen. Wenn z. B. ein Gebirgswald verschwindet, erleidet nicht nur die Forstwirtschaft, sondern auch die Holzverarbeitungsindustrie finanzielle Einbußen. Auch können Investitionen für den Schutz vor Hochwasser, Lawinen und Bodenerosion erforderlich werden.

Die 178 Staaten verpflichteten sich auf den Vorsorgegrundsatz, wonach alles vermieden werden soll, was zu einer Verschlechterung der Umweltbedingungen führt. Nach heutigem Kenntnisstand wird die Menschheit künftig nicht in der Lage sein, sich mit Hilfe der Technik an die globalen Umweltveränderungen anzupassen, ohne diesen Veränderungen zugleich entgegenzuwirken. Anpassung z. B. durch den Bau höherer Dämme bei weiterer Erwärmung des Meeres wird zwar unumgänglich sein; aber auch eine Verminderung der Umweltprobleme ist aus wissenschaftlicher Sicht unverzichtbar.

CITES. Im Jahr 1973 wurde *die Convention on International Trade in Endangered Species of Wild Fauna and Flora (CITES),* das Washingtoner Artenschutzübereinkommen, beschlossen. Es regelt den Handel mit Tieren und Pflanzen wildlebender Arten bzw. mit Produkten, die von diesen Arten gewonnen werden. Die Übereinkunft soll verhindern, dass der Handel das Überleben dieser Arten bedroht. Der Handel mit bestimmten, unmittelbar vom Aussterben bedrohten Arten und entsprechenden Produkten ist untersagt. Das gilt z. B für den Leoparden, den großen Panda, Elfenbein aus Elefantenzähnen oder den in den Alpen vorkommenden Apollofalter. Für weitere schutzbedürftige wildlebende Organismen sind Ein- und Ausfuhrgenehmigungen erforderlich. Dazu gehören die im Logo abgebildeten Goldfröschchen aus Madagaskar, der Grüne Leguan aus Südamerika und *Vanda denisoniana,* eine in China vorkommende gelbblühende Orchidee. Insgesamt bezieht sich CITES heute auf mehr als 50 000 Tier- und Pflanzenarten, die auf unterschiedliche Weise geschützt werden.

Flora-Fauna-Habitat-Richtlinie (FFH-Richtlinie). Diese Richtlinie ist zusammen mit der Vogelschutzrichtlinie die gemeinsame Rechtsgrundlage der EU-Staaten für den Naturschutz. Sie hat das Ziel, die Biodiversität zu fördern. Zu diesem Zweck werden besondere Schutzgebiete ausgewiesen, die »der Wiederherstellung oder Wahrung eines günstigen Erhaltungszustandes der natürlichem Lebensräume und der Arten von gemeinschaftlichem Interesse« dienen. So müssen z. B. für den Luchs besondere Schutzgebiete eingerichtet werden *(s. S. 90).* Alle Schutzgebiete sollen künftig ein »kohärentes europäisches ökologisches Netz« bilden, das als **Natura 2000** bezeichnet wird, gemeinsam mit den Schutzgebieten der Vogelschutzrichtlinie (s. Biotopvernetzung S. 89). Beispielsweise wurden die in **Abb. 91.1** dargestellten Schutzgebieten im Voralpenland vernetzt.

Weiterhin führt die FFH-Richtlinie Arten auf, die unabhängig von diesen Gebieten geschützt sind. Das gilt für 132 Arten, die in Deutschland vorkommen. Dazu gehören z. B. Fledermäuse, die sich in Dachräumen und Kirchtürmen aufhalten, deren Quartiere also gar nicht als Schutzgebiete ausgewiesen werden können. ■

DER MENSCH ALS UMWELTFAKTOR

Biodiversität

Biodiversität umfasst Artenvielfalt, genetische Vielfalt und Vielfalt an Lebensgemeinschaften bzw. Ökosystemen, betrifft also mehrere Organisationsebenen der Biosysteme.

Mit dem Ackerbau und der Viehzucht nahm vor knapp 10 000 Jahren die Vielfalt von Ökosystemen zu. Naturnahe landwirtschaftliche Flächen boten einer großen Vielfalt wildlebender Arten Lebensmöglichkeit. Heute schränkt die Intensivierung der Landwirtschaft die Artenvielfalt ein. So führte die Zusammenführung kleiner Nutzflächen zu einer Zerstörung von Biotopen, z. B. von nicht genutzten Bereichen zwischen den Nutzflächen. Auch verloren wegen des Stickstoffeintrages viele Wildpflanzen ihre Konkurrenzfähigkeit, und die chemische Bekämpfung gefährdet auch unschädliche Arten. Hochzuchtformen verdrängen viele alte Kulturpflanzen, so dass sich die genetische Vielfalt und damit die Variabilität der Arten verringert. Auch der Raubbau an Wäldern verkleinert weltweit die Artenvielfalt. Dazu trägt vor allem die Rodung tropischen Regenwaldes bei.

Gewässer halten bei Belastung einen stabilen Zustand durch Regelung aufrecht. Eine dauerhafte starke Verunreinigung geht jedoch zu Lasten der Artenvielfalt. Bestimmte Arten, die den Grad der Verschmutzung anzeigen, dienen als Bioindikatoren der Schadstoffbelastung. In der Luft enthaltene Schadstoffe tragen in Mitteleuropa zu einer großflächigen Schädigung von Wäldern bei.

Tausende von Arten wurden absichtlich, z. B. aus wirtschaftlichen Gründen, oder versehentlich in Gebiete verschleppt, in denen sie natürlicherweise nicht vorkamen. Aufgrund von Konkurrenz wurden daraufhin heimische Arten verdrängt. Durch den weltweiten Gütertransport gelangen heute z. B. gefährliche Schadinsekten aus anderen Erdteilen nach Deutschland.

Der breiten wirtschaftlichen Nutzung, z. B. der Herstellung von Nahrungsmitteln, Medikamenten, Kleidung sowie der Bereitstellung von Energie dient eine gewaltige Zahl von wildlebenden Arten. Allerdings führt die Vernichtung potentiell nutzbarer Arten und die Verdrängung alter Kulturformen in der landwirtschaftlichen Produktion, die sich im Laufe der evolutionären Entwicklung an ungünstige Umweltbedingungen angepasst haben, zu einem Verlust genetischer Vielfalt. Diese ist jedoch eine unverzichtbare Bedingung der Anpassung an Umweltveränderungen im Laufe der evolutionären Entwicklung, z. B. Klimaveränderung. Biodiversität ist daher auch von ökologischer Bedeutung (s. Kap. 2.1).

Auch die Klimaveränderung hat Folgen für die Bestände von Baumarten in den Forsten. So werden sich die Anbauflächen, auf denen die verschiedenen Baumarten gedeihen können, wegen der Zunahme der mittleren Jahrestemperatur verschieben. So werden die Anbauflächen von Fichte, Lärche und Kiefer durch die Forstwirtschaft verkleinert, die der Rotbuche vergrößert werden. Die Klimaveränderung bewirkt außerdem den Zuzug von an Wärme angepasste Arten aus südlichen Ländern. Darunter befinden sich Schadinsekten, die östlich der Alpen zum Donautal und westlich der Alpen zum Rheintal vordringen. Auch wird die Veränderung des Zugverhaltens von Vögeln mit Anpassung an die Erhöhung der mittleren Jahrestemperatur erklärt. Viele Zugvögel ziehen später oder gar nicht mehr weg, kommen früher zurück oder fliegen kürzere Strecken. Das Zeitprogramm für die Dauer des Fluges und die vorrangige Zugrichtung sind genetisch bestimmt. Es ist anzunehmen, dass der Klimawandel eine Änderung der genetischen Vielfalt und damit der Variabilität bei Vögeln bewirkt (s. Kap. 2.2).

Freizeitaktivitäten können wie jede Form des Tourismus die Artenvielfalt beeinträchtigen. So kann ungeregeltes Sportklettern die an den Lebensraum Fels angepassten Pflanzen und Tiere schädigen. Mit dem Verlust einer vielfältigen, faszinierenden Natur am Urlaubsziel geht allerdings auch eine ökonomische Grundlage der Reisebranche verloren (s. Kap. 2.3).

Naturschutz dient der Erhaltung von Biotopen und Biozönosen bestimmter wildlebender Tier- und Pflanzenarten. Durch Biotopvernetzung werden kleine schutzwürdige Lebensräume miteinander verbunden. Zu gezielten Schutzmaßnahmen gehört auch die Auswilderung von Arten in früheren Verbreitungsgebieten wie die Wiedereinbürgerung des Luchses in Bayern. In solchen Fällen sind widerstreitende Interessen verschiedener gesellschaftlicher Gruppen auszugleichen. Das Bundesnaturschutzgesetz und internationale Abkommen dienen der Erhaltung und Förderung der Biodiversität. Die Agenda 21 verfolgt dabei das umfassendere Ziel der nachhaltigen Entwicklung. CITES regelt den Handel mit Pflanzen und Tieren wildlebender Arten. Auf der Grundlage der FFH-Richtlinie sollen alle Schutzgebiete Europas in einem kohärenten Netz, Natura 2000, verknüpft werden (s. Kap. 2.4).

AUFGABEN

1 Flora-Fauna-Habitat-Richtlinie

Beschaffen Sie im Internet die FFH-Richtlinie der Europäischen Union, beantworten Sie anhand des Textes die folgenden Fragen und beurteilen Sie die enthaltenen Antworten.

a) Inwiefern beabsichtigt die EU, mit der Richtlinie einen Beitrag zum allgemeinen Ziel einer nachhaltigen Entwicklung zu leisten?

b) Wie wird in der Richtlinie der Begriff Habitat definiert? Beurteilen Sie diese Definition aus der Sicht der wissenschaftlichen Ökologie.

c) Was wird in der Richtlinie unter einem natürlichen Lebensraum verstanden? Beurteilen Sie diese Definition.

2 Der Große Panda

Abb. 94.1: Großer Panda

Der große Panda, eine Bärenart, lebt in einem relativ kleinen bergigen Waldgebiet in China, und zwar im Sommer in etwa 3000 m Höhe, im Winter in tieferen Lagen. Sein Lebensraum wurde durch Siedlungen des Menschen in drei nicht vernetzte Areale aufgeteilt. Der Panda ist an ein feuchtes, kühles Klima angepasst. Die Population ist verhältnismäßig klein, in freier Natur leben nur etwa 1500 Pandas.

Die laufende Klimaänderung könnte eine Anpassung an neue Umweltbedingungen, z. B. an eine höhere mittlere Temperatur erforderlich machen.

a) Analysieren Sie, ob beim Panda die Chance, dass sich Angepassheiten an Umweltveränderungen entwickeln können, relativ hoch oder relativ niedrig ist.

b) Schlagen Sie eine begründete Maßnahme des Umweltmanagements vor, durch die die Anpassungsfähigkeit erhöht werden kann.

3 Bevölkerungswachstum und Biodiversität

Die Population des Menschen wächst superexponentiell. Ein besonders starkes Wachstum erfolgt in den Entwicklungsländern. Es hat negative Auswirkungen auf die Biodiversität in diesen Ländern.

Zeigen Sie an drei Beispielen diesen negativen Einfluss auf. Begründen Sie.

4 Ökosystem Kelpwald

Abb. 94.2: Kelpwald

Im Meer kommen riesige Braunalgen, Kelp genannt, vor. Diese werden bis zu 60 m lang. Sie bilden weltweit an Küsten mit kalten Meeresströmungen Algenwälder. Die Kelpwälder sind oft durch eine sehr hohe Artenvielfalt gekennzeichnet. Es leben dort unter anderem zahlreiche Plankton-, Muschel-, Schnecken-, Krebs- und Fischarten.

Das Nahrungsnetz des Kelpwaldes ist komplex. Beispielsweise ernähren sich vor Alaska Populationen von Seeigeln vom Kelp. Sie fressen häufig das wurzelähnliche Haftorgan (Rhizoid), mit dem die Algen am Untergrund befestigt sind, so dass sich die Algen ablösen und wegdriften. Die Seeigel werden vom Seeotter, einem räuberisch lebenden Säugetier, in Schach gehalten. Kleinfische ernähren sich von Planktonorganismen, größere Fische von kleineren.

a) Beurteilen Sie die Art der Kontrolle, die der Fischotter im Kelpwald von Alaska ausübt. Handelt es sich um eine bottom-up-Kontrolle oder eine top-down-Kontrolle?

b) Ist eine bestimmte Art bzw. eine Gruppe Arten für die Stabilität dieses Ökosystems von herausragender Bedeutung? Begründen Sie Ihre Antwort.

c) Nehem Sie am Beispiel des Kelpwaldes vor Alaska zu folgender Aussage Stellung: »Die Stabilität eines Ökosystems hängt von der Artenvielfalt ab.«

5 Veränderung der Vogelfauna Europas

Abb. 95.1: Einwanderung von Vögeln nach Europa; **a)** Wüstengimpel; **b)** Bienenfresser; **c)** Silberreiher

Schon vor über dreißig Jahren wanderte der Wüstengimpel aus Nordafrika nach Südspanien ein und zwar in die Gegend um Almeria, die vor wenigen Jahren zur ersten Vollwüste Europas erklärt worden ist. Aus dem Mittelmeerraum kommend brütet der Bienenfresser mittlerweile in verschiedenen Gebieten Mitteleuropas, darunter in der Rheinebene am Kaiserstuhl. Der Silberreiher drang von Südosteuropa bis ins nördliche Mitteleuropa vor.

a) Erklären Sie das Vordringen subtropischer Arten nach Mittel- bzw. Nordeuropa aus klimatischer und evolutionsbiologischer Sicht.

b) Erklären Sie weiterhin, warum die Amsel mittlerweile in Deutschland zum Standvogel geworden ist und auch ein Teil der Stare in deutschen Städten überwintert.

c) Formulieren Sie eine Hypothese über die künftige Häufigkeit von Langstreckenziehern in höheren geographischen Breiten Europas und die weitere Entwicklung der Bestände dieser Zugvogelarten.

6 Waldumbau in Bayern

In Bayern sollen bis zum Jahr 2020 insgesamt 100 000 Hektar des gegenwärtigen Waldes in klimatoleranten Mischwald umgebaut werden. Bei der Auswahl der anzupflanzenden Bäume werden unter anderem deren Klimahüllen berücksichtigt. In **Abb. 95.2 a** sind die Klimahüllen von vier europäischen Baumarten dargestellt, **Abb. 95.2 b** zeigt Kennwerte des künftigen Klimas der Waldfläche Bayerns.

a) Beziehen Sie die beiden Abbildungen aufeinander und leiten sie ab, welche der vier Baumarten sich allein aufgrund der verwendeten Klimakennwerte zum Anpflanzen besonders gut eignen.

b) Geben Sie weitere Umweltfaktoren an, die beim Umbau des Waldes beachtet werden müssen.

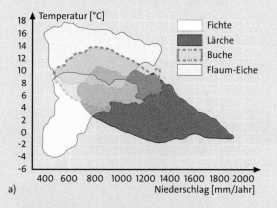

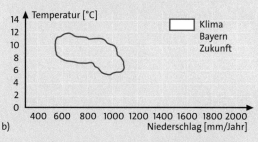

Abb. 95.2: a) Klimahüllen von vier europäischen Waldbäumen; **b)** Prognose von Klimakennwerten für Bayern

VERHALTENSBIOLOGIE

Die Verhaltensbiologie erforscht die biologischen Ursachen und die Konsequenzen von Verhalten. Mit **Verhalten** bezeichnet man in der Biologie Aktionen und Reaktionen eines Tieres und des Menschen, alle beobachtbaren Bewegungen, Körperhaltungen sowie sämtliche Lautäußerungen und sonstigen Kommunikationsweisen. Für Tiere und den Menschen ist es unmöglich, sich »nicht zu verhalten«. Auch Zustände wie Schlaf oder das regungslose Einnehmen einer Körperposition etwa beim Lauern auf Beute oder die Abgabe von Duftstoffen wird als Verhalten aufgefasst.

Verhaltensforschung wird nicht nur in der Biologie, sondern auch in anderen Wissenschaften wie der Psychologie oder der Soziologie betrieben. Die jeweiligen Betrachtungsweisen von Verhalten weichen in den verschiedenen Wissenschaften voneinander ab. So können in psychologischen Untersuchungen des Menschen sowohl das von außen objektiv beobachtbare Verhalten als auch innere, im Bewusstsein des einzelnen Menschen ablaufende Prozesse, z. B. die ein Verhalten begleitenden Gefühle, beschrieben werden. Solche subjektiven Vorgänge bei Tieren sind der biologischen Verhaltensforschung jedoch nicht zugänglich. Sie können nur vom Menschen durch Introspektion (»In-sich-Hineinschauen«) erfasst und mitgeteilt werden. Dies muss auch hinsichtlich des Bedeutungsgehaltes von manchen in der Verhaltensforschung verwendeten Termini, wie z. B. »aggressives Verhalten« oder »Fluchtverhalten«, bedacht werden. Sie stammen oft aus der Umgangssprache, in der sie sich meist auf menschliche Verhaltensweisen beziehen. Umgangssprachlich angewandt, beschreiben sie sowohl den von außen objektiv beobachtbaren Vorgang als auch bewusste Vorgänge, z. B. das Empfinden von Gefühlen wie Wut oder Furcht, die damit verbunden sind. In der Verhaltensbiologie werden sie aber nur auf die von außen beobachtbaren Vorgänge bezogen.

Abb. 96.1: Beispiele für verhaltensbiologische Fragestellungen. **a)** Löwe beim Beutefang: Die Verhaltensphysiologie fragt, wie das Nervensystem diese komplexe Verhaltensweise steuert; **b)** spielende Löwenjungen: Die Verhaltensontogenese fragt, inwieweit Spielverhalten zur Entwicklung von Verhaltensweisen wie dem Beutefang beiträgt.

1 Perspektiven der Verhaltensbiologie

Die biologische Analyse des Verhaltens vollzieht sich vor allem auf vier verschiedenen Ebenen, für die folgende Fragestellungen kennzeichnend sind:

1. Wie wird das Verhalten gesteuert? Mit dieser Frage beschäftigt sich die **Verhaltensphysiologie** oder Neuroethologie. Sie versucht herauszufinden, wie ein Verhalten ausgelöst, durchgeführt und beendet wird, beispielsweise auf welche Weise eine Beutefangbewegung vom Nervensystem gesteuert wird (**Abb. 96.1 a**). Dabei gilt es, alle Faktoren zu analysieren, die ein bestimmtes Verhalten erzeugen, wie z. B. den Aufbau und die Funktionsweise der beteiligten Netzwerke von Nervenzellen und die Leistungen der beteiligten Sinnesorgane.

2. Wie entsteht das Verhalten eines Tieres während der Individualentwicklung? Die **Verhaltensontogenese** fragt nach der Ausbildung einzelner Verhaltensweisen, die oft mit einem komplexen Zusammenwirken von Erbgut und Umwelt einhergeht. Dabei stellt sich auch die Frage, wie stark die Entwicklung von Verhaltensweisen durch Lernprozesse bestimmt wird (**Abb. 96.1 b**).

3. Warum hat sich das Verhalten im Laufe der Evolution herausgebildet? Das heißt, welche Funktionen erfüllt eine Verhaltensweise in der Auseinandersetzung des Lebewesens mit der Umwelt? Auf welche Weise trägt es dazu bei, beispielsweise den Fortpflanzungserfolg der Individuen einer Art zu sichern? Die **Verhaltensökologie** zu der als wichtigstes Teilgebiet die Soziobiologie gehört, sucht Antworten auf solche Warum-Fragen. Sie analysiert die Evolutionsfaktoren, die die phylogenetische Entwicklung bestimmter Verhaltensweisen der betreffenden Art bewirken, z. B. die Tötung von Nachkommen (**Abb. 97.1 a**). Außerdem untersucht die Verhaltensökologie, wie Verhaltensweisen einer Art zur Anpassung an die Umwelt beitragen.

Für die Beantwortung dieser Fragen wird ein breites Spektrum wissenschaftlicher Methoden verwendet, die vielfach aus anderen Teilgebieten der Biologie stammen, wie etwa der Neurobiologie oder der Genetik. Darüber hinaus hat die Verhaltensbiologie spezifische Methoden entwickelt, um Verhaltensweisen in Laborversuchen und im Freiland zu untersuchen.

4. Wie werden Aussagen der Verhaltensbiologie angewendet? Die Ergebnisse der Verhaltensbiologie machen Mechanismen deutlich, die das Verhalten des Menschen in Gruppen bestimmen. Bezogen auf Verhaltensweisen mit erblicher Grundlage zeigt die **Angewandte Verhaltensbiologie** das Ausmaß der Anpassungsfähigkeit des Menschen auf. Für die Herstellung von Spielzeug und Comicfiguren sowie für die Werbung ergeben sich Hinweise darauf, wie sich die Kaufbereitschaft auslösen lässt (**Abb. 97.1 b**). Auch zu artgerechten Haltungsbedingungen von Tieren macht die Verhaltensbiologie Aussagen. Dies gilt für Zootiere, Nutztiere und Heimtiere.

© Disney Enterprises, Inc.

Abb. 97.1: Beispiele für verhaltensbiologische Fragestellungen. **a)** Ein Löwenmännchen, das ein Rudel übernommen hat, tötet das Kind seines Vorgängers. Die Soziobiologie fragt, aus welchen Gründen sich dieses Verhalten im Laufe der Evolution herausgebildet hat. **b)** Löwe als Comicfigur. Die Angewandte Verhaltensbiologie fragt, warum eine solche Figur positive Gefühlsreaktionen auslöst.

2 Verhaltensphysiologie

2.1 Grundelemente des Verhaltens

2.1.1 Reflexe

Ein **Reflex** ist eine automatische, relativ stereotyp ablaufende Bewegung. Sie wird vom Nervensystem gesteuert und von einem bestimmten Reiz ausgelöst. Reflexe haben unterschiedliche Funktionen. Schutzreflexe werden durch Schmerzreize hervorgerufen, sie verhindern Verletzungen. Dies gilt z. B. für das Wegziehen der Hand, die eine heiße Herdplatte berührt. Gleichgewichtsreflexe werden durch Reize aus den Schwere- und Drehsinnesorganen ausgelöst, sie dienen der Erhaltung des Gleichgewichts.

Reflexen liegt eine Verbindung zwischen Sinneszellen und Motoneuronen zugrunde. Eine solche Verbindung

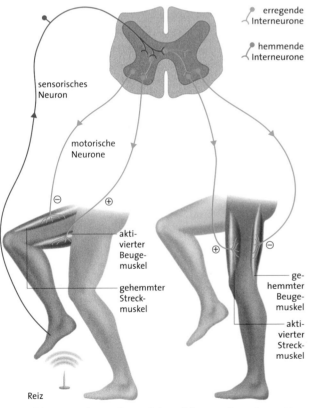

Abb. 98.1: Schutzreflex auf einen Schmerzreiz an der rechten Fußsohle. Er besteht aus einem Beuge- (rechts) und Streckreflex (links). Bei beiden Reflexbögen sind die Axone der Sinneszellen im Rückenmark über mehrere Synapsen mit den motorischen Neuronen verbunden, die die Skelettmuskulatur innervieren.

bezeichnet man als **Reflexbogen.** Ist das Axon der Sinneszelle direkt mit dem Motoneuron verbunden, handelt es sich um einen monosynaptischen Reflexbogen. Denn zwischen Sinneszelle und Motoneuron ist nur eine Synapse vorhanden, wie beispielsweise beim »Kniesehnenreflex«. Wird etwa beim Stolpern der Streckmuskel des Oberschenkels verlängert, wird durch diesen Dehnungsreflex die Spannung im Streckmuskel erhöht. Dadurch wird die ursprüngliche Muskellänge wieder hergestellt. Weil das gereizte Organ und das reagierende Organ identisch sind, spricht man von einem **Eigenreflex.** Die Reflexzeit, d. h. die Zeitspanne vom Beginn der Reizeinwirkung bis zum Einsetzen der motorischen Reaktion, ist dabei mit 20 ms besonders kurz.

Im Unterschied zu Eigenreflexen sind bei **Fremdreflexen** das gereizte Organ und das Erfolgsorgan verschieden. Wird z. B. die Hornhaut eines Auges, etwa durch einen kurzen Luftstrom, mechanisch gereizt, schließen sich die Augenlider durch Kontraktion bestimmter Muskeln reflektorisch. Dieser Lidschlussreflex zählt, wie Husten und Niesen, zu den Fremdreflexen mit Schutzfunktion. Fremdreflexe, die der Ernährung dienen, sind z. B. Schlucken oder Speichelsekretion. Der Reflexbogen typischer Fremdreflexe umfasst zumeist mehrere Synapsen, er ist polysynaptisch. Zwischen den Sinneszellen und den Motoneuronen sind in der Regel einige Interneurone eingeschaltet. Aufgrund dieser Verschaltung können durch einen Reiz komplexere Bewegungen ausgelöst werden. Dies ist an einem Schutzreflex der Beinmuskulatur ersichtlich. Ein Schmerzreiz an der rechten Fußsohle, etwa beim Treten auf einen Nagel, löst eine Beugung in allen Gelenken dieses Beines aus. Durch den polysynaptischen Reflexbogen werden Beugemuskeln kontrahiert, die Streckmuskeln erschlaffen. Gleichzeitig wird die Streckmuskulatur des linken Beines aktiviert, um den Körper im Gleichgewicht zu halten (**Abb. 98.1**). Die Reflexzeit polysynaptischer Reflexe ist wegen der mehrfachen synaptischen Umschaltungen länger als die von Eigenreflexen.

Man unterscheidet Reflexe auch danach, ob sie erfahrungsbedingt (bedingt) oder nicht erfahrungsbedingt (unbedingt) sind. **Unbedingte Reflexe** sind genetisch vorprogrammiert, d. h. ein bestimmter Reiz löst eine bestimmte Reaktion aus, die nicht erlernt werden muss. Sie beruhen auf einer vorgegebenen Verschaltung von Sinneszelle und Erfolgsorgan. Zu den unbedingten Reflexen gehört der Lidschlussreflex. Bei **bedingten Reflexen** werden Verbindungen zwischen Sinneszelle und Erfolgsorgan durch Lernvorgänge neu ausgebildet. Ertönt in einem Versuch regelmäßig etwa eine halbe Sekunde vor einem Luftstrom auf das Auge ein Summton, so verursacht dieser nach einiger Zeit allein das Schließen der Augenlider.

Labels in figure: erregende Interneurone; hemmende Interneurone; sensorisches Neuron; motorische Neurone; aktivierter Beugemuskel; gehemmter Streckmuskel; gehemmter Beugemuskel; aktivierter Streckmuskel; Reiz

2.1.2 Erbkoordination

Mit **Erbkoordination** bezeichnet man eine relativ starre, konstante Abfolge von Bewegungen, die weitgehend genetisch vorgegeben (ererbt) ist. Sie tritt daher bei allen Individuen einer Art bzw. in annähernd gleicher Weise auf. Das gilt z. B. für das Saugen eines Neugeborenen oder die Eirollbewegung eines am Boden brütenden Vogels (**Abb. 99.1**). Wenn ein Ei aus dem Nest rollt, holt der Vogel dieses durch eine typische Halsbewegung mit dem Schnabel zurück. Nimmt man ihm dabei das Ei weg, so führt er die Bewegung dennoch starr zu Ende. Auch **rhythmische Bewegungen** wie der Schlag von Flossen und Flügeln sowie Gehbewegungen sind Erbkoordinationen. Sie werden im Zentralnervensystem von einem Netzwerk aus Neuronen erzeugt, das jedoch durch Sinnesmeldungen beeinflusst werden kann. Daher geht man auf ebenem Boden anders als auf einem Geröllfeld.

Im Gegensatz zu Reflexen ist die Auslösung von Erbkoordinationen stark vom inneren Zustand des Tieres abhängig, der als Handlungsbereitschaft oder Motivation (s. S. 102) bezeichnet wird. Oft wird vor einer Erbkoordination eine Orientierungsbewegung ausgeführt, deren Form und Ablauf variabel sein kann. Beispielsweise richtet sich eine Erdkröte beim Beutefang zunächst auf das Beutetier aus. Die hierfür erforderliche Bewegung ist je nach Position der beiden zueinander unterschiedlich. Anschließend wird die Beute fixiert. Erst dann wird die Erbkoordination, nämlich die Beutefangbewegung der Zunge, ausgeführt.

2.2 Mechanismen der Verhaltenssteuerung

2.2.1 Appetenzverhalten

Einer Erbkoordination kann ein Suchverhalten vorausgehen. So wird ein hungriges Raubtier, das nicht sofort Beute findet, zunächst sein Jagdrevier durchstreifen. Entdeckt es ein Beutetier, nähert es sich ihm gezielt, fängt, tötet und frisst es. Das Such- und Annäherungsverhalten wird als **Appetenzverhalten** bezeichnet. Die Erbkoordination, die auf das Appetenzverhalten folgt und ein Verhalten beendet, nennt man auch **Endhandlung,** wie z. B. den Tötungsbiss. Die Endhandlung senkt in der Regel die Bereitschaft, die entsprechende Verhaltenssequenz nochmals auszuführen. Ob und wonach ein Tier sucht, lässt sich aber erst erkennen, wenn das Appetenzverhalten in eine Endhandlung übergeht.

Häufig besteht das Appetenzverhalten zunächst aus einer ungerichteten Phase, die dazu dient, das Objekt der Endhandlung erreichbar zu machen, z. B. die Suche der Beute. Nach dem Auffinden folgt in der zweiten gerichteten Phase die **Taxis,** nämlich Orientierungsbewegung und Annäherung an das Objekt. Ein Beispiel für Appetenzverhalten ist die **Kontaktappetenz** des Kleinkindes. Diese beginnt mit der Suche nach der Bezugsperson, z. B. durch Umherlaufen und Schreien (ungerichtete Phase). Nach dem Auffinden der Bezugsperson erfolgen die gezielte Ausrichtung und Annäherung an diese sowie die Kontaktaufnahme (gerichtete Phase).

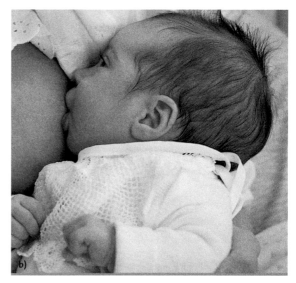

Abb. 99.1: Erbkoordination. **a)** Eine Küstenseeschwalbe rollt ein Ei zurück ins Nest (Eirollbewegung); **b)** Säugeverhalten eines Neugeborenen

2.2.2 Schlüsselreize und Auslösemechanismen

Eine Erbkoordination wird im Allgemeinen von einem bestimmten Außenreiz ausgelöst, der als **Schlüsselreiz** oder Auslöser bezeichnet wird. Man nimmt an, dass Schlüsselreize bei Tieren und beim Menschen über einen **angeborenen auslösenden Mechanismus (AAM)** wirken und dadurch ein Verhalten in Gang setzen. Der Begriff Schlüsselreiz beruht auf der Modellvorstellung, dass ein bestimmter Reiz wie ein Schlüssel in ein Schloss passt und es öffnet.

Der AAM wirkt als **Filtermechanismus,** der einen Schlüsselreiz von anderen Reizen unterscheidet und auswählt. Dabei handelt es sich oft um einen komplexen Mustererkennungsvorgang im Zentralnervensystem. Wie dieser abläuft, ist nur in wenigen Fällen genauer bekannt. So fand man bei Erdkröten im Mittelhirn ein Hirnareal, das dem Erkennen von Beutetieren dient. Ist dieser Bereich geschädigt, kann die Erdkröte Beutetiere nicht mehr von Nichtbeutetieren unterscheiden.

Ein Schlüsselreiz steuert immer nur eine bestimmte Handlung. Diese Verknüpfung ist genetisch determiniert, muss also nicht erworben werden. So lösen einige Aminosäuren das Beutefangverhalten und Fressen bei Süßwasserpolypen aus. Eine Zecke sticht in alles, was warm ist und nach Buttersäure riecht. Buttersäure ist im Schweiß von Säugetieren enthalten. Die Erkennung dieses einfachen Schlüsselreizes genügt, um mit hoher Wahrscheinlichkeit einen geeigneten Wirt zu finden.

Ein AAM kann durch Lernvorgänge modifiziert werden; man bezeichnet ihn dann als einen **durch Erfahrung veränderten angeborenen Auslösemechanismus**

Abb. 100.1: Attrappenversuch. Ein formloses Büschel roter Federn löst bei erwachsenen männlichen Rotkehlchen Kampfverhalten aus, nicht jedoch die Attrappe eines männlichen Rotkehlchens ohne rote Brustfedern (links).

(EAAM). So reagieren unerfahrene Küken im Verhaltensversuch zunächst auf viele Flugtierattrappen mit Warnlauten und Fluchtverhalten, mit der Zeit jedoch nicht mehr auf Attrappen von für sie harmlosen Vögeln wie Tauben. Der Auslösemechanismus wurde also durch Lernen verfeinert und wird nur noch durch die für die Küken gefährlichen Greifvögel aktiviert.

Erlernte Auslösemechanismen (EAM) entstehen hingegen vollkommen neu und beruhen ausschließlich auf Lernvorgängen *(s. S. 108).* Dazu zählt z. B. die Reaktion von Möwen auf Unterwasserexplosionen, die früher von Fischern in Küstenbereichen regelmäßig zum Fischfang eingesetzt wurden. Die Möwen lernten auf diese zunächst bedeutungslosen Geräusche zu reagieren: Sie suchten die Wasseroberfläche nach getöteten Fischen ab.

Beim Menschen gibt es ebenfalls AAM und dazu passende Schlüsselreize, wie z. B. das Kindchenschema *(s. S. 142).* Es löst betreuende Zuwendung und positive Gefühlsreaktionen aus.

Attrappenversuche. Die Merkmale und Funktionen von Schüsselreizen werden oft mithilfe von Attrappenversuchen bestimmt. Zunächst entwickelt man hierfür eine Attrappe, d. h. eine künstliche Nachbildung eines natürlichen Reizes. Dabei kann es sich z. B. um das Modell eines Artgenossen handeln. Wenn sich mit dieser Attrappe eine angeborene Verhaltensweise wie Droh- oder Kampfverhalten auslösen lässt, wird sie schrittweise abgeändert. Dadurch soll festgestellt werden, welche Einzelmerkmale oder Merkmalskombinationen der Attrappe unverzichtbar sind, damit sie als Schlüsselreiz für die Auslösung eines Verhaltens funktioniert. Beispielsweise greifen während der Paarungszeit erwachsene männliche Rotkehlchen nur erwachsene männliche Artgenossen an, nicht aber heranwachsende männliche Tiere. Durch Attrappenversuche wurde festgestellt, dass die roten Federn, die nur die erwachsenen Männchen im Bereich der Brust tragen, das Droh- und Kampfverhalten auslösen (**Abb. 100.1**).

Instinkthandlung. Nach den Vorstellungen der klassischen Verhaltenslehre besteht eine Instinkthandlung aus folgenden drei Teilen: dem ungerichteten und gerichteten Appetenzverhalten; dem Erkennen des Schlüsselreizes, der das betreffende Verhalten auslöst, sofern dazu eine Handlungsbereitschaft vorhanden ist; der Endhandlung, mit der die Instinkthandlung abgeschlossen wird. Vom Begriff der Instinkthandlung ist der Begriff Instinkt zu unterscheiden. Mit Instinkt wurden früher z. B. innere lebenserhaltende Kräfte oder durch innere Energien aktivierte Triebe bezeichnet. Wegen seiner Vieldeutigkeit wird der Instinktbegriff heute nicht mehr verwendet.

2.2.3 KASPAR-HAUSER-Experimente

Im Jahr 1828 tauchte in Nürnberg ein Junge auf, dem man den Namen KASPAR HAUSER gab. Er war bis dahin angeblich ohne Kontakt zu Menschen aufgewachsen. 1831 wurde er ermordet. Nach diesem Findelkind werden Erfahrungsentzugsexperimente auch als **KASPAR-HAUSER-Experimente** bezeichnet. Sie liefern einen Hinweis auf erbbedingtes Verhalten.

Bei einem KASPAR-HAUSER-Experiment werden einem Tier während der Individualentwicklung bestimmte Erfahrungsmöglichkeiten gezielt vorenthalten. So kann man beispielsweise herausfinden, ob bei einer Vogelart der Gesang angeboren ist oder durch Nachahmung von Artgenossen erlernt wird. Dazu brütet man Eier im Brutschrank aus, in dem sie keinerlei Reizen ausgesetzt sind. Die frisch geschlüpften Tiere zieht man isoliert in schalldichten Kammern auf. Dorngrasmücken können auch nach einer derartigen Aufzucht den Gesang in artgemäßer Form ausführen. Diese Fähigkeit ist also der Dorngrasmücke angeboren. Das gilt nicht für alle Vogelarten, beispielsweise nicht für den Buchfink (**Abb. 101.1**). Der angeborene Gesang tritt, wie auch andere Verhaltensweisen aus dem Bereich der Fortpflanzung, erst nach Eintritt der Geschlechtsreife auf. Dies erfolgt unter dem Einfluss von Geschlechtshormonen und ohne zwischenzeitliche Lernvorgänge.

Erwachsene Eichhörnchen öffnen eine Haselnuss in ein bis zwei Minuten. Jungtiere beginnen im Alter von 8–10 Wochen Nüsse zu benagen und aufzusprengen. Sie benötigen dafür aber bis zu einer Stunde. Erst mit der Zeit lernen sie, eine Nuss in wenigen Minuten zu öffnen. Mit KASPAR-HAUSER Experimenten wurde geprüft, ob dieses Verhalten dennoch angeborene Anteile enthält. Die Tiere wurden ohne Kontakt zu Artgenossen aufgezogen und erhielten zunächst auch nur flüssige Nahrung mit der Flasche, dann Brei. So konnten sie das Öffnen der Nüsse weder imitieren noch üben. Erst nach drei Monaten bekamen die Tiere zum ersten Mal eine Nuss. Diese wurde sofort ergriffen, mit den Pfoten gedreht und benagt. Das Benagen erfolgte allerdings ungezielt, so dass zahlreiche Nagespuren zurückbleiben. Erst nach und nach nagten die Tiere parallel zur Faserung der Nuss und brachen diese dann mit den Zähnen auf. Den Tieren sind also das Erkennen einer Nuss, das Drehen in den Pfoten, das Benagen und das Aufbrechen angeboren. Sie müssen das Verhalten jedoch durch Versuch und Irrtum optimieren.

Beim Menschen dürfen KASPAR-HAUSER-Experimente nicht durchgeführt werden. Entsprechende Beobachtungen kann man jedoch an Kindern machen, die von Geburt an sowohl taub als auch blind sind. Diese zeigen bei bestimmten Emotionen ein typisches Mienenspiel, z. B. den Gesichtsausdruck des Spielgesichtes (**Abb. 101.2**). Auch andere mimische Ausdrucksbewegungen wie Lachen, Weinen, Lächeln und Ärgermiene werden von taub und blind geborenen Kindern in vergleichbarer Weise ausgeführt wie von normal heranwachsenden Kindern. Daraus ist abzuleiten, dass beim Menschen verschiedene nonverbale Verständigungsmittel, d. h. Mimik und Gesten, angeboren sind, die zusammen mit bestimmten Gemütsbewegungen auftreten.

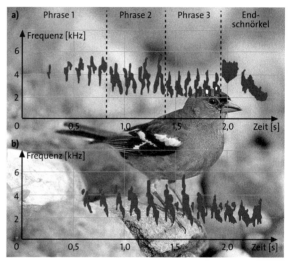

Abb. 101.1: Bedeutung von Lernen bei der Gesangsentwicklung des Buchfinkenmännchens. Schallspektrogramme der Strophe (a) eines natürlich aufgewachsenen Buchfinken und (b) eines isoliert aufgezogenen im Vergleich. Das isoliert aufgezogene Männchen hat den Endschnörkel nicht gelernt. Auch unterscheiden sich die Elemente von (b) in ihrer Zahl, Dauer und Frequenz von denen in (a).

Abb. 101.2: Spielgesicht eines taub und blind geborenen Mädchens

2.2.4 Handlungsbereitschaft (Motivation)

Die meisten komplexeren Verhaltensweisen werden ebenso wie die Erbkoordinationen nur dann von einem Auslösereiz gestartet, wenn im Tier eine bestimmte Bereitschaft dazu vorhanden ist. Diese Handlungsbereitschaft oder **Motivation** (manchmal auch Antrieb genannt) funktioniert als innere Ursache einer Handlung. Ihre Stärke hängt von **inneren Faktoren,** oft aber auch von äußeren Reizen, ab. So wird die Handlungsbereitschaft, Verhaltensweisen des Nahrungserwerbs auszuführen, einerseits stark vom Grad der Sättigung bzw. des Hungers beeinflusst. Sie hängt aber auch von äußeren Bedingungen ab. Denn ein Tier, das eine Gefahr wahrnimmt, hat nur eine geringe Bereitschaft zum Nahrungserwerb, auch wenn es sehr hungrig ist. Die Handlungsbereitschaft für eine bestimmte Verhaltensweise ist nicht direkt messbar, sondern kann nur indirekt bestimmt werden (**Abb. 102.1 b, 103.1**). Wird eine Verhaltensweise rascher in Gang gesetzt oder häufiger und mit größerer Intensität ausgeführt als in vergleichbaren Situationen, so ist von einer stärkeren Handlungsbereitschaft auszugehen. Bereitschaften für Handlungen, die das Überleben sichern, sind von äußeren Bedingungen oft wenig beeinflusst. Dazu gehören Nahrungsaufnahme oder Wasseraufnahme und Handlungen, die der Temperaturregulation dienen, z. B. das Aufsuchen kühler oder warmer Plätze. Dagegen ist die Bereitschaft zum Erkundungs- und Spielverhalten sehr stark vom »Neuigkeitswert« der Umgebung abhängig.

Oft sind in der Umgebung eines Tieres gleichzeitig mehrere Auslösereize für unterschiedliche Verhaltensweisen vorhanden. Das Tier reagiert aber in der Regel nur auf einen der auslösenden Reize. Es setzt sich nur jene Verhaltensweise durch, für die die höchste Handlungsbereitschaft besteht. Überwiegt der Durst, trinkt das Tier zunächst, überwiegt der Hunger frisst es zuerst, usw. Ein noch wenig erforschter Auswahlmechanismus des Gehirns legt fest, welche Verhaltensweisen bevorzugt ausgeführt werden. Dadurch kann sich ein Tier in einer komplexen Umwelt zweckmäßig, d. h. gemäß den physiologischen Bedürfnissen verhalten.

Manchmal beginnen kämpfende Hähne plötzlich auf dem Boden nach Futter zu picken. Dieses Verhalten wird als **Übersprungsverhalten** bezeichnet. Man nimmt an, dass sich in diesem Fall zwei starke Handlungsbereitschaften wie Kampf- und Fluchtverhalten gegenseitig hemmen. Dann kommt eine dritte, der Situation nicht angepasste Handlungsbereitschaft zum Zug, z. B. diejenige für Pickverhalten. Ob diese Erklärung zutrifft, ist bislang nicht gesichert.

Mithilfe von verhaltensphysiologischen Experimenten konnten einige der Gehirnareale identifiziert werden, die bestimmte Handlungsbereitschaften steuern. Eine besondere Bedeutung hat dabei der Hypothalamus. In diesem liegt bei Säugetieren z. B. ein Zentrum für Hunger. Eine elektrische Reizung des Hungerzentrums löst die Nahrungssuche und -aufnahme aus. Die operative Zerstörung oder die Inaktivierung durch Infusion von Hemmstoffen unterdrückt das Fressverhalten (**Abb. 102.1**).

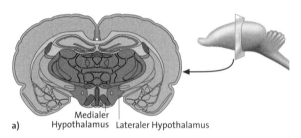

a) Medialer Hypothalamus   Lateraler Hypothalamus

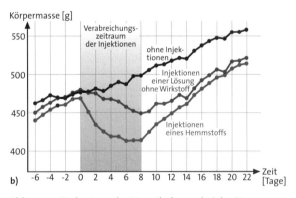

Abb. 102.1: Bedeutung des Hypothalamus bei der Steuerung von Handlungsbereitschaften. **a)** Lage des lateralen und medialen Hypothalamus im Frontalschnitt des Rattengehirns; **b)** direkte Infusion eines Hemmstoffs in den lateralen Hypothalamus unterdrückt das Fressverhalten und damit den Körpergewichtszuwachs von Ratten stärker als die Infusion einer Lösung ohne Wirkstoff, die immerhin auch eine Wirkung zeigt.

Abb. 102.2: Intrinsische Motivation. Spaß beim Lernen erhöht den Lernerfolg.

Demgegenüber wird durch die elektrische Reizung des Sättigungszentrums das Fressverhalten gehemmt, während seine Zerstörung eine unkontrollierte, übermäßige Nahrungsaufnahme und Fettsucht verursacht. Wird das Durstzentrum elektrisch gereizt, so trinken Tiere übermäßig, wird es gehemmt, wird das Trinken unterdrückt. Die Steuerung der Nahrungs- und Wasseraufnahme wird nicht allein von den genannten Teilgebieten des Hypothalamus vermittelt, sondern erfordert die Beteiligung zahlreicher weiterer Hirnareale. Die Motivationsstärke hängt von Faktoren im »Inneren« des Körpers ab. So wird Hunger vor allem durch die Abnahme der Glucosekonzentration im Blut ausgelöst. Das Beispiel der Nahrungsaufnahme zeigt, dass auch äußere Einflüsse Handlungsbereitschaften beeinflussen. So kann das Angebot einer attraktiven Mahlzeit beim Menschen Regelkreise außer Kraft setzen, welche die Nahrungsaufnahme hemmen. Vollkommen satte Ratten beginnen zu fressen, wenn man einen Lichtreiz gibt, der in vorherigen Lernversuchen die Gabe von Futter anzeigte. Die Motivation für ein Verhalten beruht also auch auf äußeren, erlernten Signalen, welche z.B. eine Belohnung erwarten lassen. Die Wirkung solcher Stimuli erfolgt über Verbindungen des Hypothalamus zu Hirnbereichen, die Lernen und Gedächtnis steuern, sowie zum limbischen System.

Lernmotivation beim Menschen. Der Erfolg schulischen Lernens hängt nicht zuletzt von der Motivation des Lernenden ab. Am größten ist der Lernerfolg, wenn man aus Interesse an der Sache lernt, also z.B. die Beschäftigung mit Biologie sinnvoll erscheint und Spaß macht (**Abb. 102.2**). Man bezeichnet diese Art Motivation auch als **intrinsische Motivation.** Ein so motiviertes Lernen ist in hohem Maße selbstbestimmt. Die intrinsische Motivation erhöht sich normalerweise, wenn Lernende ihre Lernziele selbst formulieren und den Lernprozess mitgestalten dürfen. Auch die Erfahrung, dass die eigene Sachkompetenz beim Lernen wächst, ist motivierend. Weiterhin fördert das Gefühl, in eine Gruppe eingebunden und dort akzeptiert zu sein, die Lernmotivation.

Lernen kann auch ein Mittel zum Zweck sein, wenn man z.B. um einer guten Note willen lernt, eine Strafe oder Schuldgefühle vermeiden oder in seinem Umfeld Anerkennung finden will. Das Lernen ist in diesem Fall nicht vom Interesse an der Sache geleitet, sondern von äußeren Faktoren bestimmt. Diese Art Motivation wird als **extrinsische Motivation** bezeichnet. Ein so motiviertes Lernen ist stark fremdbestimmt. Die beiden Motivationsformen schließen einander jedoch nicht aus, sie können gemeinsam das Lernen bestimmen. Extrinsische Motivation kann aber intrinsisch motiviertes Lernen auch verhindern, etwa wenn der erwünschte Notendurchschnitt in der Abiturprüfung die Kurswahl bestimmt. ■

Abhängigkeit der sexuellen Motivation von der Hormonkonzentration. Rhesusaffen lernen, einen Hebel 250-mal zu drücken, um Zugang zu einem Sexualpartner zu erhalten. Die Dauer des 250-malige Hebeldrückens dient als Maß der sexuellen Handlungsbereitschaft.

Bei weiblichen Tieren ist die Dauer während der Ovulationsphase am kürzesten. Begleitende Messungen von Bluthormonwerten ergaben, dass die Werte des Estrogen (früher Östrogen) kurz vor dem Eisprung ein Maximum aufweisen (Beispiel Estradiol bzw. Östradiol, **Abb. 130.1**). Daraus wurde abgeleitet, dass Estrogene möglicherweise Änderungen der sexuellen Motivation der Weibchen bewirken. Diese Annahme wurde durch die Untersuchung weiblicher Tiere ohne Ovarien bestätigt: Werden ihnen künstlich Estrogene zugeführt, kann die sexuelle Motivation ausgelöst bzw. verstärkt werden. Mit dem Anstieg der Progesteron-Werte nimmt die Motivation ab.

Die Erhöhung der Konzentration des männlichen Geschlechtshormons Testosteron im Blut männlicher Singvögel löst im Frühjahr den Vogelsang aus.

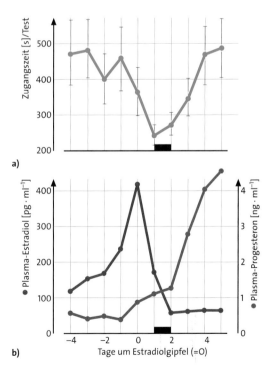

Abb. 103.1: Messung der sexuellen Motivation.
a) Zeit, die ein Rhesusaffen-Weibchen braucht, um einen Hebel 250-mal zu drücken, damit es Zugang zu einem männlichen Tier bekommt; **b)** Änderung der Hormonkonzentration im Blut (schwarzer Balken: Ovulationszeitpunkt)

Perspektiven der Verhaltensbiologie

Die Verhaltensbiologie untersucht die biologischen Ursachen und Konsequenzen von Verhalten: Die **Verhaltensphysiologie** untersucht die Ursachen eines Verhaltens, z.B. seine Steuerung durch das Nervensystem. Von der **Verhaltensontogenese** wird die Entstehung von Verhalten bei der Individualentwicklung erforscht. Die **Verhaltensökologie** befasst sich mit der Herausbildung eines Verhaltens im Laufe der evolutionären Entwicklung. Mit Konsequenzen verhaltensbiologischer Ergebnisse für das Sozialverhalten des Menschen und den Umgang mit Tieren befasst sich die **angewandte Verhaltensbiologie.**

Verhaltensphysiologie

Wichtige Grundelemente des Verhaltens sind die durch das Nervensystem gesteuerten Reflexe und Erbkoordinationen. Als **Reflex** bezeichnet man eine automatische, relativ starr ablaufende Bewegung, die durch einen Reiz ausgelöst wird. Unbedingte Reflexe sind genetisch vorprogrammiert, bedingte Reflexe werden durch Lernen neu ausgebildet. **Erbkoordinationen** sind relativ starre Abfolgen von Bewegungen, deren Ausführung von einer Handlungsbereitschaft abhängt *(s. Kap. 2.1)*.

Einer Erbkoordination kann ein Such und Annäherungsverhalten, das **Appetenzverhalten**, vorausgehen. Sie wird normalerweise durch einen Außenreiz, den **Schlüsselreiz**, ausgelöst. Ein angeborener auslösender Mechanismus erkennt den Schlüsselreiz und steuert eine Erbkoordination, er kann durch Lernvorgänge modifiziert werden. Ein erlernter auslösender Mechanismus entsteht durch Lernvorgänge neu. Merkmale und Funktionen von **Schlüsselreizen** werden mit Hilfe von Attrappenversuchen bestimmt. Durch KASPAR-HAUSER-Experimente werden einem Tier während der Individualentwicklung bestimmte Erfahrungsmöglichkeiten vorenthalten. So wird geprüft ob ein Verhalten angeboren oder erlernt ist. Als innere Ursache eines Verhaltens funktioniert eine Handlungsbereitschaft. Wirken unterschiedliche Auslöser ein, setzt sich die Verhaltensweise mit der höchsten Handlungsbereitschaft durch. Die Steuerung von Handlungsbereitschaften erfolgt vor allem im Hypothalamus. Auch der Erfolg schulischen Lernens hängt von der Handlungsbereitschaft bzw. Motivation der Lernenden ab *(s. Kap. 2.2)*.

AUFGABEN

1 Brutpflegeverhalten beim Huhn
Eine Gluckhenne läuft zu einem Küken hin, wenn es von der Schar entfernt ist und piept. Zur Analyse dieses Brutpflegeverhaltens wurde das in **Abb. 104.1** dargestellte Experiment durchgeführt: Ein Küken sitzt in einer offenen Holzkiste, wo es für die Glucke unsichtbar ist. Die Glucke läuft in die Richtung, aus der die Rufe kommen.
a) Formulieren Sie die Fragestellung des Experimentes.
b) Beschreiben Sie ein Kontrollexperiment.

Abb. 104.1: Akustische Auslösung des Brutpflegeverhaltens beim Huhn

2 Flexible Reflexantwort
Tritt man mit dem Fuß des unbelasteten rechten Beins auf einen Nagel, so werden alle Gelenke des rechten Beines gebeugt (**Abb. 98.1**). Wird man jedoch von einer Wespe in den rechten Fuß gestochen, während das rechte Bein belastet ist, erfolgt zunächst eine ganz andere Reaktion: Alle Gelenke des belasteten rechten Beins werden gestreckt.
Erläutern Sie den biologischen Zweck der flexiblen Reflexantwort.

3 Schlüsselreize
Bei der Nektarsuche fliegen Insekten die Blüte an, suchen darin nach Nektar und nehmen den Nektar auf. Versuche zu den bei den drei Teilhandlungen wirksamen Reizen sind in **Abb. 105.1** beschrieben.
a) Werten Sie die drei Versuche aus. Fassen Sie Ihre Ergebnisse in einer Tabelle zusammen.
b) Wie würden sich vermutlich Bienenwölfe und Samtfalter in Versuch 3 verhalten?

4 Lidschlussreflex

Gelangt ein Fremdkörper ins Auge oder wird Luft ins Auge geblasen, reagiert dieses reflektorisch mit Lidschlag. Der Lidschlagreflex soll untersucht werden.

Sie benötigen:
Demonstrationsuhr, Reflexbrille, Tongeber wie Klingel oder Trillerpfeife

Durchführung:
Die Versuchsperson sitzt gegenüber den Mitschülern und mit dem Rücken zum Versuchsleiter, sie setzt die Brille auf. Die Durchführung wird mehrmals mit verschiedenen Versuchspersonen wiederholt.

a) Der Versuchsleiter demonstriert je zweimal die Wirkung des Tons und des Luftstroms. Protokollieren Sie die jeweilige Reaktion des Lids.

b) Daraufhin werden insgesamt zehnmal der Tongeber und nach etwa einer halben Sekunde zusätzlich das Gebläse betätigt. Diese Aktionen erfolgen jeweils im Abstand von 10–15 Sekunden. Formulieren Sie vor Beginn eine Hypothese zu den Reaktionen des Lides und protokollieren Sie die tatsächliche Lidreaktion.

c) Nach Abschluss der zehn Aktionen werden nur noch die Töne erzeugt, und zwar ebenfalls im Abstand von 10–15 Sekunden. Formulieren Sie vor Beginn wieder eine Hypothese zu den Reaktionen des Augenlides und protokollieren Sie.

d) Werten Sie die Protokolle aus.

Abb. 105.2 Schülerin mit Reflexbrille

Versuch 1	Versuch 2	Versuch 3
Samtfaltern, Bienenwölfen (eine Grabwespenart) und Bienen wurden Papierblüten angeboten, die in Farbe und Form denjenigen ihrer Futterpflanzen glichen.	Wie Versuch 1, nur wurde in die Nähe der Papierblüten noch ein farbloses Gazekissen mit dem Duft der entsprechenden Pflanzenblüten gehängt.	Es wurden gleichzeitig parfümierte und geruchlose Papierblüten nebeneinander angeboten.

Samtfalter: beachteten Papierblüten nicht

Bienenwölfe: beachteten Papierblüten nicht
Bienen: landeten auf den Papierblüten, flogen bald darauf fort

Samtfalter: landeten auf den Blüten und untersuchten sie, bevor sie wegflogen
Bienenwölfe: landeten auf dem Duftkissen und untersuchten es
Bienen: landeten auf den Papierblüten, flogen bald darauf fort

Samtfalter: ?

Bienenwölfe: ?

Bienen: landeten auf beiden Papierblütensorten, liefen aber nur auf denen mit Duft unruhig umher, bevor sie abflogen

Abb. 105.1 Attrappenversuche zur Nektarsuche bei Insekten

3 Verhaltensontogenese

3.1 Zusammenwirken von Erbgut und Umwelt

Die Verhaltensontogenese befasst sich mit der Entstehung und den Veränderungen von Verhaltensweisen im Laufe der Individualentwicklung. In früheren Untersuchungen stand dabei oft die Frage im Mittelpunkt, ob eine Verhaltensweise angeboren oder erworben sei. Inzwischen ist klar geworden, dass nur wenige Verhaltensweisen ausschließlich durch das Erbgut bedingt sind, keine allein auf die Wirkung der Umwelt zurückzuführen ist. Vielmehr werden die allermeisten Verhaltenweisen wie andere biologische Merkmale während der Individualentwicklung eines Organismus in einem komplexen Zusammenspiel von ererbten und umweltbedingten Faktoren ausgebildet. Aufgrund evolutiver Anpassung sind Verhaltensweisen genetisch vorprogrammiert, die auf die wahrscheinlichsten Umweltsituationen abgestimmt sind, denen ein Tier der betreffenden Art im Laufe seines Lebens ausgesetzt sein wird. Informationen über die tatsächlichen Umweltbedingungen nimmt ein Tier mit den Sinnesorganen auf. So werden Verhaltensweisen aufgrund von Erfahrungen im Hinblick auf Erfordernisse der Umwelt verändert. Die Änderung beruht vor allem auf Lernvorgängen.

Lernen. Mit Lernen bezeichnet man den Vorgang, mit dem ein Organismus Informationen aus der Umwelt aufnimmt sowie im Gedächtnis speichert und dadurch sein Verhalten ändert. Diese auf Erfahrung beruhende, adaptive Veränderung von Verhalten kann mehr oder weniger lange andauern. Sie geht mit zahlreichen Modifikationen in der Struktur und Funktion von Nervenzellen und ihren Verbindungen einher. Beispielsweise werden neue Synapsen gebildet.

Das Zusammenspiel von Erbgut und Umwelt wird beim **Sprechenlernen** deutlich. So ist die grundlegende Fähigkeit des Menschen zu sprechen bzw. Sprachen zu erlernen, angeboren. Der Erwerb der Muttersprache und von Fremdsprachen erfordert indessen geeignete Umweltbedingungen, z. B. in Familie und Schule.

Auch beim **Erlernen motorischer Fertigkeiten** wirken angeborene Faktoren und Lernvorgänge zusammen. So ist der Gleichgewichtssinn angeboren. Auf einem Fahrrad die Balance zu halten muss jedoch mühsam geübt werden (**Abb. 106.1**). Schrittweise lernen Kinder dabei Ausgleichsbewegungen gegen das Umkippen zu machen. Beim Auf- und Absteigen stellen sich andere Anforderungen als beim Schwungholen, Lenken und Bremsen. Daher zeigt sich der Lernfortschritt nur nach und nach. Die Kleinen müssen sogar erst lernen, ein Fahrrad zu schieben. Bei all diesen Lernvorgängen greifen sie unbewusst auf das Bewegungs- und das Sinnessystem zurück, die sich aufgrund von Erbinformation entwickelt haben und deren Funktion bereits von früh auf durch Üben modifiziert worden ist.

Viele Verhaltensweisen sind bei den Individuen einer Tierart trotz unterschiedlicher Umwelteinflüsse einheitlich ausgebildet. Man nimmt daher an, dass solche **artspezifischen Verhaltensweisen** weitgehend angeboren sind. So schwimmt ein Entenküken sofort koordiniert, wenn es erstmals ein Gewässer aufsucht (**Abb. 106.2**), Jungvögel

Abb. 106.1: Erlernen des Fahrradfahrens

Abb. 106.2: Das Schwimmverhalten ist Enten angeboren.

sperren den Schnabel nach Ankunft der Eltern weit auf (Abb. 107.1). Auch ist die Struktur eines Spinnennetzes charakteristisch für eine Spinnenart (Abb. 107.2). Die Fähigkeit zum Spinnen des Netzes gilt daher als angeboren.

Oft sind angeborene Verhaltensweisen nach der Geburt noch nicht ausgebildet. Sie werden zu einem späteren Zeitpunkt ohne zwischenzeitliche Lernvorgänge herausgebildet (Reifung). So treten Verhaltensweisen aus dem Bereich der Fortpflanzung unter dem Einfluss von Geschlechtshormonen erst nach Eintreten der Geschlechtsreife auf. Beispielsweise reagieren nur geschlechtsreife Rüden auf den Duft einer läufigen Hündin mit Paarungsverhalten.

Abb. 107.1: Das Sperren von Jungvögeln nach Ankunft der Eltern am Nest ist angeboren.

Abb. 107.2: Beim Spinnen eines Spinnennetzes handelt es sich um artspezifisches Verhalten.

Modifikation von Erbkoordination durch Erfahrung.

Das Mauswiesel (Abb. 107.3 a) ist das kleinste Raubtier der Welt. Seine Länge vom Kopf zur Schwanzspitze beträgt zwischen 20 und 30 cm, die Schulterhöhe maximal 3,5 cm. Die Art ist auch bei uns relativ häufig, wenngleich man sie nur selten zu Gesicht bekommt. Das Mauswiesel ernährt sich hauptsächlich von kleinen Säugetieren, insbesondere von Mäusen, gelegentlich auch von Vögeln, Vogeleiern oder kleinen Kriechtieren. Durch seinen Körperbau ist es bestens an die unterirdische Jagd auf Mäuse angepasst: Es kann in Mäusegänge eindringen und dort der Beute erfolgreich nachstellen.

Mauswiesel beißen ihre Beute tot. Dieses Verhalten ist angeboren. Allerdings beißen Jungtiere eine Maus zunächst an einer beliebigen Stelle des Körpers, so dass sich das Beutetier heftig wehrt, bevor es stirbt (Abb. 107.3 c). Im Laufe einiger Wochen lernen sie dann den Nackenbiss auszuführen, durch den die Maus auf der Stelle getötet wird (Abb. 107.3 b). Das Tötungsverhalten des Mauswiesels ist eines der seltenen Beispiele dafür, dass eine Erbkoordination durch Erfahrung modifiziert werden kann. Normalerweise laufen Erbkoordinationen stets in gleicher Weise und starr ab (s. S. 99).

Abb. 107.3: Mauswiesel. **a)** Foto; **b)** Tötungsverhalten eines erfahrenen, **c)** eines unerfahrenen Jungtieres

VERHALTENSBIOLOGIE

3.2 Klassische und operante Konditionierung

Bei einer besonderen Form der Informationsverarbeitung, dem assoziativen Lernen, wird eine Verbindung (Assoziation) zwischen einem neutralen Reiz und einem zweiten Reiz hergestellt, der entweder positive oder negative Konsequenzen für den Organismus hat.

Verursachte z. B. der Verzehr bestimmter Beeren bei einem Vogel Übelkeit, lernt das Tier diesen Zusammenhang zwischen beiden Reizen. Es reagiert dann bereits auf den ersten Reiz in der Erwartung des zweiten. Die Regel »Beeren jener Art erzeugen Übelkeit« wird im Gehirn gespeichert, diese Nahrung künftig gemieden. Das Tier hat also aufgrund von assoziativem Lernen sein Verhalten geändert. Zwei der vielfältigen Formen des assoziativen Lernens werden in Laborexperimenten intensiv untersucht, die klassische und die operante Konditionierung.

Klassische Konditionierung. Kennzeichnend für diese Form des Lernens, die IVAN PAVLOV entdeckte, ist, dass eine Assoziation zwischen zwei Reizen gebildet wird. Ein typisches Beispiel ist der von PAVLOV untersuchte Reflex der Speichelsekretion des Hundes. Normalerweise wird dieser Reflex nur durch einen Nahrungsreiz ausgelöst, im Experiment beispielsweise durch das Verabreichen von Futter ins Maul. Wenn unmittelbar vor dem Reiz, der den Speichelreflex auslöst, regelmäßig ein anderer Reiz, z. B. ein Ton, dargeboten wird, löst nach einigen Wiederholungen die alleinige Darbietung dieses Zusatzreizes den Speichelreflex aus (**Abb. 108.1**). Weil der neutrale Zusatzreiz seine Wirkung aufgrund von Erfahrungen entfaltet, bezeichnet man ihn auch als **erfahrungsbedingten oder konditionierten Reiz** (lat. *condicio* Bedingung). Ein konditionierter Reiz, der ein positives Ereignis ankündigt, wird auch als **appetitiver Reiz** bezeichnet. Der Lernvorgang bei der klassischen Konditionierung wird also dadurch bewirkt, dass der vorangehende Zusatzreiz gleichsam den nachfolgenden, reflexauslösenden Reiz ankündigt. Es ist deshalb verständlich, dass der Lernerfolg nur eintritt, wenn die beiden Reize zeitlich unmittelbar aufeinander folgen. Auch bei den meisten anderen Formen assoziativen Lernens tritt ein Lernerfolg nur ein, wenn die beiden Reize unmittelbar aufeinander folgen. Die zeitliche Nähe von zwei Reizen (Kontiguität) ist allerdings keine hinreichende Bedingung, dass zwischen beiden eine Assoziation entsteht. Vielmehr muss der Zusatzreiz den reflexauslösenden Reiz auch zuverlässig ankündigen. Wird nämlich der reflexauslösende Reiz hin und wieder ohne vorherigen Zusatzreiz dargeboten, so verringert sich die durch den Zusatzreiz ausgelöste Reaktion, z. B. die Speichelsekretion. Der Lernerfolg bei der klassischen Konditionierung hängt zudem von der Motivation des Tieres ab. Beispielsweise reagiert nur ein hungriges Tier auf den Nahrungsreiz.

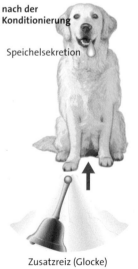

Abb. 108.1: Klassische Konditionierung beim Hund

Typisch ist außerdem, dass sich die klassische Konditionierung völlig unabhängig von einem bestimmten Verhalten des Versuchstieres ausbildet. Beispielsweise muss dem Nahrungsreiz, der dann die Speichelsekretion herbeiführt, kein Appetenzverhalten vorausgehen.

Die funktionellen Veränderungen, die im Verlauf von einfachen klassischen Konditionierungen in Nervenzellen auftreten, wurden in ihren Grundzügen aufgeklärt. Dies gilt z. B. für den Lidschlussreflex. Bei dieser Form der Konditionierung wird unmittelbar vor dem reflexauslösenden Reiz, einem Luftstrom auf das Auge, regelmäßig ein Tonreiz gegeben (**Abb. 105.2**). Bereits nach einigen Wiederholungen bewirkt die alleinige Darbietung des Tonreizes das Schließen der Augenlider. Beim Menschen bewirkt klassische Konditionierung beispielsweise, dass bereits das Geklapper der Teller oder der Anblick eines schön gedeckten Tisches »das Wasser im Mund zusammenlaufen« lässt.

Klassische Konditionierung wird auch durch Reize hervorgerufen, die eine negative Erfahrung ankündigen. Diese bezeichnet man als **aversive Reize**. So kann bei manchen Menschen bereits der Anblick einer Spritze in der Hand des Arztes eine Furchtreaktion auslösen.

Erfolgt auf einen konditionierten Reiz das vorhergesagte Ereignis, z. B. ein Nahrungsreiz, nur selten oder nicht mehr, so wird die klassische Konditionierung wieder gelöscht. Dieses Auslöschen bezeichnet man als Extinktion.

Operante Konditionierung. Bei der operanten oder instrumentellen Konditionierung lernt ein Tier oder der Mensch nach dem Prinzip von Versuch und Irrtum, wie durch das Ausführen einer bestimmten Verhaltensweise eine Aufgabe zu lösen ist. Das gelernte Verhalten ist also ein Mittel zum Zweck, d. h. ein Instrument, mit dem ein bestimmtes Ergebnis (ein Reiz) herbeigeführt wird. Sperrt man beispielsweise eine Katze in einen Käfig, aus dem sie durch Drücken eines Hebels entkommen kann, probiert sie viele verschiedene Verhaltensweisen aus, um sich zu befreien. Irgendwann wird sie zufällig den Öffnungsmechanismus durch Drücken des Hebels betätigen. Setzt man das Tier wiederholt in den geschlossenen Käfig zurück, gelingt es ihm, sich zunehmend rascher durch Drücken des Hebels zu befreien. Bei dieser Form des assoziativen Lernens hat das Tier also eine Verknüpfung gebildet zwischen dem eigenen Verhalten (Drücken des Hebels) und dem damit bewirkten Ergebnis (Entkommen aus dem Käfig). Diese Form des Lernens wird vorallem in speziellen Versuchskäfigen, so genannten SKINNER-Boxen (**Abb. 109.1**), untersucht. Sie sind nach ihrem Erfinder, dem amerikanischen Verhaltensforscher BURRHUS F. SKINNER benannt. In einer einfachen Aufgabe bekommt z. B. eine Ratte immer dann ein Futterstück als Belohnung, wenn sie einen Hebel drückt. Die ersten Male drückt das Tier den Hebel zufällig. Aber schon nach kurzer Zeit lernt sie den Hebel in rascher Folge zu betätigen.

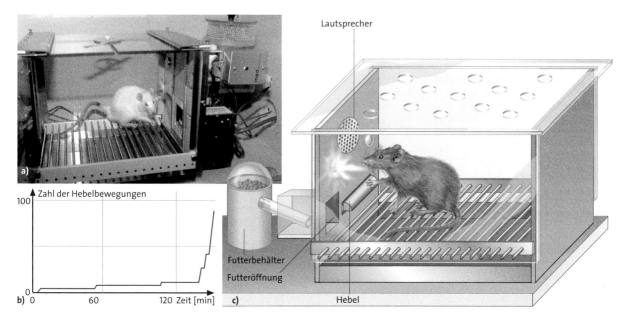

Abb. 109.1: Operante Konditionierung bei der Ratte. **a)** SKINNER-Box; **b)** Lernkurve. Für eine Hebelbewegung erhält eine Ratte ein Futterstück in der Futteröffnung. Das Tier betätigt den Hebel mit zunehmender Lerndauer immer häufiger; **c)** Elemente einer SKINNER-Box, schematisch

In einer anderen Versuchssituation muss ein Hamster den Weg zum Futter durch ein Labyrinth finden. Er lernt durch Versuch und Irrtum den richtigen Weg und gelangt zunehmend schneller zum Ziel (**Abb. 110.1**). Damit sich eine operante Konditionierung ausbildet, muss zwischen dem Verhalten des Tieres und dem Ergebnis (Futteraufnahme) ein enger zeitlicher und ein zuverlässiger Zusammenhang bestehen. Im Unterschied zur klassischen Konditionierung setzt die operante Konditionierung voraus, dass das Tier ein bestimmtes Verhalten ausführt, damit das vorhergesagte Ergebnis eintritt. Wenn auf ein bestimmtes Verhalten eine negative Erfahrung folgt, bewirkt dies Vermeidungsverhalten. Löst etwa die Aufnahme einer giftigen Nahrung Übelkeit aus, wird das Tier die betreffende Nahrung nicht mehr zu sich nehmen. Bei dieser Form der operanten Konditionierung bewirkt bereits eine einzige Erfahrung, dass die Nahrung künftig gemieden wird. Dies gilt selbst dann, wenn zwischen der Nahrungsaufnahme und dem Auftreten von Übelkeit Stunden liegen. Viele Verhaltensweisen von Mensch und Tieren werden durch operante Konditionierung erworben. So beruht bei Primaten das Erlernen des Werkzeuggebrauchs, z. B. das Einsetzen von Steinen zum Öffnen von Nüssen, auf operanter Konditionierung. Durch Geben bzw. Vorenthalten von Futter können einem Tier viele Verhaltensweisen andressiert und andere abdressiert werden. Das wird bei Zirkusdressuren, aber auch bei der »Erziehung« von Haustieren vielfach angewandt. Wichtig ist dabei, dass entsprechend den obigen Ausführungen die Bestrafung oder Belohnung unmittelbar auf das Verhalten folgt und dass während der Lernphase jedes entsprechende Verhalten auch konsequent belohnt bzw. bestraft wird.

Komplexe Lernvorgänge. Klassische und operante Konditionierung spielten bei zahlreichen komplexen Lernvorgängen eine wichtige Rolle. Diese werden z. T. in mehrteiligen Aufgaben in SKINNER-Boxen untersucht.

So lernen Ratten, dass das Drücken eines Hebels mit einem Futterstück, das Ziehen an einer in die Box hineinhängenden Leine jedoch mit einigen Tropfen einer Zuckerlösung belohnt wird. Nach dieser instrumentellen Konditionierung betätigen die Tiere den Hebel und die Leine etwa gleich häufig. Anschließend erfolgt eine klassische Konditionierung außerhalb der SKINNER-Box: Nach Aufnahme der Zuckerlösung wird den Tieren eine Substanz gespritzt, die Übelkeit auslöst. Als Folge dieser aversiven Konditionierung vermeiden sie daraufhin die Zuckerlösung. Nun werden die Tiere wieder in der SKINNER-Box getestet. Sie drücken jetzt nur noch den Hebel für Futterstücke, die Leine für Zuckerlösung wird dagegen nicht mehr gezogen. Ratten sind also in der Lage zwei verschiedene, nacheinander gelernte Assoziationen sinnvoll miteinander zu verknüpfen. Sie kombinieren offenbar die Verbindungen Leineziehen / Zuckerlösung und Zuckerlösung-Übelkeit zu der Beziehung Leineziehen / Übelkeit, sodass das Ziehen der Leine unterbleibt. Die Tatsache, dass ein Tier unabhängige Assoziationen miteinander verbinden kann, wird oft als Zeichen von **Kognition** angesehen. Damit sind »höhere« geistige Leistungen, wie z. B. Denken und Problemlösen gemeint. Die Hirnforschung untersucht mithilfe solcher und weiterer Versuchsanordnungen, welche Bereiche des Zentralnervensystems auf welche Weise zur Steuerung von kognitiven Prozessen beitragen. Häufig werden hierfür genetisch veränderte Mäuse oder Ratten mit chirurgischer Ausschaltung bestimmter Hirngebiete eingesetzt. ■

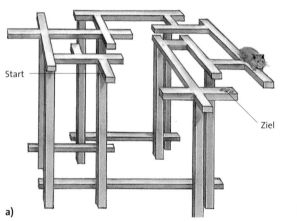

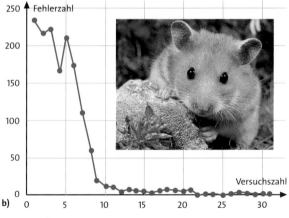

Abb. 110.1: Operante Konditionierung beim Hamster. **a)** Hochlabyrinth; **b)** Lernkurve. Ein Hamster wird auf den Startplatz gesetzt und muss das Futter am Ziel erreichen. Es wird gezählt, wie oft er pro Versuch einen falschen Weg nimmt.

3.3 Prägung

Mit **Prägung** bezeichnet man einen Lernvorgang, dessen biologische Bedeutung im Erwerb sozialer Verhaltensweisen liegt, wie z. B. der arteigenen Kommunikation oder dem Nachfolgen der Eltern. So folgen Gänse- oder Entenküken kurz nach dem Schlüpfen dem ersten Objekt, das sich bewegt und Laute von sich gibt. Unter natürlichen Umständen ist dies die eigene Mutter, deren Aussehen und Stimme zugleich erlernt wird.

Wird im Experiment aber einem im Brutkasten geschlüpften Küken zuerst ein lebloses Objekt präsentiert, dann folgt das Küken fortan nur noch diesem Gegenstand (**Abb. 111.1 a**). Prägung tritt auch ein, wenn ein Mensch das frisch geschlüpfte Küken von Hand aufzieht. Das so geprägte Tier folgt dem Mensch, auch in Gegenwart erwachsener Artgenossen (**Abb. 111.1 b**).

Prägung ist meist nur in einer zeitlich begrenzten Phase der Individualentwicklung, der **sensiblen Phase,** möglich. Ihr Resultat hält aber normalerweise lebenslang an. Verstreicht die sensible Phase ungenutzt, treten Verhaltensstörungen auf. Anhand dieser beiden Kriterien lässt sich Prägung von anderen Lernvorgängen unterscheiden. So werden die Elterntiere bei vielen Herdentieren oder bei in Kolonien brütenden Vögeln auf ihre eigenen Jungen geprägt. Weibliche Ziegen lassen nur solche Jungtiere am Euter trinken, deren Geruch sie innerhalb etwa einer Stunde nach dem Gebären wahrgenommen haben. Sie nehmen in diesem Zeitraum auch fremde Jungtiere an. Die sensible Phase muss also nicht in der Kindheit liegen.

Auch beim Menschen kommen derartige Lernprozesse vor. Dies gilt z. B. für die Eltern-Kind-Bindung und den Erwerb der Muttersprache. Allerdings ist die Lernfähigkeit in diesen Fällen nicht auf eine zeitlich eng begrenzte sensible Phase beschränkt, auch liegt das Lernergebnis nicht unwiderruflich fest. Man spricht beim Menschen daher von **prägungsähnlichen Lernprozessen.**

Die »Eltern-Kind-Bindung« ist eine enge Beziehung zwischen einem Kind und denjenigen Erwachsenen, die es regelmäßig und dauerhaft umsorgen. Zwar stellt die Mutter nach der Geburt die Hauptbezugsperson dar. Wenn aber der Säugling auch vom Vater dauerhaft und liebevoll betreut wird, so wird dieser zur weiteren Bezugsperson. Eine solche Rolle können auch Nichtverwandte, z. B. Tagesmütter, übernehmen, die sich auf gleiche Weise mit dem Säugling beschäftigen. Im Gegensatz zu einem jungen Vogel oder einem jungen Säugetier kann ein Säugling mit mehreren Personen besonders enge wechselseitige Beziehungen eingehen. Der Aufbau der Bindung ist außerdem nicht auf eine zeitlich begrenzte sensible Phase beschränkt. Eine Form der Interaktion mit einem Baby ist der Blickkontakt (**Abb. 111.2**). Eltern stellen ihn intuitiv her. Beim Wickeln halten sie normalerweise einen Abstand von 40–50 cm zum Kind. Sprechen sie es dabei jedoch an, so nähern sie sich ihm auf ca. 20 cm, sodass sie vom Säugling optimal wahrgenommen werden. Das tun selbst diejenigen Eltern, die meinen, ihr Kind könne sie noch gar nicht wahrnehmen. Vermutlich ist dieses Verhalten daher angeboren.

Wenn, z. B. bei der Unterbringung eines Säuglings in einem Heim, die betreuende Person häufig wechselt oder das Kind ohne emotionale Zuwendung versorgt wird, kann das negative Folgen nach sich ziehen: Das Kind weint anhaltend und wird apathisch; seine Entwicklung verzögert sich. In späteren Jahren erweisen sich die Betroffenen oft als bindungsunfähig. Die Folgen fehlender Eltern-Kind-Bindung bezeichnet man als **Hospitalismus** *(s. S. 101).*

Abb. 111.1: Prägung. **a)** Auf Laute abgebenden Ball geprägtes Entchen; **b)** auf einen Menschen (K. LORENZ) geprägte Gans

Abb. 111.2: Säugling und Bezugsperson

3.4 Verhalten mit höherer Plastizität

Die hier beschriebenen Verhaltensformen sind durch Erfahrung bedingt. Sie sind veränderbar (plastisch) und besonders komplex. Häufig spielt Kommunikation eine Rolle.

3.4.1 Spiel- und Neugierverhalten

Für Tiere und den Menschen macht Erlerntes einen hohen Anteil am Verhaltensrepertoire aus. Dabei ist es wichtig, auch »falsches«, d. h. nicht angepasstes Verhalten ausführen zu können, ohne dass dies zu einer ernsthaften Schädigung führt. So wird verständlich, dass viele höhere Säuger und der Mensch, aber auch einige Vögel während ihrer Jugend eine Phase intensiven **Spielverhaltens** durchlaufen. Dabei werden Teile des Verhaltensrepertoirs in ungefährlichen, oft von den Eltern beschützten Situationen, durchgespielt. Es ist anzunehmen, dass im Spiel Fähigkeiten erworben werden, die das betreffende Verhalten später in ernsten Situationen optimal ablaufen lassen. Da Spielverhalten nicht unmittelbar zu Verhaltensänderungen führt, spricht man von **latentem Lernen** (lat. *latens* verborgen).

Typisch für das Spielverhalten junger Raubtiere ist die spielerische Aggression. Junge Katzen greifen sich an, fliehen voreinander, verteidigen sich und verfolgen einander, wobei die Rolle des Angreifers und des Verteidigers schnell wechselt (**Abb. 112.2**). Dabei bleiben beim Schlag mit der Pfote die Krallen eingezogen und Zubeißen verletzt nicht. Junge Löwen schleichen und springen einen Spielpartner an wie ein Beutetier. Weil dieses Verhalten auftritt, bevor die Jungtiere es bei erwachsenen Löwen gesehen haben, gilt es als angeboren. Auch das spielerische Raufen und das Fangenspielen bei Kindern kann als spielerisches Aggressionsverhalten interpretiert werden (**Abb. 112.3**).

In engem Zusammenhang mit dem Spielverhalten steht auch das **Neugierverhalten,** das spielerische Erkunden der Umgebung. Bei Jungtieren kommt es häufiger vor als bei erwachsenen Tieren. Dabei nähern sich die Jungtiere vorsichtig verschiedenen Gegenständen sowie anderen Lebewesen und untersuchen diese. Auch Schauen, Horchen und Schnuppern können dazu gehören. Beim Neugierverhalten (**Abb. 112.1**) entwickeln die Lebewesen ein inneres Modell der Umgebung. Dieses Verhalten tritt in entspannten Situationen auf, wenn also Jungtiere oder Kleinkinder sich in der Nähe der Eltern aufhalten oder nicht hungrig oder bedroht sind. Bei Affen und beim Menschen scheinen stabile soziale Bindung und Neugierverhalten gekoppelt zu sein. ■

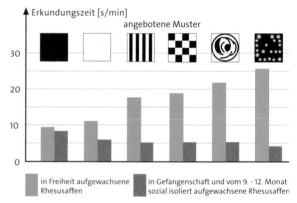

Abb. 112.1: Dauer des durch verschiedene Muster ausgelösten Neugierverhaltens von Rhesusaffen in s pro min, in Abhängigkeit von Entwicklungsbedingungen.

Abb. 112.2: Spielende Katzen

Abb. 112.3: Spielende Kinder

3.4.2 Lernen durch Nachahmung und Traditionsbildung

Werden bei anderen Individuen beobachtete Verhaltensweisen in das eigene Verhaltensrepertoire aufgenommen, spricht man von **Lernen durch Nachahmung.** Besonders höhere Primaten einschließlich des Menschen sind zu Lernen durch Nachahmung befähigt. Hat ein Schimpanse durch Versuch und Irrtum beispielsweise die Verwendung eines Zweiges zum Erbeuten von Termiten gelernt, so können Artgenossen diese Technik nachahmen. Auf diese Weise wird der richtige Gebrauch von Werkzeug zum Nahrungserwerb weitergegeben.

Aber auch bei anderen höheren Säugetieren werden zahlreiche Details des Verhaltens von einem Vorbild erworben. Das macht in vielen Fällen die Auswilderung von in Menschenobhut großgezogenen Wildtieren schwierig, oft scheitert es. Denn diese Tiere müssen in der freien Natur sehr viele Teile ihres Verhaltensrepertoires erst durch Versuch und Irrtum erlernen, was sehr viel risikoreicher ist, als Verhaltensweisen von den Eltern zu übernehmen.

Primaten müssen einen Teil ihres Verhaltensrepertoires in der Jugend erlernen. Das geschieht weitgehend durch das Nachahmen von Verhaltensweisen ihrer Eltern oder anderer erwachsener Artgenossen. So wurde in einer Population von Rotgesichtsmakaken auf der japanischen Insel Koshima 1953 folgendes beobachtet: Ein Affenmädchen begann die auf dem Sandstrand als Futter ausgelegten Süßkartoffeln in einem nahen Bach vor dem Verzehr zu waschen. Diese Erfindung wurde zunächst innerhalb der eigenen Familie durch Nachahmung von den Eltern auf die Kinder weitergegeben. Im Lauf von zehn Jahren wandten 75 % der Gesamtpopulation dieses Verfahren an. Durch Nachahmung können also verschiedenartige **Traditionen** entstehen. In Afrika verglich man Verhaltensweisen von sieben räumlich voneinander getrennten Schimpansenverbänden. Dazu wurde von Individuen jedes Verbandes jeweils ein **Ethogramm** angefertigt, d.h. eine systematische Sammlung und Beschreibung aller beobachteten Verhaltensweisen. Insgesamt entdeckte man mehr als drei Dutzend verschiedener Verhaltensweisen, die durch Nachahmung übernommen wurden. Dazu zählt die Versorgung von Wunden mit Blättern und der Gebrauch von Werkzeugen, z.B. von Steinen zum Knacken von Nüssen, oder von Zweigen zum »Angeln« von Termiten (**Abb. 113.1**). In den jeweiligen Verbänden wurden die beobachteten Verhaltensweisen unterschiedlich häufig ausgeführt. So war die Wundversorgung mit Blättern in einigen Verbänden üblich, bei anderen nur gelegentlich zu beobachten, bei manchen fehlte dieses Verhalten ganz. Jeder Verband verfügte also über ein ihm eigenes Repertoire weitergegebener Verhaltensweisen. ■

Knochenmark gewinnen
Mit Hilfe eines kleinen Stöckchens holt sich der Schimpanse das Mark aus den langen Röhrenknochen eines erjagten Affen.

Sitzen auf Blättern
Der Schimpanse erstellt sich mit ein paar großen Blättern eine Unterlage zum Sitzen. Anscheinend macht er das, um nicht auf feuchtem Boden sitzen zu müssen.

Sich mit einem Gegenstand kratzen
Der Schimpanse nimmt manchmal einen Stein oder ein Stöckchen, um sich damit am eigenen Körper an besonderen Stellen zu kratzen.

Eine Wunde mit Blättern untersuchen
Der Schimpanse betupft eine eigene Wunde mit Blättern, die Wunde begutachtet er anschließend genau. Manchmal zerkaut er die Blätter vorher.

Nüsse zerschlagen
Der Schimpanse benutzt einen Stein oder ein Holzstück als „Hammer", um die harte Schale nahrhafter Nüsse zu zerschlagen. Eine flache Wurzel oder ein Stein dient als „Amboss", d.h. als widerstandsfähige Unterlage.

Termitenangeln
Der Schimpanse steckt ein dünnes, biegsames, halmähnliches Werkzeug in einen Termitenhügel, zieht dieses wieder heraus und vertilgt die darauf laufenden Tiere.

Abb. 113.1: Verhaltensweisen bei Schimpansen, die durch Nachahmung an die Folgegeneration weitergegeben werden

VERHALTENSBIOLOGIE

3.4.3 **Kognitive Aspekte des Lernens**

Menschenaffen verfügen über hoch entwickelte Gehirne und meistern viele komplexe Testaufgaben. Beispielsweise sind sie imstande, verschiedene Gesichter nach bestimmten Merkmalen wie Augenform oder Augenabstand einzuteilen. Auch unterscheiden sie ähnlich rasch wie der Mensch, ob zwei gleichzeitig dargebotene Gegenstände spiegelbildlich zueinander sind oder nicht. Diese und weitere Verhaltensbeobachtungen sprechen für »höhere« **kognitive Fähigkeiten** von Menschenaffen. Dazu gehören z. B. Vorstellungsvermögen und Problemlösen.

Allerdings bewältigen auch Tiere von Arten mit einfacher gebauten Gehirnen anspruchsvolle Aufgaben. So absolvieren Hunde Tests, bei denen die Bedeutung menschlicher Blicke oder Gesten verstanden werden muss, sogar wesentlich besser als Menschenaffen. Hunde können auch weitere kognitive Fähigkeiten zeigen.

Sprachtraining beim Hund. Hunde verstehen die Bedeutung von Wörtern. Dies zeigte z. B. der Bordercollie Rico (**Abb. 114.1**). Er fiel Forschern des Max-Planck-Institutes für evolutionäre Anthropologie auf, als er in der Fernsehsendung »Wetten dass ...« »Wettkönig« wurde: Rico hatte aus 77 verschiedenen Spielsachen auf Zuruf seiner Besitzerin die von dieser gewünschten Objekte fehlerfrei herausgesucht. Die Forscher wollten zunächst sicherstellen, dass der Hund diese Aufgabe auch unter kontrollierten Bedingungen bewältigt: So befand sich bei entsprechenden Versuchen im Institut weder die die Be-

sitzerin noch die Versuchsleiterin in dem Raum, in dem der Hund den benannten Gegenstand finden musste. Rico konnte also nur auf die gehörten Wörter reagieren, nicht aber auf mögliche zusätzliche Gesten oder Blicke. In 37 von 40 Versuchen brachte er das gewünschte Objekt, stellte also eine richtige Verbindung zwischen den Gegenständen und ihren Bezeichnungen her.

In dem eigentlichen Experiment ging es um die Frage, ob der Hund einen Zusammenhang zwischen einem neuen Wort und einem ihm unbekannten Gegenstand herstellen kann. Die Forscher stellten zu sieben dem Hund bekannten Spielsachen ein unbekanntes Objekt. Wenn ihm die Besitzerin dann ein ganz neues Wort zurief, holte der Hund das neue Objekt, und zwar in sieben von zehn Fällen. Rico war also dazu in der Lage, im Ausschlussverfahren die neue Verbindung herzustellen. Vier Wochen später sollte Rico zeigen, dass er sich das neue Wort gemerkt hat. Er kam in dieser Zeit weder in Kontakt mit dem neue Objekt, noch hörte er dessen Namen. Die Forscher stellten eines der neuen Objekte mit vier bekannten und vier unbekannten Gegenständen zusammen. In drei von sechs Versuchen mit verschiedenen Gegenständen brachte Rico das richtige Objekt. Dreijährige Kinder zeigen bei entsprechenden Versuchen ein vergleichbares Ergebnis.

Die Forscher schlagen eine weitere Brücke von dieser Fähigkeit des Hundes zu Kindern, die ihre Muttersprache erlernen: In einem klassischen Experiment bittet man Kleinkinder das »chromfarbene Tablett zu holen, nicht das rote«. Das Wort chromfarben ist ihnen neu. Wenn die Kinder dann zwischen einem roten und einem olivgrünen Tablett zu wählen haben, bringen sie das olivgrüne. Kinder lernen also Namen von Gegenständen auch im Ausschlussverfahren. Diese schnelle Zuordnung von Wörtern und Dingen (engl. *fast mapping*) kann, wie die Experimente zeigen, auch bei Hunden vorkommen.

Auch wenn Rico in dieser Weise durch Einsicht lernt, ist er lernenden Kindern doch deutlich unterlegen. Diese erwerben einen viel differenzierteren Wortschatz, z. B. Namen von Menschen und Bezeichnungen für Handlungen (»Essen«), Zuordnungen (»Der Ball gehört mir«) oder Wünsche (»Ich mag ein Bonbon«). Rico lernt nicht zu sprechen und hat ein viel schlechteres Gedächtnis als etwa ein zweijähriges Kind. Auch erlernt er nur die Namen von Dingen, die man holen kann. Eine offene Frage ist, ob ein Hund tatsächlich einen Begriff lernt wie ein Kind. Ein Begriff fasst viele unterschiedliche Gegenstände unter einer gemeinsamen Bezeichnung zusammen, der Begriff Hund etwa alle Vertreter der verschiedenen Hunderassen. Für Rico kann der Name eines Spielzeugs jedoch nur ein Handlungsbefehl sein, der eine Aktion des Herbeiholens auslöst, die mit Belohnung verbunden ist. ■

Abb. 114.1: Bordercollie Rico

Lernen durch Einsicht bei Menschenaffen. Viele Vögel und Säugetiere, insbesondere Menschenaffen, spielen eine neuartige Handlungsabfolge »in Gedanken« planend durch und führen diese ohne vorheriges Ausprobieren anschließend zusammenhängend aus. Versuch und Irrtum werden dabei in der Überlegung vollzogen, ohne die Risiken, die mit einem realen Irrtum verbunden sind. Diese Form des Lernens nennt man **einsichtiges Lernen.** Voraussetzung dafür ist ein inneres Modell der Wirklichkeit. Nur unter dieser Bedingung kann es die Konsequenzen seiner Handlungen im Voraus richtig einschätzen.

Verhalten dieser Art wurde zuerst von W. Köhler an gefangenen Schimpansen untersucht. Die Tiere benutzten Stöcke zum Herbeiholen von Bananen, die außerhalb des Käfigs lagen. Auch türmten sie Kisten aufeinander, die zufällig in ihrem Käfig herumlagen, oder steckten Stöcke mit hohlen Enden zusammen, um eine an der Käfigdecke aufgehängte Banane herunterzuholen (**Abb. 115.1**). Sie hatten vorher nie Gelegenheit, diese Aktionen durchzuführen. Die Leistungen der Affen sind nur verständlich, wenn man annimmt, dass sie die Erfolg versprechende Handlung zunächst »in Gedanken« vorentworfen und dann ohne Zögern oder Probieren ausgeführt haben.

Ein sicherer Nachweis für Lernen durch Einsicht ist nur zu erbringen, wenn man ausschließen kann, dass nicht Lernen nach Versuch und Irrtum bzw. Imitieren eines anderen Tieres oder des betreuenden Menschen stattgefunden hat. Beides wurde von Köhler berücksichtigt. Im Fall der in **Abb. 115.1** gezeigten Leistungen heißt das auch, dass nur die erste Ausführung einen Rückschluss auf Einsicht erlaubt. Wiederholungen des Verhaltens durch das gleiche Tier könnten auf assoziativem Lernen beruhen. Nicht beantworten lässt sich jedoch die Frage, ob die stets vorhandenen Vorerfahrungen der Affen im Umgang mit Stöcken von ihnen zur Problemlösung genutzt werden. ■

Abb. 115.1: Lernen durch Einsicht bei Schimpansen (Originalaufnahmen von Köhler, 1914, s. Text). Die Lernversuche wurden von W. Köhler in einer Forschungsstation auf Teneriffa durchgeführt (oben; Zustand 2003).

Verhaltensontogenese

Die Verhaltensontogenese befasst sich mit der Entstehung und Veränderung von Verhaltensweisen während der Individualentwicklung. Nur wenige davon sind allein erblich bedingt, also angeboren. Die allermeisten Verhaltensweisen werden im Zusammenspiel von genetischer Information und Umweltfaktoren erworben. Dabei sind Lernvorgänge von Bedeutung. Dies zeigt z. B der Erwerb der Muttersprache. Artspezifische Verhaltensweisen, die trotz unterschiedlicher Umwelteinflüsse bei allen Individuen einer Art einheitlich ausgebildet sind, gelten als weitgehend angeboren. Allerdings können selbst Erbkoordinationen durch Erfahrung modifiziert werden (s. Kap. 3.1).

Beim assoziativen Lernen wird eine Verbindung zwischen zwei Reizen hergestellt. Durch **klassische Konditionierung** verknüpft ein Tier einen neutralen Reiz, z. B. einen Ton, mit einem Futterreiz. Es reagiert dann auch auf den Ton so wie auf den Futterreiz. Anders wird Information bei der **operanten Konditionierung** verarbeitet: Ein Versuchstier erlernt ein Verhalten, mit dem es z. B. einen Futterreiz erlangt. Ein neutraler Reiz, etwa ein Hebel in einer Skinner-Box, löst das Verhalten aus (s. Kap. 3.2).

Prägung dient dem Erwerb sozialer Verhaltensweisen, z. B. innerartlicher **Kommunikation.** Sie tritt meist nur in einer **sensiblen Phase** der Individualentwicklung auf. Für prägungsähnliche Lernprozesse beim Menschen wie die Entwicklung der Eltern-Kind-Bindung gilt das nicht. Eine andauernde lieblose Behandlung kann zu Hospitalismus führen (s. Kap. 3.3).

Beim **Spielverhalten** werden in entspannter Situation Verhaltensweisen wie z. B. Kampfverhalten ausgeführt. Diese können dann in späteren ernsten Situationen optimal ablaufen. Durch **Neugierverhalten** entwickeln Tiere ein inneres Modell ihrer Umgebung. Beim **Lernen durch Nachahmung** übernehmen sie Verhaltensweisen, die sie bei Artgenossen beobachten. In Verbänden von Primaten verbreitet sich so der Werkzeuggebrauch, wobei verschiedenartige Traditionen entstehen. **Kognitives Lernen** findet man bei Vögeln und Säugern. Viele Vögel und Säuger, besonders Menschenaffen, spielen neue Handlungen im Gehirn durch und führen diese dann ohne vorheriges Ausprobieren aus, sie lernen durch **Einsicht** (s. Kap. 3.4, 3.5).

1 Enten am Stadtteich

Abb. 116.1: Enten laufen auf einen Menschen zu

Sie machen einen Spaziergang an einem Stadtteich. Plötzlich steigt eine Gruppe Stockenten aus dem Wasser und läuft auf Sie zu.
Erläutern Sie, welche Art Lernen dem Verhalten der sonst scheuen Tiere zugrunde liegt.

2 Paarungsverhalten von Vögeln

Normalerweise zeigen Tiere Balzverhalten nur gegenüber Angehörigen der eigenen Art. Anders Vögel, die von Pflegeltern einer anderen Art aufgezogen wurden. Sie zeigen dieses Verhalten nach Erreichen der Geschlechtsreife gegenüber Angehörigen der Vogelart, zu der auch die Pflegeeltern gehören.
Geben Sie dafür eine Erklärung.

3 Lernverhalten

Das folgende Schema (**Abb. 116.2**) gibt die Ergebnisse eines Experiments wieder, das man mit einer Taube in einem Käfig durchführte. Über einen Automaten wurden der Taube einzelne Futterkörner angeboten. Außerdem waren auf einer Scheibe, die beleuchtet werden konnte, Futterkörner abgebildet.

F : Futterkorn fällt zum Zeitpunkt x aus dem Automaten
P : Taube pickt auf Scheibe
S : Scheibe (beleuchtet   )
Z : Zeitachse

Abb. 116.2: Schema zum Futterexperiment

Beschreiben Sie das Verhalten der Taube aufgrund des Schemas; erklären und charakterisieren Sie es.

4 Reaktion von Hühnerküken auf Außenseiter

Abb. 117.1: Hühnerküken

Experiment 1: Unmittelbar nach dem Schlüpfen wurden zehn Hühnerküken in nebeneinander gestellte blickdichte Käfige gesetzt. Die Küken wurden von oben mit einer Wärmelampe bestrahlt und mit Wasser und Futter versorgt. Sie blieben so für einige Tage optisch, aber nicht akustisch voneinander isoliert. (Ohne Laute zu hören würden sie nicht fressen und sterben).

Nun malte man einem dieser KASPAR-HAUSER-Küken den Schnabel blau an, die gelben Schnäbel der anderen neun änderte man nicht. Man setzte die Küken zusammen auf eine 1 m² große und nach außen abgegrenzte Fläche. Dort bot man den Küken Futterkörner an. Das Küken mit blauem Schnabel wurde immer wieder durch Pickschläge gegen den Kopf attackiert und vom Futter verdrängt.

Experiment 2: Nun zog man zusätzliche Gruppen von je zehn Hühnerküken so wie in Versuch 1 auf. Von zehn Küken erhielten dann neun einen blauen Schnabel, eins wurde nicht angemalt. Innerhalb von einer Stunde zählte man alle Pickschläge der Hühnerküken gegen den Kopf eines Artgenossen.

Auf folgende Köpfe wurden in einer dieser Gruppen Pickschläge ausgeführt:

gelb gegen blau	blau gegen blau	blau gegen gelb
2	22	0

a) Erläutern Sie, warum man die Küken als KASPAR-HAUSER-Tiere bezeichnen kann, obwohl sie akustisch nicht isoliert waren.

b) Formulieren Sie die Fragestellung der Experimente.

c) Berechnen Sie die Zahl der Pickschläge pro Stunde, die in Experiment 2 pro Küken mit gelbem bzw. mit blauem Schnabel gegen Artgenossen gerichtet sind.

d) Welche Schlussfolgerungen lassen sich aus den Reaktionen gegen anders aussehende Hühnerküken ziehen? Begründen Sie Ihre Schlussfolgerung.

e) Warum war es zur Absicherung der Ergebnisse nötig, ein zweites Experiment durchzuführen?

5 Versuche mit dem Fingerlabyrinth

Sie benötigen:
1 Stück Wellpappe (etwa 2 mm dick, Größe DIN A4), Cuttermesser zum Schneiden der Pappe, Stoppuhr, Buntstifte

Vorbereitung:
Kopieren Sie **Abb. 117. 2** vergrößert auf DIN A4-Papier (Höhe ca. 18 cm, Breite ca. 16 cm). Kleben Sie die Kopie auf die Pappe und schneiden Sie das Labyrinth auf der Unterlage aus (**Vorsicht, Verletzungsgefahr!**).

Durchführung:
Legen Sie das Labyrinth auf weißes Papier. Die Testperson versucht mit einem Stift in der Hand ca. zehnmal möglichst fehlerfrei vom Start zum Ziel zu gelangen, ohne dabei das Labyrinth anzusehen. Sie benutzen Stifte verschiedener Farbe. Ordnen Sie jedem Durchgang eine eigene Farbe zu. Messen Sie die Zeit eines jeden Durchganges.

a) Werten Sie die Aufzeichnungen gemäß **Abb. 110.1 b** aus und zeichnen Sie eine Lernkurve.

b) Zeichnen Sie eine weitere Lernkurve, auf der Sie auf der y-Achse die Zeiten pro Versuch angeben.

c) Erfragen Sie, was sich die Versuchsperson beim Erlernen des Labyrinthes gemerkt hat.

d) Versuchsergebnisse auf dem Hochlabyrinth (**Abb. 110.1 a**) führten zu der Annahme, die Tiere würden eine Landkarte des Labyrinthes (*cognitive map*) im Gedächtnis speichern. Ändern Sie das Labyrinth so, dass die Hypothese geprüft werden könnte.

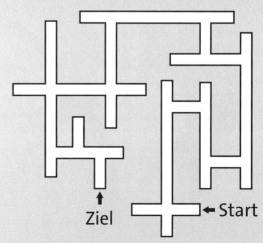

Abb. 117.2: Verkleinerte Vorlage für ein Fingerlabyrinth

4 Verhaltensökologie

Zwischen April und August kann man über Dörfern und Städten Mauersegler (Abb. 118.1) bei ihren rasanten Flugmanövern beobachten. Diese kleinen Vögel mit ihren langen, sichelförmig gebogenen Flügeln sind spezialisierte Insektenjäger; die Beute wird ausschließlich in der Luft gefangen. Problematisch für Mauersegler ist kaltes und niederschlagsreiches Wetter, insbesondere für die Nestlinge. Da dann von den Elterntieren kaum Beutetiere gefangen werden, würden die Jungen verhungern, wenn sie nicht in eine »Kältestarre« verfielen, wobei ihr Stoffwechsel deutlich herabgesetzt wird. Auf diese Weise sparen die Jungtiere Energie und können eine nicht zu lange Schlechtwetterperiode unbeschadet überstehen.

Das Beispiel zeigt, wie sich im Laufe der Evolution Verhaltensweisen bei Tieren entwickelt haben, die das Überleben und den Fortpflanzungserfolg eines Individuums sichern. Die natürliche Selektion begünstigt Verhaltensweisen, die zur erfolgreichen Aufzucht der Nachkommen beitragen oder sich als besonders günstige Strategien beim Nahrungserwerb erweisen. Eine bestimmte Verhaltensweise ist demnach an die gegebenen ökologischen Bedingungen angepasst. Mit den Ursachen für die Entstehung solcher Verhaltensweisen in der Evolution und somit mit der biologischen Bedeutung von Verhalten beschäftigt sich die **Verhaltensökologie.** Diese Teildisziplin der Verhaltensbiologie entstand in den 70er Jahren des 20. Jahrhunderts und basiert unter anderem auf den Arbeiten von WILLIAM HAMILTON und EDWARD O. WILSON.

Abb. 118.1: Mauersegler

4.1 Kosten-Nutzen-Analyse

Um zu erklären, wie bestimmte Verhaltensweisen im Verlauf der Evolution entstanden sein könnten, führt man in der Verhaltensökologie **Kosten-Nutzen-Analysen** durch. Dabei bezeichnet man die Summe der Nachteile, die ein Tier unmittelbar von einer bestimmten Verhaltensweise hat, als Kosten. Sie werden dem Nutzen, d.h. den Vorteilen, die sich aus dem Verhalten ergeben, gegenübergestellt. Im Falle der Kältestarre der jungen Mauersegler besteht der Nutzen darin, dass die Tiere bei ungünstiger Witterung Energie einsparen und so dem Hungertod entgehen. Nachteilig wirkt sich dagegen aus, dass sich die Entwicklungsdauer der Nestlinge verzögert: Unter günstigen Bedingungen verlassen die Jungtiere bereits nach 37 Tagen das Nest, bei schlechtem Wetter kann sich die Nestlingsdauer auf bis zu 56 Tage verlängern. Auch die Altvögel zeigen eine witterungsbedingte Angepasstheit an Schlechtwetterperioden; sie begegnen dem drohenden Nahrungsmangel dadurch, dass sie ihr Brutgebiet kurzfristig verlassen und bei dieser »Wetterflucht« mehrere Hundert Kilometer zurücklegen können. Der Nutzen besteht auch für die erwachsenen Tiere darin, nicht zu verhungern, die Kosten ergeben sich aus dem erheblichen Energieaufwand und den Gefahren, die mit dem Zurücklegen der weiten Flugstrecken verbunden sind.

Die Grundannahme einer Kosten-Nutzen-Analyse besteht darin, dass sich im Laufe der Evolution solche Verhaltensweisen durchsetzen, bei denen langfristig gesehen der Nutzen größer ist als die Kosten: Individuen, die sich optimal verhalten, haben im Vergleich zu anderen Individuen eine höhere Fitness und damit einen Evolutionsvorteil.

Ein zweites Beispiel soll dies erläutern. So ist Nahrungserwerb nur dann effektiv, wenn der Aufwand für die Nahrungsbeschaffung im Verhältnis zum Nutzen, dem Energiegehalt der Nahrung, vergleichsweise gering ist. Strandkrabben ernähren sich überwiegend von Muscheln. Während kleine Muscheln zwar nur wenig Fleisch und somit eine relativ geringe Energiezufuhr liefern (geringer Nutzen), lassen sie sich von der Krabbe mit ihren Scheren rasch und ohne großen Aufwand aufbrechen (geringe Kosten). Demgegenüber enthalten große Muscheln zwar viel Fleisch (hoher Nutzen), das Aufbrechen der Schalen ist aber sehr zeitaufwändig (hohe Kosten). Dementsprechend werden mittelgroße Beutetiere bei der Nahrungssuche bevorzugt; hier ist das Kosten-Nutzen-Verhältnis am günstigsten. Da die Suche nach Muscheln optimaler Größe aber Zeit und Energie erfordert, werden auch kleine und große Muscheln erbeutet, wenn auch in geringerem Umfang.

4.2 Kooperation

4.2.1 Soziale Verbände

Viele Tierarten leben mit Artgenossen zeitweise oder ständig in sozialen Verbänden. Man unterscheidet zwischen individualisierten und anonymen Verbänden. In einem **individualisierten Verband,** z. B. einem Wolfsrudel, kennen sich alle Individuen untereinander. In einem **anonymen Verband,** etwa einem Fischschwarm, ist dies nicht der Fall. In Tierstaaten verzichtet ein Teil der Mitglieder auf die Fortpflanzung, unterstützt aber die wenigen fortpflanzungsfähigen Tiere bei der Brutfürsorge. Derartige Verbände gibt es vor allem bei Termiten, Bienen und Ameisen. Bei vielen sozial lebenden Tierarten und beim Menschen sind Individuen ohne Bindung an eine Gruppe nicht überlebensfähig.

Das Leben in Gruppen hat wesentliche Vorteile; es erleichtert den Schutz vor Feinden, die Revierverteidigung, die Nahrungsbeschaffung und die Suche nach Geschlechtspartnern. So werden beispielsweise große Fisch-, Vogel und Insektenschwärme als Angepasstheit an Feindvermeidung gedeutet: Durch die große Individuenzahl werden mögliche Raubfeinde bei der Verfolgung einzelner Beutetiere verwirrt; außerdem sinkt das Risiko für ein Einzeltier in einer großen Gruppe, erbeutet zu werden. Zudem gelingt es einer größeren Gruppe häufig, einen Beutegreifer durch gemeinsame Verteidigung in die Flucht zu schlagen. Auch energetische Effekte können beim Zusammenschluss vieler Individuen zu einem sozialen Verband eine Rolle spielen: Zum Beispiel fliegen Gänse und andere Vögel längere Strecken in einer typischen V-Formation; dabei sparen die Vögel Energie, indem sie sich im »Windschatten« des vorausfliegenden Tiers aufhalten (**Abb. 119.1**).

Ein wichtiges Merkmal von individualisierten Tierverbänden und Tierstaaten ist das **kooperative Verhalten** ihrer Mitglieder. In individualisierten Säugetierverbänden findet man häufig kooperatives Jagdverhalten, so bei Wölfen, Tüpfelhyänen, Afrikanischen Wildhunden und Löwen *(s. S. 96)*. In manchen Verbänden gibt es »Wächter«, die die anderen Gruppenmitglieder vor einer drohenden Gefahr warnen, z. B. bei Murmeltieren und Erdmännchen *(s. S. 120)*. Darüber hinaus gibt es Fälle kooperativer Brutpflege, bei denen Tiere anderen Gruppenmitgliedern bei der Brutpflege helfen.

Soziales Verhalten findet man nicht nur innerhalb einer Art, sondern auch zwischen verschiedenen Arten. Bei den gemischten Huftierherden der afrikanischen Steppen, die aus verschiedenen Antilopenarten, Zebras, Gnus und Gazellen bestehen, handelt es sich nicht um echte soziale Verbände, sondern um **Aggregationen,** die sich aufgrund günstiger Nahrungsbedingungen zusammenfinden. Kooperatives Verhalten zwischen verschiedenen Tierarten zeigen der Honigdachs und der Honiganzeiger, eine mit den Spechten verwandte Kleinvogelart: Hat ein Honiganzeiger ein Wildbienennest im Boden entdeckt, macht es den Dachs durch auffällige Rufe auf das Nest aufmerksam. Der Honigdachs gräbt den Bau mit seinen kräftigen Klauen auf, frisst den Honig und ermöglicht dem Vogel, die Larven der Wildbienen zu erbeuten, an die dieser sonst nicht herankäme (**Abb. 119.2**).

Das Leben in sozialen Verbänden bringt aber auch Nachteile mit sich, da sich beispielsweise Krankheiten und Parasiten leichter ausbreiten können und die Konkurrenz um Geschlechtspartner und Nahrung verstärkt ist. Nur wenn die Vorteile die Nachteile überwiegen, sodass sich insgesamt ein Nutzen ergibt, wird sich ein bestimmtes Sozialverhalten im Laufe der Evolution erhalten und stabilisieren.

Abb. 119.1: Energiesparende Flugformation bei ziehenden Vögeln

Abb. 119.2: Honigdachs und Honiganzeiger kooperieren beim Nahrungserwerb.

4.2.2 Uneigennütziges Verhalten

Bei vielen sozial lebenden Tieren findet man auch Verhaltensweisen, die zwar für die Gemeinschaft Gewinn bringend sind, für das ausführende Individuum aber auf den ersten Blick nur Nachteile haben. Solche Verhaltensweisen bezeichnet man als uneigennützig oder **altruistisch** (lat. *alter* ein anderer). Wenn z. B. in einer Kolonie des Erdmännchens, einer südafrikanischen Mangustenart, ein einzelnes Tier auf mögliche Feinde achtet und ihr Nahen durch einen Ruf ankündigt, so hat dieser Wächter zwei Nachteile: Er kann während seiner Wächtertätigkeit keine Nahrung aufnehmen und macht zudem durch Warnrufe den Feind besonders auf sich aufmerksam (**Abb. 120.1**). Wie konnte sich ein solches altruistisches Verhalten in der Evolution bilden und erhalten, obwohl es für den Ausführenden mit Nachteilen verbunden ist? Derartige Fragen, die sich mit den stammesgeschichtlichen Ursachen und den Auswirkungen sozialen Verhaltens beschäftigen, beantwortet die **Soziobiologie**.

Verwandtschaftsselektion und Gesamtfitness. Tiergruppen, in denen altruistisches Verhalten auftritt, bestehen oft aus nahe verwandten Individuen, so auch bei den Erdmännchen-Rudeln. Der Wächter verringert zwar durch sein Verhalten seine eigene Überlebenschance, erhöht aber die der anderen Gruppenmitglieder. Diese Form des altruistischen Verhaltens hat dann einen Selektionsvorteil, wenn die dem Wächterverhalten zugrunde liegenden Allele des warnenden Tieres an genügend Nachkommen weitergegeben werden, sodass sie im Genpool zunehmen. Das Wächterverhalten erhöht somit die reproduktive Fitness der gesamten Gruppe, aber auch die **Gesamtfitness** des Einzeltiers.

In der Evolution wird nicht das Verhalten bevorzugt, das dem betreffenden Individuum unmittelbar nützt, sondern dasjenige, das die Gesamtfitness des Individuums optimiert. Unter der Gesamtfitness versteht man die Anzahl der eigenen Allele, die an die Folgegeneration weitergegeben werden. Diese Weitergabe kann zum einen dadurch geschehen, dass sich das betreffende Tier vermehrt; man spricht hier von direkter Fitness. Die Allelweitergabe kann aber auch bei der Fortpflanzung naher Verwandter erfolgen, weil diese einen Teil der Allele mit dem Helfer gemeinsam haben. Wenn also der reproduktive Erfolg naher Verwandter verbessert wird, führt dies ebenfalls zur Fitnesssteigerung des Individuums. Diese bezeichnet man als seine **indirekte Fitness**; das altruistische Verhalten kommt also indirekt der Weitergabe des eigenen Erbguts zugute: Es kommt zur **Verwandtschaftsselektion** (engl. *kin selection*).

Altruistisches Verhalten stellt sich also immer dann ein, wenn der Nutzen, also der Fitnessgewinn, größer ist als die „Kosten". Mathematisch lässt sich dies mithilfe einer einfachen Formel zeigen, die der englische Biologe WILLIAM D. HAMILTON (**Abb. 120.2**) entwickelte:

$$r \cdot B > C$$

r = Verwandtschaftskoeffizient
B = Nutzen (engl. *benefit*)
C = Kosten (engl. *cost*)

Bei geschlechtlicher Fortpflanzung erhält jedes Individuum jeweils 50 % des Erbgutes von Mutter und Vater. Dieser Verwandtschaftsgrad wird mit dem Verwandtschaftskoeffizienten r = 0,5 bezeichnet. Nimmt der Grad der Verwandtschaft ab, so wird der r-Wert kleiner, z. B. ist für die Verwandtschaft zu Großeltern r = 0,25, zu Urgroßeltern oder zu Vettern/Kusinen r = 0,125. Nur wenn

Abb. 120.1: Wächter in einer Erdmännchen-Kolonie

Abb. 120.2: WILLIAM D. HAMILTON (1936–2000)

der Fitnessverlust (»Kosten«) des Altruisten insgesamt geringer ist als der Fitnessgewinn (»Nutzen«) der Vorteilnehmer, breitet sich das entsprechende Allel aus.

Ein uneigennütziges Verhalten gegenüber Nachkommen, das den Tod des betreffenden Elters zur Folge hat, ergibt Kosten in Höhe von 1 (= totes Elterntier). Nach der HAMILTON-Formel setzt sich ein solches Verhalten zwangsläufig im Verlauf der Evolution durch, wenn im Durchschnitt der Population mehr als zwei Nachkommen überleben. Beispielsweise ist bei drei Nachkommen $r \cdot B = 0{,}5 \cdot 3 = 1{,}5$ und damit größer als 1. Neffen haben im Mittel noch ein Viertel der Gene mit einem erwachsenen Tier gemeinsam, nach der HAMILTON-Formel müssen also im Durchschnitt mehr als vier Neffen überleben, damit ein Selektionsvorteil auftritt. Der Nutzen altruistischen Verhaltens ist demnach abhängig vom Verwandtschaftsgrad. Die Bedingung wird um so leichter erfüllt, je geringer die Nachteile für den Altruisten, je größer die Vorteile für die Vorteilnehmer und je enger beide genetisch verwandt sind. Kommt es nun zu einer Zunahme der individuellen Gesamtfitness aufgrund altruistischen Verhaltens, setzt sich dieses im Lauf der Stammesgeschichte durch: Es findet eine stabilisierende Selektion statt *(s. S. 32)*, das genetisch bedingte altruistische Verhaltensmuster stellt eine evolutionsstabile Strategie (ESS) dar *(s. S. 134)*.

Die Tendenz, altruistisches Verhalten auszuführen, ist Tieren angeboren, oft auch durch Lernvorgänge modifiziert. Das Verhalten selbst läuft ohne Berücksichtigung möglicher Folgen zwangsläufig ab. Der Wächter erfüllt also diese Aufgabe, ohne dass ihm die damit verbundenen individuellen Nachteile einsehbar sind.

Eine weitere Form altruistischen Verhaltens liegt vor, wenn ein Tier auf eigene Nachkommen verzichtet und stattdessen andere Artgenossen bei der Aufzucht ihrer Jungen unterstützt. Ein besonders gut untersuchtes Beispiel dafür liefert der Weißstirnspint (**Abb. 121.1**). Dieser mit dem einheimischen Bienenfresser verwandte Vogel lebt in den Tropen Afrikas. Er brütet in großen Kolonien von durchschnittlich 200 Individuen. Die meisten Brutpaare werden von erwachsenen Artgenossen im Brutgeschäft unterstützt: Diese beteiligen sich am Graben der Brutröhren, am Auspolstern des Nestes, am Bebrüten der Eier und an der Nahrungsbeschaffung für die geschlüpften Nestlinge. Ob ein nichtbrütender Vogel ein »Helfer« wird, hängt offensichtlich in hohem Maß vom Verwandtschaftsgrad ab: Helfer unterstützen vor allem nahe Verwandte beim Brutgeschäft.

Auch bei wirbellosen Tieren findet man Beispiele für altruistisches Verhalten, so z. B. beim Kleinen Leberegel (**Abb. 121.2**), einem Darmparasiten des Rindes. Die Eier

des Wurms werden mit dem Rinderkot ausgeschieden und anschließend gemeinsam mit dem Kot von einer Schnecke gefressen. In dieser entwickeln sich wurmartige Larvenstadien, die Cercarien. Sie werden von der Schnecke in Schleimballen abgegeben und in großer Zahl von einer Ameise gefressen. In dieser entwickeln sie sich weiter. Eine der Cercarien wandert ins Gehirn der Ameise (»Hirnwurm«) und stört dieses so, dass die Ameise nicht in ihren Staat zurückkehrt, sondern zur Spitze eines Grashalms wandert. Dort wird sie mit dem Gras von einem Rind gefressen. Die Cercarie im Gehirn hat keine Nachkommen, aber sie ermöglicht, dass ihre im Körper der

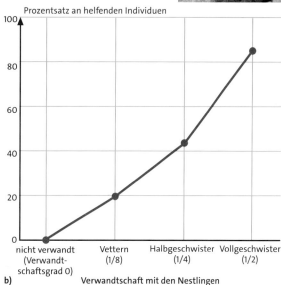

Abb. 121.1: Weißstirnspint. **a)** Rufender Altvogel; **b)** »Bruthelfer« unterstützen bevorzugt nahe Verwandte des Brutpaares.

Abb. 121.2: a) Kleiner Leberegel; **b)** Zebraschnecke, ein Zwischenwirt des Kleinen Leberegels

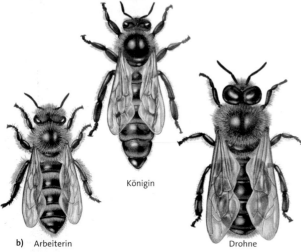

b) Arbeiterin   Drohne

Abb. 122.1: Kooperation und Arbeitsteilung im Bienenstaat.
a) Bienenkönigin und Arbeiterinnen auf einer Wabe;
b) Kasten der Honigbiene

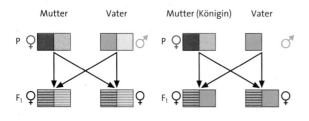

Abb. 122.2: Genetische Verwandtschaftsgrade (jedes Kästchen entspricht einem haploiden Chromosomensatz).
a) Verwandtschaftskoeffizienten r bei Schwestern, deren Eltern diploid sind. Ihr durchschnittlicher Verwandtschaftsgrad beträgt r = 0,5. Zwischen Eltern und Kindern gilt stets r = 0,5. b) Verwandtschaftskoeffizient von Schwestern in einem Bienenstaat; der Vater ist haploid, die Mutter (Königin) diploid.

Ameise befindlichen Geschwister mit hoher Wahrscheinlichkeit in ein Rind gelangen und dort zu geschlechtsreifen Leberegeln heranwachsen. Die Cercarie im Gehirn »verzichtet« demnach auf die eigene Fortpflanzung, verringert also durch ihr altruistisches Verhalten ihre individuelle Fitness, erhöht aber die der Verwandten und somit ihre eigene Gesamtfitness.

Eusozialität. Unter der Bezeichnung Eusozialität (gr. *eu* gut) fasst man das Phänomen der Staatenbildung bei Tieren zusammen. Man findet solche **Tierstaaten** vor allem bei Insekten, insbesondere bei Termiten, Ameisen, Honigbienen, Hummeln und vielen Wespenarten. Alle Tierstaaten sind durch einen hohen Anteil altruistischer Verhaltensweisen gekennzeichnet. Sie haben kooperative Brutpflege und Nahrungsbeschaffung gemeinsam. Hinzu kommt, dass sich nur ein – zumeist kleiner – Teil der Individuen fortpflanzt und die übrigen Individuen des Staates steril sind. Außerdem leben mehrere Generationen gleichzeitig in dieser Tiergemeinschaft. Häufig sind Rangordnungsverhalten und die Ausbildung von **Kasten,** die eine spezielle Aufgabe im Staat übernehmen.

Besonders gut untersucht sind die Verhältnisse im Staat der Honigbiene (**Abb. 122.1**). Hier sind die Männchen (Drohnen) haploid, da sie aus unbefruchteten Eiern entstehen. Dagegen sind alle weiblichen Tiere, sowohl die Königinnen als auch die sterilen Arbeiterinnen, diploid. Die Männchen geben also mit jedem Spermium ihren gesamten Chromosomensatz an ihre Nachkommen weiter, die diploiden Königinnen dagegen mit einer Eizelle nur die Hälfte ihres Chromosomenbestandes. Die eine Hälfte der Chromosomen, die von der Drohne stammt, ist bei allen Arbeiterinnen identisch. In der von der Königin stammenden Hälfte können sie sich dagegen unterscheiden. Erhalten zwei Arbeiterinnen dieselben Chromosomen der Königin, so haben sie genau dasselbe Erbgut (r = 1), erhalten sie dagegen ausschließlich verschiedene Chromosomen, haben sie nur das väterliche Erbgut gemeinsam (r = 0,5). Im rechnerischen Durchschnitt haben die Arbeiterinnen eines Bienenstaates demnach 75 % ihres Erbgutes gemeinsam (r = 0,75).

Im Bienenstaat sind somit die Arbeiterinnen untereinander enger verwandt, als sie es mit ihren eigenen Kindern wären (**Abb. 122.2**). Würde sich eine Arbeiterin selbst fortpflanzen, hätte sie, wie auch die Königin, mit ihren Nachkommen nur die Hälfte des Erbguts gemeinsam (r = 0,5). Aus Gründen der Fitness ist es für eine Arbeiterin demnach von Vorteil, bei der Aufzucht fortpflanzungsfähiger Schwestern, also künftiger Königinnen (r = 0,75), mitzuhelfen, anstatt eigene Nachkommen zu haben..

4.3 Kommunikation

4.3.1 Sender-Empfänger-Modell

Mit Kommunikation (lat. *communicatio* Mitteilung) bezeichnet man in der Verhaltensbiologie den Austausch von Informationen zwischen Tieren, in der Regel zwischen Artgenossen. Träger der Information sind bestimmte Signale. Zur Kommunikation gehören ein Sender der Information, ein Weg der Signal- bzw. Informationsübertragung und ein Empfänger:

S ⟷ E

Sender   Weg der Informations-   Empfänger
           übertragung

Mithilfe der übertragenen Signale kann ein Tier das Verhalten eines anderen Tieres beeinflussen. Dazu müssen die Signale des Senders sowie die Vorgänge der Signalaufnahme und -beantwortung durch den Empfänger wechselseitig aufeinander abgestimmt sein. In der Evolution setzt sich die Ausbildung spezifischer Signale in der Regel dann durch, wenn diese Form des Informationsaustauschs sowohl für den Sender als auch für den Empfänger einen Fitnessgewinn und somit einen Selektionsvorteil mit sich bringt.

Die Grüne Meerkatze bewohnt in Großgruppen von bis zu 80 Tieren Savannengebiete und flussbegleitende Wälder in Afrika südlich der Sahara (**Abb. 123.1**). Die akustische Kommunikation spielt im Leben dieser Primaten eine große Rolle. Sie dient unter anderem dazu, fremde arteigene Gruppen aus dem Territorium zu vertreiben. Außerdem signalisieren die Tiere Gefahren mit spezifischen Alarmrufen. Durch unterschiedliche Rufe zeigen sie an, ob sich ein Raubvogel oder eine Schlange nähert. Die gewarnten Meerkatzen reagieren entsprechend der Art der Ankündigung: Erfolgt der Warnruf für einen Bodenfeind, klettern die Tiere auf Bäume, wird der Warnruf für Raubvögel gegeben, blicken sie zum Himmel.

Die Träger der akustischen Informationen, die mit den Alarmrufen der Meerkatzen ausgesendet werden, sind Schallwellen. Sie repräsentieren die **syntaktische Ebene** der Informationsübertragung. Sie ist gekennzeichnet durch die Frequenz des Schalls und den Schalldruck; diese bewirken Tonhöhe bzw. Lautstärke. Dabei spielt die Bedeutung der Information zunächst noch keine Rolle; im Vordergrund steht die möglichst effiziente und verlustfreie Signalübertragung zum Empfänger. Dazu muss die Information von geeigneten Sinnesorganen des Empfängers registriert werden. Dies geschieht hier im Mittel- und Innenohr des Empfängers, wo die Schallwellen in Druckänderungen der Ohrlymphe umgesetzt werden und diese wiederum die Hörsinneszellen adäquat reizen.

Damit die aufgenommenen Informationen auch einen Bedeutungsgehalt bekommen, müssen sie ausgewertet werden. Dazu muss der in den Schallwellen enthaltene Code »entschlüsselt« werden; im vorliegenden Beispiel haben unterschiedliche Rufe für den Adressaten eine unterschiedliche Bedeutung (Bodenfeind, Luftfeind). Damit ist die **semantische Ebene** der Information, die Bedeutungsebene, erreicht. Die dritte Ebene der Kommunikation ist die **pragmatische Ebene.** Sie betrifft die Handlungsbedeutung einer Information. So veranlasst der Alarmruf, der die Mitglieder der Meerkatzengruppe vor Bodenfeinden warnt, die anderen Gruppenmitglieder, möglichst rasch auf einen nahen Baum zu flüchten.

Abb. 123.1: Grüne Meerkatzen. **a)** Meerkatzen leben in großen Gruppen; **b)** rufende Meerkatze; **c)** bei Gefahr vom Boden flüchten die Tiere auf Bäume.

4.3.2 Formen der Verständigung

Kommunikation zwischen Lebewesen kann auf verschiedene Arten erfolgen. Je nach dem verwendeten Weg der Informationsübertragung und den dabei eingesetzten Sinneskanälen spricht man von akustischer, visueller, taktiler oder chemischer Kommunikation.

Chemische Kommunikation. Kommunikation kann über chemische Signale erfolgen. Die dabei übermittelten Substanzen bezeichnet man als **Pheromone.** Sie werden in geringer Konzentration an die Luft bzw. das Wasser abgegeben und lösen bei Artgenossen bestimmte Verhaltensreaktionen aus. Viele Insekten verständigen sich mithilfe von Pheromonen. So werden von den Weibchen vieler Schmetterlinge **Sexuallockstoffe** abgegeben. Sie bestehen meist aus einem artspezifischen Gemisch verschiedener leicht flüchtiger Verbindungen. Der Lockstoff kann die Männchen aus sehr großen Entfernungen anlocken, weil deren Geruchsorgane für dieses Substanzgemisch besonders empfindlich sind. Diese Tatsache macht sich der Mensch zunutze, indem er künstlich hergestellte Pheromone zur Schädlingsbekämpfung einsetzt. Auch viele Säugetiere verständigen sich mit Duftsignalen und markieren mit Duftstoffen ihr Territorium. Viele dieser Pheromone werden über ein besonderes Riechorgan wahrgenommen, das JACOBSON'sche Organ. Es liegt bei Säugetieren in der Nasenscheidewand und dient nicht der sonstigen Geruchswahrnehmung. Höchstwahrscheinlich tauschen auch Menschen über Pheromone Signale aus; sie tragen unter anderem dazu bei, ob man einander »riechen« kann, d. h. Sympathie füreinander empfindet.

Visuelle Kommunikation. Sehr häufig werden visuelle Signale für die Verständigung zwischen Artgenossen verwendet. So dienen z. B. bestimmte Körperhaltungen, Bewegungen oder Gesten zur Verständigung. Besonders häufig finden sie als Signale bei innerartlichem Aggressions- und Balzverhalten Anwendung.

Das Auftreten einer Katze mit Katzenbuckel, gesträubten Haaren und gefletschten Zähnen ist eine bekannte Drohgebärde. Auch der Mensch besitzt solche **Ausdrucksbewegungen,** die in allen Kulturen dieselbe Bedeutung haben und auch in gleicher Weise ausgeführt werden. Weil die ausgetauschten Signale nicht durch die Wortsprache verschlüsselt sind, spricht man auch von **nonverbaler Verständigung.** Dazu gehören Zorn- und Drohgebärden, Lächeln, Gesichtsbewegungen beim Erstauntsein oder beim Grüßen (**Abb. 124.1**). Sie werden von taubblinden Kindern *(s. S. 101)* in gleicher Weise ausgeführt, sind also weitgehend ererbt. Trotzdem können sie willentlich unterdrückt werden (»Pokerface«) oder ohne die zugehörigen Emotionen ausgeführt werden, z. B. von guten Schauspielern.

Akustische Kommunikation. Kommunikation mithilfe von akustischen Signalen ist bei Tieren weit verbreitet. Besonders gut untersucht sind die Lautäußerungen vieler Vögel in Form von Reviergesängen sowie Warn- und Lockrufen. Mit Chorgesängen grenzen manche Primaten, z. B. die Gibbons und Brüllaffen, ihr Territorium gegen Gruppen derselben Art ab. Auch manche Insekten erzeugen charakteristische arteigene Laute, die der Revierabgrenzung und der Partnerfindung dienen, so z. B. viele Heuschrecken, Grillen und Zikaden.

a) b)

Abb. 124.1: Augengruß. Die Brauen werden kurzzeitig für Bruchteile einer Sekunde angehoben, gleichzeitig lächelt die Person. Die Bilder zeigen jeweils den Gesichtsausdruck kurz vor dem Augengruß bei Aufnahme des Blickkontakts (links) und beim Augengruß selbst (rechts). **a)** Balinese; **b)** Angehöriger einer kleinen Bevölkerungsgruppe in Neuguinea.

Sprachähnliche Formen der Kommunikation. Manche Tierarten zeigen ein differenziertes Kommunikationssystem, das teilweise an die Sprache des Menschen erinnert. Solche hochentwickelten, sprachähnlichen Verständigungsformen kennt man insbesondere von Menschenaffen und von Walen.

Menschenaffen tauschen akustische, sprachähnliche Signale aus. Diese ähneln in mancher Hinsicht der menschlichen Sprache, doch sind die Tiere nicht in der Lage, Laute frei zu Wörtern, Sätzen und Geschichten zu kombinieren. Mit diesen Elementen der Sprache kann der Mensch demgegenüber nach grammatikalischen Regeln eine nahezu unbegrenzte Zahl von Aussagen erzeugen. Darüber hinaus verständigen sich Menschen mit der Sprache auch über abstrakte Dinge, über Ereignisse in der Vergangenheit und Zukunft oder über Objekte, die nicht im Blickfeld, also räumlich entfernt sind. Menschenaffen sind außerdem nicht in der Lage, so vielfältige Laute zu bilden wie der Mensch, da ihnen die komplexen Strukturen im Bereich von Kehlkopf und Mund fehlen, die beim Menschen die Lautbildung beim Sprechen ermöglichen. Will man also feststellen, ob Menschenaffen die geistigen Fähigkeiten zur Nutzung einer einfachen Sprache besitzen, kann man nicht die gesprochenen Wörter verwenden, sondern muss andere Formen der Sprache benutzen. Bei solchen Untersuchungen ist zu prüfen, ob die Tiere sowohl die Bedeutung von Wörtern verstehen (semantischer Aspekt von Sprache) als auch die Regeln der Kombination von Wörtern anwenden (syntaktischer Aspekt).

Tatsächlich gelang es, einzelnen Schimpansen über 100 Zeichen der Taubstummensprache beizubringen, mit denen sie sogar Sätze bilden konnten. Die Eheleute B. und A. GARDNER brachten dem Schimpansenweibchen Washoe in vier Jahren Zeichen für 160 Wörter bei. Diese Wörter konnte das Tier auch selbst durch Zeichen mitteilen. Auch Delfine und Papageien sind sehr wahrscheinlich in der Lage, einfache Sprachsymbole zu verstehen und richtig anzuwenden.

Dem amerikanischen Verhaltensforscher DAVID PREMACK ging es bei seinen Untersuchungen vor allem um die Frage, ob Affen bei der Kombination von Wörtern auch Regeln anwenden. Er lehrte die Schimpansin Sarah, dass Plastikstücke von bestimmter Form und Farbe (Symbole für Wörter) ein bestimmtes Objekt, eine Tätigkeit oder eine Eigenschaft bedeuten. Mit solchen Plastikfiguren, von denen jede einem bestimmten Wort entsprach, konnte z. B. folgender Satz gelegt werden: Sarah-legen-Banane-Schüssel-Apfel-Eimer (**Abb. 125.1**). Die Schimpansin verstand den Sinn der Kombination der Plastikfiguren, legte den Apfel in den Eimer und die Banane in die Schüssel. Ihre eigenen Wünsche konnte sie auf die gleiche Weise äußern. Die Primatenforscherin SUE SAVAGE-RUMBAUGH untersuchte Bonobos, die sich hinsichtlich des Spracherwerbs als besonders fähig erwiesen, und verglich sie mit Kindern. Sie analysierte das Verständnis für gesprochene englische Sprache. Es ergab sich, dass junge Zwergschimpansen und Menschen bis zum Alter von etwa zweieinhalb Jahren ungefähr gleich weit waren, und zwar sowohl in semantischer (400 bis 500 Wörter) als auch in syntaktischer Hinsicht. Von da ab erwarben die Zwergschimpansen weder weitere Vokabeln noch zusätzliches syntaktisches Wissen. Dagegen nimmt beim Menschen der sprachliche Wissenserwerb danach fortlaufend zu.

Kommunikation im Bienenstaat. Eine Honigbiene verwendet eine besondere Form der Kommunikation, um ihren Artgenossen die Richtung und die Entfernung mitzuteilen, in der sich eine Futterquelle, z. B. ein Obstbaum, befindet. In der Dunkelheit des Stockes signalisiert sie dessen Lage mithilfe von Körperbewegungen, dem »Bienentanz«. Liegt die Futterquelle in unmittelbarer Nähe des Stocks (< 100 m), so führt eine heimkehrende Sammlerin auf einer senkrecht hängenden Wabe einen Rundtanz durch (**Abb. 126.1 a**). Er signalisiert den anderen Arbeiterinnen, in nächster Umgebung des Stockes zu suchen.

Befindet sich die Futterquelle mehr als 100 m vom Stock entfernt, wird ihre Entfernung und Richtung durch einen Schwänzeltanz angezeigt (**Abb. 126.1 b**). Dieser Tanz hat die Form einer Acht. Im Mittelstück der Tanzfigur

Abb. 125.1: Sprachähnliche Kommunikation. Die Schimpansin Sarah handelt gemäß der Anleitung (s. Text).

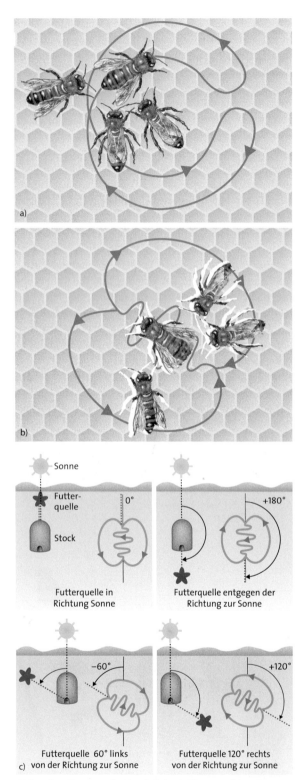

a)

b)

Sonne

Futter-
quelle

Stock

0°

Futterquelle in
Richtung Sonne

+180°

Futterquelle entgegen der
Richtung zur Sonne

−60°

Futterquelle 60° links
c) von der Richtung zur Sonne

+120°

Futterquelle 120° rechts
von der Richtung zur Sonne

Abb. 126.1: Kommunikation bei Honigbienen. **a)** Rundtanz;
b) Schwänzeltanz. Die tanzende Biene hat jeweils drei Nach-
folgerinnen; **c)** Richtungsweisung der Honigbienenarbeiterin
durch unterschiedliche Ausführung des Schwänzeltanzes

bewegt die Tänzerin dabei den Hinterleib heftig hin und her, d. h. sie schwänzelt. Ein auf der Wabe senkrecht nach oben durchgeführter Schwänzeltanz heißt, dass die Futterquelle in Richtung zur Sonne liegt, ein senkrecht nach unten durchgeführter Schwänzeltanz, dass sie in genau entgegengesetzter Richtung liegt. Weicht das Mittelstück des Tanzes nach links oder nach rechts von der vertikalen Richtung ab, bedeutet dies, dass sich die Futterquelle in einer entsprechenden Winkelabweichung links bzw. rechts zur Richtung der Sonne befindet (**Abb. 126.1 c**). Der Schwänzeltanz wird auf einer vertikalen Wabenfläche ausgeführt. Seine Richtung relativ zur Erdschwerkraft gibt demnach die Richtung zur Futterquelle relativ zur Sonneneinstrahlung an. In der Zahl der Umläufe je Zeiteinheit ist die Entfernung zur Futterquelle verschlüsselt. Mit zunehmender Entfernung zur Futterquelle wird das Schwänzeln im Mittelstück immer länger, die Umläufe werden dadurch langsamer.

Die Bienensprache bedient sich also bestimmter Zeichen oder Begriffe (»Symbole«) in Form von Bewegungen, die in einer bestimmten Form, Richtung und Intensität ausgeführt werden. Diese müssen nicht erlernt werden, sondern werden durch angeborene Mechanismen »gesprochen« und »verstanden«.

Wie übernehmen Bienen, die im dunklen Stock der Vortänzerin folgen, die im Schwänzeltanz enthaltene Information? Sie erfassen die Bewegungen durch Tastwahrnehmungen; es handelt sich also um eine Form der taktilen Kommunikation. Außerdem sendet die Vortänzerin mit ihren Flügeln akustische Signale aus, niederfrequente Laute von etwa 300 Hz. Die Folgebienen strecken ihre Antennen, die ein Gehörorgan enthalten, nahe an die Schallquelle. Sie hören die Vortänzerin und folgen auch auf diese Weise ihren Bewegungen. Über die Art der Futterquelle werden die nachfolgenden Tiere über Duftproben des mitgebrachten Pollens oder Nektars informiert.

Eine Biene, die am Morgen eine Futterquelle gefunden hat und anschließend bis zum Nachmittag im Stock geblieben ist, findet sie auch nach dieser Zeit wieder. Das Tier nutzt für das Wiederfinden der Futterquelle den Sonnenstand als Kompass. Es muss dazu die Wanderungsgeschwindigkeit der Sonne von 15° pro Stunde auf einer Kreisbahn kennen und über eine präzise innere Uhr verfügen. Selbst wenn die Sonne z. B. durch Gebäude, Berge oder dichte Wolken verdeckt ist und nur ein kleiner Fleck blauen Himmels sichtbar bleibt, kann die Biene den Sonnenstand erkennen, und zwar an der Schwingungsrichtung des polarisierten Himmelslichtes. Darüber hinaus verfügt sie in ihrem Gedächtnis über eine »Landkarte« der Umgebung des Stockes, die sie zur Orientierung einsetzt.

Besondere Formen der Kommunikation. In der Ausrüstung der Tiere mit Sinnen und in der Leistung ihrer Sinnesorgane bestehen große Unterschiede. Auch die höchstentwickelten Lebewesen erfassen nur einen Teil der Erscheinungen in ihrer Umgebung.

Der Mensch nimmt Schallwellen nur zwischen 20 Hz und 20 kHz wahr. Beim Hund liegt die obere Grenze zwischen 30 und 50 kHz. Der Hund nimmt also auch Töne wahr, die für den Menschen unhörbar sind, z.B. die Töne einer Hundepfeife. Die obere Hörgrenze der Fledermäuse (175 kHz) und der Delfine (200 kHz) liegt noch wesentlich höher. Beide Tiergruppen sind in der Lage, im Ultraschallbereich zu kommunizieren. Elefanten und einige Wale hören noch unterhalb 20 Hz und verständigen sich auch in diesem für den Menschen unhörbaren Frequenzbereich; sie nutzen dabei die große Reichweite dieser Wellen.

Der Sehbereich des Menschen ist auf die Wellenlängen zwischen 400 und 700 nm beschränkt. Viele Insekten nehmen dagegen auch ultraviolettes Licht, nicht aber Rotlicht wahr. Für sie haben manche Blüten, aber auch Artgenossen völlig andere Farben oder Farbmuster als für den Menschen (**Abb. 127.1**).

Bei manchen Tieren findet man Sinne, die dem Menschen fehlen. So haben die Grubenottern, zu denen die Klapperschlange gehört, am Kopf in Vertiefungen liegende Sinnesorgane, mit denen sie Wärmestrahlen »sehen« können (**Abb. 127.2**). Diese Organe reagieren empfindlich auf Temperaturunterschiede in der Umgebung. Die Tiere sind damit in der Lage, gleichwarme Beutetiere zu orten. Manche Fische können Änderungen des elektrischen Feldes, wie sie z.B. von Beutetieren, Artgenossen oder Hindernissen erzeugt werden, wahrnehmen (**Abb. 127.3**). Manche Insekten und Zugvögel können sich am Magnetfeld der Erde orientieren. Bienen sind in der Lage, die Schwingungsrichtung von polarisiertem Licht zu registrieren.

Wegen der unterschiedlichen Leistungsfähigkeit von Sinnen und Gehirn sind die »Vorstellungen«, welche die Lebewesen von ihrer Umgebung haben, sehr verschieden. Der Mensch lebt überwiegend in einer farbigen Sehwelt, der Hund in einer Riechwelt, die Fledermaus in einer Hörwelt, die Spinne in einer Tastwelt. Der Mensch hat es jedoch verstanden, seinen Wahrnehmungsbereich durch die Entwicklung »technischer Sinnesorgane« gewaltig zu erweitern und bisher Unsichtbares sichtbar, Unhörbares hörbar zu machen.

Abb. 127.2: Foto einer Maus, aufgenommen mit einem Infrarotsichtgerät, das die von ihr abgestrahlte Wärme sichtbar macht. Die Wahrnehmung einer Maus durch eine Grubenotter ist vermutlich ähnlich.

Abb. 127.1: Männchen und Weibchen eines nordamerikanischen Tagfalters sehen für den Menschen sehr ähnlich aus. Erst unter UV-Licht, das von den Schmetterlingen wahrgenommen werden kann, sind die auffälligen Flügelmale des Männchens zu erkennen.

Abb. 127.3: Tapirfisch (Länge bis 25 cm). Dieser westafrikanische Süßwasserfisch besitzt elektrische Organe, mit deren Hilfe er sich in seinen Heimatgewässern orientiert.

4.3.3 Kosten und Nutzen der Kommunikation

Auch für die Erklärung, wie Kommunikationsverhalten in der Evolution entstanden ist, lassen sich Kosten-Nutzen-Analysen heranziehen *(s. S. 118)*. Demnach kann sich eine bestimmte Form der Kommunikation nur dann etablieren, wenn der mit dem Verhalten verbundene Nutzen die Nachteile (»Kosten«) überwiegt.

Sexuelle Auslöser. Die Produktion von großen und nährstoffreichen Eizellen oder das Austragen von Jungen ist viel aufwändiger als die Produktion der kleinen Spermien. Weibchen investieren somit viel mehr Energie in die Fortpflanzung als Männchen. Daher bevorzugen Weibchen solche Männchen als Partner, deren Merkmale eine genetisch vorteilhaftere Ausstattung erwarten lassen. Dabei wird keine bewusste Auswahl vorgenommen. Die männlichen Tiere treten untereinander in starke Konkur-

Abb. 128.1: Männlicher Rothirsch

Abb. 128.2: Rad des männlichen Pfaus. Je prächtiger das Rad, umso attraktiver ist das Tier für das Weibchen.

renz. Die Partnerwahl durch die Weibchen und die Konkurrenz zwischen den Männchen führte im Laufe der Evolution zur innerartlichen Selektion entsprechender Merkmale, die als **sexuelle Auslöser** dienen. Dabei kam es bei vielen Arten zur Ausbildung eines ausgeprägten **Sexualdimorphismus.** Beispiele sind die Geweihe männlicher Hirsche (**Abb. 128.1**) und das Prachtgefieder vieler Vogelmännchen (**Abb. 128.2**); oft ist die Ausbildung solcher Merkmale mit entsprechendem Imponierverhalten verbunden. Die sexuelle Selektion führt in der Stammesgeschichte zu einer immer auffälligeren Ausprägung der entsprechenden Merkmale. Dies erhöht zwar die Attraktivität für die Weibchen, bringt jedoch auch Nachteile mit sich: Die Männchen sind nun sehr auffällig, z. T. auch durch besonders große Imponierorgane beeinträchtigt, und fallen dadurch in größerem Umfang Feinden zum Opfer. Überwiegen diese Nachteile (»Kosten«) die Vorteile (»Nutzen«) einer bevorzugten Partnerwahl durch die Weibchen, sinkt die Fitness der betroffenen Männchen und das Merkmal wird aus der Population verschwinden. Nachteilige Merkmale, die mit vorteilhaften gekoppelt sind, bleiben in der Evolution nur so lange erhalten, wie die Bilanz für die Selektionswirkung positiv ist. Innerartliche sexuelle Selektion und zwischenartliche Selektion durch Fressfeinde sorgen dafür, dass das äußere Erscheinungsbild einen Kompromiss darstellt.

Mimese und Mimikry. Der Vorteil von Tarntrachten im Tierreich ist offensichtlich: Tierarten mit Mimese *(s. S. 31)* sind durch ihre unauffällige Gestalt oder Zeichnung besser vor den Augen von Feinden geschützt. Allerdings können solche gut getarnten Tiere von Geschlechtspartnern schlechter gefunden werden (**Abb. 129.1**).

Bei der **Mimikry** erfolgt Nachahmung eines anderen Tieres, das besonders wehrhaft, giftig oder ungenießbar ist. Dadurch werden Fressfeinde abgeschreckt. Diese besondere Form der Tarnung entwickelte sich in der Evolution, indem eine Art der anderen Art zunehmend ähnlicher wurde.

Besonders frappierende Beispiele findet man bei tropischen Schmetterlingen. Zahlreiche Tagfalterarten werden wegen ihrer Giftigkeit von Vögeln gemieden. In den Schwärmen solcher Schmetterlinge fand man ganz ähnliche Falter, die sich bei genauer Untersuchung jedoch als Angehörige einer anderen Art erwiesen und auch nicht giftig waren. Sie nehmen durch gleiche Form und sehr ähnliche Flügelzeichnung am Schutz der giftigen Art teil (**Abb. 129.2**). Es handelt sich damit gleichsam um eine Signalfälschung. Die Zahl der Nachahmer darf allerdings nicht zu groß sein, denn wenn ein unerfahrener Vogel zuerst auf mehrere Nachahmer trifft, verliert der Schutz seine Wirkung. Der Nutzen für die »Nachahmer« und damit deren Fitness ist also häufigkeitsabhängig. In anderen Fällen erwiesen sich bei gestaltlich ähnlichen Schmetterlingsarten beide als ungenießbar für Vögel. In diesen Fällen erhöht sich die Fitness sowohl für das »Original« als auch für den Nachahmer, und zwar unabhängig von der Individuenzahl.

Beispiele für Mimikry bei einheimischen Tieren sind manche harmlose Schwebfliegen-Arten, die Wespen nachahmen und daher von vielen Vögeln nicht gefressen werden (Abb. 129.3).

Die Mimikry ist nicht auf Gestalt oder Färbung beschränkt, sondern es können auch bestimmte Verhaltensweisen wie Körperhaltung und Fortbewegung der Täuschung dienen: In den Korallenriffen suchen Putzerfische Fische anderer Arten nach Parasiten ab. Dieses Verhalten wird von den Fischen geduldet. Der Putzer wird im Aussehen und Verhalten von einem räuberischen Schleimfisch nachgeahmt, der Fleischstücke aus anderen Fischen herausbeisst. Bei dieser Form der Mimikry wird also vom Schleimfisch eine Tarnung benutzt, um Nahrung zu erbeuten (Abb. 129.4). Auch hier darf die Häufigkeit der Nachahmer nicht zu groß sein, da bei mehrfachem Kontakt mit dem »falschen« Putzerfisch die riffbewohnenden Fische alle Arten, die sich wie Putzer verhalten, meiden würden.

Abb. 129.2: Mimikry bei Schmetterlingen aus Indien. **a)** Monarchfalter *Parantica sita*. Bereits die Raupe nimmt aus der Nahrungspflanze Stoffe auf, die für Vögel giftig sind, und speichert diese. **b)** Der Nachahmer *Papilio agestor*, ein Verwandter des Schwalbenschwanzes, ist nicht giftig.

Abb. 129.1: Blattschmetterling *Kallima*. Die Unterseiten von Vorder- und Hinterflügel ergänzen sich beim sitzenden Falter zu einem einheitlichen Blattmuster.

Abb. 129.3: Mimikry bei einheimischen Tieren. a) Wespe; b) harmlose Schwebfliege

Abb. 129.4: Verhaltensmimikry. a) Putzerfisch; b) nachahmender Schleimfisch

129

4.4 Konfliktverhalten

4.4.1 Aggressives Verhalten

Zur Sicherung seines Überlebens und seines Fortpflanzungserfolgs nutzt jedes Tier seine Umwelt auf vielfältige Weise. Da aber z. B. Nahrung oder Fortpflanzungspartner nur in begrenztem Maße verfügbar sind, besteht zwischen Artgenossen Konkurrenz. Die sich daraus ergebenden Konflikte werden oft durch Kämpfe ausgetragen. Dabei zeigen Tiere aggressives Verhalten, d. h. Verhaltensweisen, bei denen der Gegner bedroht, zurückgedrängt, verletzt oder sogar getötet wird. So wird ein Revier durch aggressive Verhaltensweisen erkämpft und verteidigt (s. S. 132).

Eine aggressive Auseinandersetzung beginnt meist mit Drohen oder Imponieren. Dabei wird häufig der Körperumriss vergrößert, z. B. durch Sträuben der Haare oder Federn oder durch Körperhaltungen wie Aufrichten oder »Katzbuckeln«. Oft werden Angriffswaffen gezeigt, wie z. B. Zähne, Hörner oder Geweihe (**Abb. 130.1**). Manchmal treten zu den optischen auch akustische Signale, wie das Knurren oder Fauchen bei Raubtieren. Die Auseinandersetzung wird häufig schon auf dieser Stufe beendet, indem einer der Partner aufgibt.

Kommt es zum Kampf, werden bei manchen Arten die gefährlichen »Waffen« der Tiere eingesetzt. Dabei können sich die Tiere gegenseitig verletzen; man spricht dann von einem **Beschädigungskampf.** Häufig besteht die Auseinandersetzung aber aus einem Kampf, der nach festen Regeln abläuft und bei dem gefährliche Waffen nicht oder nur in nicht verletzender Weise eingesetzt werden. Diese Form der Auseinandersetzung, die der Aggressionskontrolle dient, heißt **Kommentkampf.** So bekämpfen Giraffen ihre Rivalen mit den knöchernen Stirnzapfen, setzen aber die weit gefährlicheren Hufe nicht ein. Männliche Hirsche kämpfen untereinander, indem sie zuerst ihre Geweihe aneinander stoßen und dann versuchen, den Gegner fortzuschieben. Giftschlangenmännchen vermeiden bei ihren Kommentkämpfen den Einsatz ihrer Giftzähne; sie richten sich auf, umschlingen sich gegenseitig und versuchen den Gegner wegzudrücken (**Abb. 130.2**).

Den Abschluss eines Kampfes bildet bei vielen Arten eine **Demutshaltung** des Unterlegenen. Der Sieger bricht daraufhin normalerweise den Kampf ab. Die Demutshaltung besteht oft aus dem Darbieten verletzlicher Körperstellen oder dem Gegenteil der Drohgebärde, also z. B. aus Sich-klein-machen oder Sich-auf-den-Boden-legen. Der Sieger im Kampf ist im Allgemeinen das kräftigere und gewandtere Tier. Daneben spielt aber auch das Ausmaß der Kampfbereitschaft eine wichtige Rolle. Alle Verhaltensweisen, die während Auseinandersetzungen zwischen Artgenossen auftreten und dem Angriff, dem Verharren oder der Flucht dienen, werden auch als **agonistische Verhaltensweisen** (gr. *agonistes* Streiter) bezeichnet.

Abb. 130.1: Drohgebärde eines männlichen Mantelpavians

Abb. 130.2: Kommentkampf zwischen Klapperschlangen-Männchen

4.4.2 Aggressionskontrolle

Aggressionsverhalten hat innerhalb einer Population eine wichtige Funktion bei der Auseinandersetzung um begrenzte Ressourcen. Allerdings besteht bei vielen aggressiven Auseinandersetzungen die Gefahr, dass sich die Kämpfer gegenseitig verletzen oder gar töten. Im Verlauf der Evolution erwiesen sich bei vielen Arten Mechanismen als adaptiv, die agonistisches Verhalten bereits im Vorfeld verhindern.

Individuen mancher Tierarten zeigen beim Zusammentreffen mit Artgenossen ein spezielles **Beschwichtigungsverhalten.** Dabei werden, ähnlich wie beim Demutsverhalten, Waffen vom Gegenüber abgewendet, der Körperumriss scheinbar verkleinert oder verletzliche Körperstellen präsentiert. Beispielsweise beschwichtigen Weißstörche ihren Brutpartner bei der Ankunft am gemeinsamen Nest durch Schnabelklappern und Präsentieren der ungeschützten Kehle (**Abb. 131.1**). Das Verhalten dient als Schlüsselreiz und verringert die Aggressionsbereitschaft bei Artgenossen. Bei manchen Vogelarten kommt es auch zur Übergabe von symbolischen »Geschenken« in Form von Nistmaterial oder Nahrung. So überbringen Seeschwalben ihrem Partner einen Fisch, wenn sie zur Brutablösung am Nest erscheinen.

Rangordnungsverhalten. Bringt man Haushühner, die sich nicht kennen, zu einer Schar zusammen, beginnen sie zu kämpfen. Jedes Huhn ficht nach und nach mit jedem anderen und merkt sich, wen es besiegte und gegen wen es verlor. In der Folgezeit hackt es die Unterlegenen, wenn sie ihm nicht Platz machen, den Siegern weicht es aus: Die Tiere bilden innerhalb der Gruppe eine **Rangordnung** aus.

Solche Hierarchien innerhalb einer Tiergruppe kennt man auch von anderen Tierarten, z. B. Wölfen und Primaten. Der Aufbau einer Rangordnung setzt das individuelle Erkennen der Mitglieder eines Verbandes voraus. Das jeweils ranghöchste Tier bezeichnet man als **α-Tier.** Es hat innerhalb des Verbandes freien Zugang zu Nahrung, Fortpflanzungspartnern oder Ruheplätzen. Die soziale Stellung des Mitgliedes eines Verbandes kommt oft in dessen Körperhaltung zum Ausdruck (**Abb. 131.2**).

Die Ausbildung einer relativ stabilen Rangordnung hat für die Mitglieder des Verbandes Vorteile: Kräftezehrende Kämpfe um Nahrung, Geschlechtspartner oder Nistplatz sind selten. Eine solche soziale Rangordnung, die in der Hühnerschar auch »Hackordnung« genannt wird, ist allerdings nicht auf Dauer festgelegt. Insbesondere junge Gruppenmitglieder versuchen immer wieder, die Rangordnung zu ihren Gunsten zu verändern, und beginnen Rangordnungskämpfe.

Rangordnungen werden aber nicht immer nur durch Auseinandersetzungen zwischen einzelnen Tieren festgelegt. Bei Tüpfelhyänen, in deren Rudeln die Weibchen dominanter sind als die Männchen, »erben« sowohl männliche als auch weibliche Nachkommen den sozialen Rang der Mutter. Bei Affen sind die ranghöchsten Tiere oft erfahrene Alttiere, die trotz verminderter Körperstärke ihren Status behalten. Sie sind durch ein »Altersprachtkleid« ausgezeichnet. Dadurch wird die Erfahrung der älteren Tiere zum Nutzen der ganzen Gruppe eingesetzt.

Abb. 131.1: Beschwichtigungsklappern eines Weißstorchpaars am Nest

Abb. 131.2: Körperhaltung als Zeichen des Ranges bei Blutbrustpavianen. Ein Männchen droht einem Weibchen seines Harems.

Terriorialverhalten. Die meisten Tiere leben dauernd in einem bestimmten Gebiet. Ein Ausschnitt dieses Gebietes, in welchem sie auf Nahrungssuche gehen, ihr Nest bauen, schlafen und sich fortpflanzen, wird bei vielen höheren Tieren gegen Artgenossen abgegrenzt und verteidigt. Man nennt solche Zonen **Reviere** oder **Territorien.** Angehörige von Arten, die einzeln leben, wie z. B. Dachs und Hamster, bilden Einzelreviere. Wölfe und Paviane sind Beispiele für soziale Arten; sie bilden Gruppenreviere. Amseln und viele andere Vögel leben paarweise in ihrem Brutrevier.

Manche Säugetiere, darunter viele Raubtiere und Huftiere, setzen an bestimmten Stellen ihres Lebensraums Duftmarken in Form von Kot, Urin oder speziellen Drüsensekreten ab (**Abb. 132.1**). Der Revierinhaber zeigt so an, dass das Revier besetzt ist. Dies führt oft dazu, dass Artgenossen in noch nicht besetzte Gebiete abwandern (**Migration,** lat. *migrare* wandern); die **Reviermarkierung** dient somit der Aggressionskontrolle. Ähnliche Funktion wie die olfaktorische Markierung haben die Reviergesänge vieler Vögel und mancher Primaten.

Der Revierinhaber signalisiert mit der Markierung auch seine Kampfbereitschaft. Diese ist umso ausgeprägter, je näher er dem Zentrum seines Reviers ist. Selbst ein schwächeres Tier kann im Zentrum seines Reviers einen stärkeren Artgenossen besiegen, an der Peripherie aber vielfach nicht mehr. Die Kampfstärke eines Individuums drückt sich oft in der Größe seines Reviers aus.

Die biologische Bedeutung des Revierverhaltens liegt in der Sicherung des Lebensraumes für die Besitzer und ihre Jungen sowie in der gleichmäßigen Verteilung der Individuen einer Art innerhalb eines Verbreitungsgebietes. Territoriales Verhalten entwickelte sich in der Stammesgeschichte bei Tieren, bei denen sich die Etablierung und Verteidigung eines eigenen Wohngebiets als vorteilhaft erwies gegenüber einer gemeinsamen Nutzung des Lebensraums mit anderen Artgenossen. Ein Revier hat dann seine optimale Größe, wenn die »Kosten«, also der energetische Aufwand für die Verteidigung des Gebiets gegen Artgenossen, deutlich niedriger sind als der »Nutzen«, z. B. in Form ergiebiger Nahrungsquellen oder geeigneter Bruthöhlen (**Abb. 132.2**).

Werden Reviere von Tieren durch Überbevölkerung immer kleiner, dann kommt es in vielen Fällen zu sozialem Stress, der gesundheitliche Störungen und Verhaltensänderungen zur Folge haben kann; oft sinkt daraufhin die Vermehrungsrate. Gut untersucht sind solche dichteabhängigen Stresserscheinungen bei den südostasiatischen Tupaias *(s. S. 133)*. Hält man diese auch als Spitzhörnchen bezeichneten Kleinsäuger in zu großer Zahl in einem Gehege, ist bei den Weibchen die Funktion der Milchdrüsen und damit die Fähigkeit zum Säugen gestört. Außerdem scheidet die Duftdrüse zum Markieren der Jungen kein Sekret mehr ab, und die nicht duftmarkierten Jungen werden von Artgenossen getötet. Oft tragen trächtige Weibchen ihre Jungen nicht mehr aus. Bei den Männchen verzögert sich unter Dichtestress die Entwicklung der Hoden. Bei erwachsenen Tieren tritt häufig Nierenversagen als Todesursache auf. Im Freiland verringern solche Vorgänge bei einer zu hohen Populationsdichte die Anzahl der Tiere so weit, bis jedes Tier wieder die für das Überleben erforderliche Reviergröße hat.

Abb. 132.1: Ein Leopard markiert sein Territorium mit einem Augendrüsensekret.

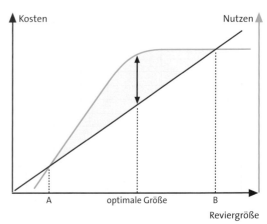

Abb. 132.2: Modell zur Ermittlung der optimalen Größe eines Tierreviers

4.4.3 Ursachen aggressiven Verhaltens

Die Tupaias (**Abb. 133.1**) der südostasiatischen Tropenwälder leben paarweise in Revieren, die mit Duftstoffen markiert und gegen Artgenossen verteidigt werden. Sobald ein fremdes Männchen in ein Territorium eindringt, wird es vom Revierinhaber angegriffen. Meist wird der Eindringling vertrieben, seltener kommt es zu Beschädigungskämpfen mit tödlichem Ausgang. Die Frage nach den Ursachen für solche aggressiven Verhaltensweisen kann auf zwei Ebenen beantwortet werden.

Zu den aktuellen Ursachen, die ein Verhalten hervorrufen, gehören physiologische Faktoren wie die Konzentration von Hormonen im Blut sowie äußere Reize. Im Falle des Tupaia-Männchens beruht das aggressive Verhalten auf der vermehrten Ausschüttung des Hormons Testosteron. Dieses Hormon steigert nicht nur die sexuelle Motivation *(s. S. 103),* sondern auch die Aggressivität. Ausgelöst wird das agonistische Verhalten durch den Anblick des Rivalen. Man bezeichnet aktuelle Ursachen, die ein Verhalten unmittelbar hervorrufen, als **proximate Ursachen** (lat. *proximus* der Nächste). Auch Ergebnisse der Verhaltensontogenese, etwa die Erfahrungen spielerischen Aggressionsverhaltens, beeinflussen als proximate Ursachen das Verhalten.

Darüber hinaus hat ein Verhalten stammesgeschichtliche Ursachen. Es kann im Verlauf der Evolution entstehen, wenn es direkt oder indirekt den Fortpflanzungserfolg fördert. So sind die Verhaltensmuster der Revierverteidigung beim Tupaia auf stammesgeschichtliche Ursachen zurückzuführen. Denn angesichts begrenzter Ressourcen sichert es das eigene Überleben und das der Nachkommen, also die reproduktive Fitness. Evolutionäre Ursachen des Verhaltens werden als **ultimate Ursachen** bezeichnet (lat. *ultimus* der Letzte)

Außer der sexuell motivierten Aggressivität gegen artgleiche Rivalen kann aggressives Verhalten auch andere Ursachen haben, so z.B. die Bereitschaft, sich selbst oder seinen Nachwuchs bei einem Angriff eines Fressfeindes zu verteidigen. In letztgenanntem Fall kann Kampfverhalten auch bei sonst friedlichen und wenig aggressionsbereiten Individuen auftreten, z.B. bei Tiermüttern, die Junge betreuen (**Abb. 133.2**). Aggressives Verhalten kann außerdem durch Angst in einer ausweglosen Situation ausgelöst werden. So kommt es manchmal nach einer vergeblichen Flucht zu einem plötzlichen Gegenangriff eines Tieres, einer biologisch sinnvollen Notfallreaktion.

Eine besondere Form von aggressivem Verhalten gegen Artgenossen ist die Kindstötung, auch als **Infantizid** bezeichnet. Sie wird bei einigen gruppenlebenden Säugetieren und Vögeln beobachtet. Kindstötung kann beispielsweise dann auftreten, wenn ein Löwenmännchen eine Gruppe von Weibchen neu übernimmt *(s. Abb. 97.1a)* oder ein Hulman-Männchen eine Haremsgruppe. Es tötet dann oft jene Jungen seines Vorgängers, die noch gesäugt werden (**Abb. 133.3**). Dadurch wird bei den Weibchen der Gruppe die Stillzeit beendet und eine erneute Paarungsbereitschaft ausgelöst. Der neue Haremsführer bringt auf diese Weise seine Allele sehr viel rascher in die nächste Generation ein.

Aggressive Verhaltensweisen dienen also unterschiedlichen Zwecken. Daher ist es unwahrscheinlich, dass ihnen ein gemeinsamer Antrieb zugrunde liegt. Wenn es keinen einheitlichen Aggressionstrieb gibt, kann man auch nicht davon ausgehen, dass eine solche Handlungsbereitschaft mit der Zeit anwächst und in der Folge durch entsprechende Verhaltensweisen abgebaut werden muss.

Abb. 133.1: Tupaia

Abb. 133.2: Aggressionsverhalten einer Schimpansenmutter

Abb. 133.3: Infantizid. Hulman-Weibchen sitzt neben getötetem Jungen.

Kosten und Nutzen aggressiven Verhaltens. Die verschiedenen Formen aggressiven Verhaltens bei Tieren sind in der Evolution durch stabilisierende Selektion entstanden, es handelt sich um **evolutionsstabile Strategien** (EES). Das Kampfverhalten der einzelnen Arten wird also durch genetisch vorprogrammierte Verhaltensweisen bestimmt.

Der Begriff der »evolutionsstabilen Strategie« geht auf den Biologen JOHN MAYNARD SMITH (1920–2004) zurück und stammt aus der **Spieltheorie,** einem Zweig der Mathematik, der auch in der Biologie Anwendung findet. Eine solche Strategie ist dadurch gekennzeichnet, dass sie die optimale Überlebensstrategie darstellt, wenn sie von den meisten Individuen einer Population angewendet wird. Im Modell werden dabei die Wechselwirkungen zwischen den Individuen der Population als »Spiel« aufgefasst. Die Spieltheorie geht davon aus, dass die Strategie eines »Spielers« auf die Maximierung des eigenen Nutzens ausgerichtet ist und zugleich von den Strategien der »Mitspieler« beeinflusst wird. Die jeweiligen »Gewinne« und »Verluste« verändern die Fitnesswerte der Individuen. Im Computermodell kann man auf diese Weise das Verhalten ganzer Populationen simulieren und so das theoretisch optimale Verhaltensmuster z. B. bei aggressiven Auseinandersetzungen ermitteln.

SMITH bezeichnete die Individuen einer Population, die Auseinandersetzungen vermeiden, als »Tauben«, solche, die sich auf einen Kampf einlassen, als »Falken«. Dabei verkörpern »Tauben« und »Falken« Tiere derselben Art. Im **Falken-Tauben-Modell** lassen sich z. B. Rangordnungskämpfe bei einer Säugetierart simulieren: Vereinfachend wird angenommen, es gäbe bei einer Art Kommentkämpfer (»Tauben«) und Beschädigungskämpfer (»Falken«). Erstere drohen nur, verletzen aber den Rivalen nicht (**Abb. 134.1**). Bei anhaltender Bedrohung fliehen sie, sodass sie unverletzt bleiben. Die Beschädigungskämpfer kämpfen dagegen intensiv und fliehen nur nach ernster Verletzung. Treffen solche Beschädigungskämpfer aufeinander, so haben sie beide hohe »Kosten«. Daher ist eine reine »Falken«-Strategie nicht evolutionsstabil. Eine reine »Tauben«-Strategie erscheint zunächst als optimale Strategie, da die »Kosten« im Vergleich zum möglichen »Nutzen« gering sind. Allerdings hätte das Auftreten einzelner »Falken« in der Population einschneidende Folgen: Die Beschädigungskämpfer haben einen deutlichen Selektionsvorteil, der sich in der Zahl ihrer Nachkommen äußert; das dem Verhalten zugrunde liegende genetische Programm verbreitet sich in der Folge in der Population. Die Wahrscheinlichkeit, dass sich in Populationen mit beiden Strategien Tiere mit gleichartiger oder unterschiedlicher Strategie treffen, hängt von der Anzahl der Individuen mit dem jeweiligen Verhalten ab. Wenn in der Population viele Kommentkämpfer vorhanden sind, ist es vorteilhaft, zu den Beschädigungskämpfern zu gehören. Wenn die Population aber überwiegend aus »Falken« besteht, die sich bei Auseinandersetzungen gegenseitig stark verletzen oder gar töten, so haben die wenigen Kommentkämpfer einen Vorteil, weil sie ein geringeres Verletzungsrisiko eingehen. Es bildet sich also mit der Zeit ein Gleichgewicht der evolutionsstabilen Strategien aus.

Eine Erweiterung erfährt das Modell mit der **Bourgeois-Strategie** (frz. *bourgeois* Bürger). Als »Bürger« wird ein Individuum bezeichnet, das eine Doppelstrategie anwendet. Ist es Ressourcenbesitzer, z. B. als Inhaber eines Reviers, verhält es sich wie ein »Falke«. Greift es dagegen an, um sich Ressourcen zu verschaffen, wendet es die »Tauben«-Strategie an. Verhalten sich alle Individuen einer Population gemäß dieser Strategie, sinken die »Kosten« infolge tatsächlich eintretender Kämpfe: Die Strategie erweist sich als evolutionsstabil.

Das Modell wird realitätsnäher, wenn man die Lernfähigkeit der Tiere einbezieht: Es wird auch Individuen geben, die als Kommentkämpfer beginnen und dies so lange bleiben, wie es der Rivale auch tut. Geht dieser zum Beschädigungskampf über, so handeln sie ebenso. Nimmt man diese Strategie »Wie du mir, so ich dir« (*»tit for tat«*) ins Modell auf, so wird sie unter fast allen Ausgangsbedingungen die alleinige stabile Strategie. Ist diese in der Evolution erst einmal entstanden, bleibt sie also aufrechterhalten. Die **Tit-for-tat-Strategie,** die ursprünglich aus den Modellen der Spieltheorie stammt, bestimmt tatsächlich Rangordnungskämpfe in realen Populationen; sie ist eine ESS.

Abb. 134.1: Kämpfende Wölfe

4.5 Sexualverhalten

4.5.1 Partnerfindung im Tierreich

Im Zentrum der sozialen Verhaltensweisen von Tieren steht das **Sexualverhalten.** Ziel des Sexualverhaltens ist die Befruchtung, also die Verschmelzung der Kerne von Eizelle und Spermium. Um dieses Ziel zu erreichen, verfolgen verschiedene Tierarten unterschiedliche Strategien. Bei einfach organisierten wasserlebenden Tieren wie Schwämmen und Hohltieren werden hierzu zahlreiche Keimzellen ins Wasser abgegeben. Diese Strategie setzt lediglich eine zeitliche Synchronisation der Keimzellenabgabe voraus. Bei höheren Tieren erfordert die Befruchtung jedoch eine Reihe von Voraussetzungen:

- Die Tiere müssen Geschlechtspartner der eigenen Art finden und als solche erkennen.
- Die Partner müssen ihre innerartliche Aggression überwinden, z.B. durch Beschwichtigungsverhalten (*s. S. 131*).
- In vielen Fällen erfolgt eine Begattung; dazu müssen die Kopulationsorgane der beiden Geschlechter zusammengefügt werden.
- Beide Partner müssen zur selben Zeit begattungsbereit sein.

Um diese Voraussetzungen zu erfüllen, entwickelten sich bei verschiedenen Tierarten im Laufe der Evolution oft komplexe Verhaltensmuster, die Balz- und Werbeverhalten sowie die Paarungseinleitung umfassen.

Balzverhalten. Unter **Balz** versteht man allgemein die Gesamtheit aller Verhaltensweisen vor der Paarung zweier verschiedengeschlechtlicher Tiere. Am Beispiel der Fregattvögel soll ein Balzritual näher beschrieben werden (**Abb. 135.1**). Diese schlanken, langflügeligen Meeresvögel mit Spannweiten von über 2 m sind fast während des gesamten Jahres über den tropischen Ozeanen zu finden. Sie ernähren sich vor allem von Fischen und Kopffüßern, die sie im Flug an der Meeresoberfläche erbeuten, sowie von Eiern und Nestlingen anderer Seevögel. Nur zur Fortpflanzungszeit versammeln sie sich an den Küsten kleiner Inseln und bilden dort Brutkolonien. Zunächst treffen die Männchen am Brutplatz ein. Dort zeigen sie an geeigneten Standorten, oft auf Mangroven, in kleinen Gruppen ihr spektakuläres Balzverhalten. Dabei legen sie ihren Kopf in den Nacken und präsentieren ihren intensiv rot gefärbten, aufgeblähten Kehlsack und die hellen Unterseiten ihrer ausgebreiteten Flügel. Landet eine mögliche Geschlechtspartnerin in der Nähe des Balzplatzes, trommelt das Männchen mit dem Schnabel auf den Kehlsack. Diese optischen und akustischen Reize

wirken auf die Weibchen attraktiv und unterbinden zugleich aggressive Verhaltenstendenzen; die weiblichen Tiere suchen sich daraufhin unter den gruppenbalzenden Männchen einen Partner aus. Während nun das Männchen geeignetes Nistmaterial zusammenträgt, verteidigt die Partnerin den Brutplatz; während der Nestbauphase kommt es zur Paarung.

Wie bei vielen anderen Tierarten, bei denen die Auswahl des Geschlechtspartners durch die Weibchen erfolgt, zeigen Fregattvögel einen ausgeprägten **Sexualdimorphismus;** den schlicht schwarz-weiß gefärbten Weibchen fehlt der auffällige Kehlsack des Männchens. Solche Unterschiede zwischen Männchen und Weibchen entstanden in der Evolution durch sexuelle Selektion. Unbewusst suchen sich die Weibchen solche Männchen aus, die einen maximalen Fortpflanzungserfolg versprechen:

Abb. 135.1: Balzendes Prachtfregattvogel-Männchen

Abb. 135.2: Teichmolch. **a)** Männchen im »Hochzeitskleid«; **b)** Weibchen

Sie signalisieren durch prächtige Farben, kräftige Lautäußerungen und betontes Ausdrucksverhalten einen guten Gesundheitszustand und somit eine hohe biologische Fitness *(s. S. 8).*

Bei vielen Tieren ist der Sexualdimorphismus nur während der Fortpflanzungszeit ausgeprägt. So besitzen die Männchen der einheimischen Wassermolcharten im Frühjahr ein »Prachtkleid« (**Abb. 135.2**), während sie im restlichen Jahr den schlichter gefärbten Weibchen ähneln. Auch bei vielen Entenarten findet man einen deutlichen Unterschied zwischen Prachtgefieder und Schlichtkleid.

Häufig werden die optischen Balzsignale durch akustische Signale ergänzt oder ersetzt. Beispiele sind die Revier- und Balzgesänge der einheimischen Singvögel und die Lautäußerungen männlicher Froschlurche und Heuschrecken. Die Lautäußerungen bilden hierbei wichtige Fortpflanzungsschranken zwischen nahe verwandten Arten, die im selben Gebiet nebeneinander vorkommen, und dienen so der reproduktiven Isolation *(s. S. 36).*

Eine weitere Unterstützung erfahren Balzsignale durch spezifische Verhaltensweisen. Hierzu gehören die komplexen Paarbalzrituale der Enten, in die Bewegungsmuster aus dem Nahrungsaufnahme- und Körperpflegeverhalten in ritualisierter Form eingebaut werden. Weitere Beispiele sind die Gruppenbalztänze der Kraniche und Birkhühner, die »Schauflüge« verschiedener Schmetterlings- und Vogelmännchen und die Übergabe von »Hochzeitsgeschenken« bei manchen Insekten (**Abb. 136.1**). Bei tropischen Leuchtkäfern dienen artspezifische Lichtblitzmuster sowohl der Synchronisation der Paarung als auch der Verhinderung von Artkreuzungen.

4.5.2 Paarungssysteme

Die unterschiedlichen »Interessen« der beiden Geschlechter bei der Fortpflanzung führen zur Evolution unterschiedlicher Paarungssysteme (**Abb. 137.1**). Bei der Mehrzahl der Tiere liegt **Polygamie** vor (gr. *polys* viel, *gamein* begatten), d. h. ein Individuum verpaart sich mit mehreren Individuen des anderen Geschlechts.

Besonders häufig ist **Polygynie** (gr. *gyne* Frau). Bei diesem Paarungssystem verpaart sich ein Männchen mit mehreren Weibchen. Polygynie kann unterschiedliche Ursachen haben. Bei der Trauerammer der nordamerikanischen Prärien erkennen die Weibchen die Qualität der von den Männchen besetzten Reviere. Männchen mit günstigen Revieren, z. B. mit einem besonders guten Nahrungsangebot oder geeigneten Nistplätzen, haben zwei bis drei Weibchen, jene mit schlechten, ressourcenarmen Revieren nur eines. Dementsprechend ist der Fortpflanzungserfolg der Männchen unterschiedlich hoch.

In anderen Fällen entscheiden sich die Weibchen für besonders große und kräftige Männchen. Diese Form der Polygynie kommt vor allem bei Tieren vor, bei denen die Weibchen den Hauptanteil an der Aufzucht der gemeinsamen Nachkommen übernehmen. Häufig ist ein auffälliger Geschlechtsdimorphismus; meist sind die Männchen erheblich größer und konkurrieren um die Gunst der Weibchen. Es kommt so zur Bildung eines **Harems** aus einem männlichen und mehreren bis vielen weiblichen Individuen. Der Haremsbesitzer verpaart sich mit allen geschlechtsreifen Weibchen seiner Gruppe, verteidigt das Gruppenterritorium gegen Artgenossen und die

Abb. 136.1: Mückenhafte. Mit der Übergabe des Hochzeitsgeschenks, einer Schmeißfliege, an das Weibchen beginnt die Paarung.

Abb. 136.2: See-Elefanten bilden »Harems« aus einem Männchen (Körpermasse bis 3500 kg) und zehn bis zwanzig weiblichen Tieren (bis 900 kg).

Gruppe der Weibchen und Jungtiere gegen Fressfeinde. Beispiele für Tiere mit Haremsbildung sind Hirsche, Robben (**Abb. 136.2**) und Zebras, unter den Primaten Paviane, Orang-Utan und Gorilla.

Vergleichsweise selten ist dagegen **Polyandrie** (gr. *aner, andros* Mann). Sie kommt z. B. bei Insektenarten vor, bei denen das Weibchen von mehreren Männchen »Hochzeitsgeschenke« und damit einen erheblichen Beitrag zur Ernährung erhält. Bei Vögeln gibt es Fälle von Polyandrie, wenn die Männchen allein das Brutgeschäft betreiben, so z. B. beim Odinshühnchen, einem nordischen Watvogel: Hier verlässt das Weibchen nach der Eiablage den Partner und geht auf die Suche nach einem neuen Männchen. Innerhalb der Primaten findet man Polyandrie bei den Krallenäffchen; hier sind die Männchen wesentlich an der Aufzucht der Nachkommen beteiligt, indem sie die Jungen herumtragen und nur zum Säugen der Mutter überlassen.

Außer bei Vögeln ist **Monogamie** (gr. *monos* einzig) im Tierreich selten anzutreffen. Sie bedeutet einen Fortpflanzungsvorteil, wenn beide Eltern Brutpflege betreiben. Bei Monogamie ist der Geschlechtsdimorphismus in der Regel gering oder er fehlt ganz. In den meisten Fällen ist die »Einehe« auf eine Fortpflanzungsperiode beschränkt, seltener ist eine lebenslange Monogamie, wie man sie beispielsweise von Gänsen, Schwänen, manchen Papageien und bei den Säugetieren von Gibbons und Biber kennt.

Bestehen in Gruppen aus mehreren Männchen und Weibchen fortlaufend wechselnde Partnerschaften, so liegt **Promiskuität** vor. Beide Geschlechter paaren sich also regelmäßig mit mehr als einem Partner. Verbreitet ist dieses Paarungssystem bei Tierarten, bei denen die weiblichen Tiere über einen längeren Zeitraum empfängnisbereit sind, wie beispielsweise beim Schimpansen. Der Fitnessgewinn könnte hier in einer Erhöhung der genetischen Variabilität liegen. Der Vorteil der Promiskuität für die Weibchen beruht darauf, dass es mit hoher Wahrscheinlichkeit zur Befruchtung kommt und dass sie bei der Jungenaufzucht von mehreren Männchen durch Fürsorgeverhalten und Nahrungsbeschaffung unterstützt werden.

Die Männchen der Schimpansen und anderer Säugetiere mit promiskuitivem Paarungssystem produzieren vergleichsweise große Spermamengen. Dadurch erhöht sich die Wahrscheinlichkeit, dass ihre Allele in die nächste Generation gelangen. Es kommt zur **Spermienkonkurrenz** innerhalb des weiblichen Organismus. Sie ist bei vielen Tierarten nachzuweisen, bei denen sich die Weibchen innerhalb einer Fortpflanzungsperiode mit mehreren Männchen paaren. Genetisch kann Spermienkonkurrenz vorteilhaft sein, weil sie durch Nachkommen verschiedener Männchen die Variabilität in der Population erhöht. Das Verhalten jedes einzelnen Männchens ist jedoch darauf ausgerichtet, die Spermienkonkurrenz zu vermeiden. So dauert bei vielen Insekten die Kopulation sehr lang, sodass kaum ein anderes Männchen eine Begattungschance erhält, oder es finden wiederholt Kopulationen statt. Bei vielen Vogel- und Säugetierarten werden die Weibchen vom Männchen bewacht.

Abb. 137.1: Paarungssysteme am Beispiel von verschiedenen Primatenarten. **a)** Monogamie, z. B. Weißhandgibbon; **b)** Polygynie, z. B. Gorilla; **c)** Polyandrie, z. B. Zwergseidenäffchen; **d)** Promiskuität, z. B. Schimpanse

Verhaltensökologie

Die Verhaltensökologie beschäftigt sich mit der Frage, wie Verhaltensweisen im Laufe der Evolution entstanden sind und welche biologische Bedeutung ihnen in der Auseinandersetzung mit Umwelteinflüssen zukommt. Zur Beurteilung des Anpassungswerts von Verhalten bedient man sich der **Kosten-Nutzen-Analyse.** Dabei werden die Vorteile, die eine bestimmte Verhaltensweise dem Individuum verschafft, mit den Nachteilen verrechnet, die sich aus dem Verhalten ergeben. Man geht davon aus, dass sich in der Evolution solche Verhaltensmuster durchsetzen, bei denen langfristig der Nutzen die »Kosten« übertrifft *(s. Kap. 4.1).*

Zahlreiche Tierarten bilden zeitweise oder dauerhaft **soziale Verbände.** Man unterscheidet individualisierte Verbände, in denen sich die Individuen untereinander kennen, von anonymen Verbänden. Der Vorteil des Gruppenzusammenschlusses besteht u. a. im besseren Schutz vor Feinden oder in einer effizienteren Nahrungsbeschaffung. Bei individualisierten Verbänden findet man oft auch kooperatives Verhalten, z. B. bei der Jagd oder bei der Jungenbetreuung. In manchen Sozialverbänden beobachtet man Verhaltensweisen, die auf den ersten Blick für das ausführende Individuum nachteilig erscheinen, aber der gesamten Gruppe Vorteile bringen. Solches **altruistisches Verhalten** lässt sich mit der Verbesserung der **Gesamtfitness** des Einzeltiers erklären, indem durch das Verhaltensmuster nahe Verwandte unterstützt werden, z. B. als Bruthelfer oder Wächter, und so die Weitergabe der eigenen Allele gefördert wird. Bei manchen Insektenarten findet man **Eusozialität** oder Staatenbildung; solche Verbände sind durch einen hohen Anteil altruistischer Verhaltensweisen, Arbeitsteilung sowie oft Kastenbildung gekennzeichnet *(s. Kap. 4.2).*

Tauschen Tiere untereinander Informationen aus, spricht man von Kommunikation. Je nach Form der Verständigung unterscheidet man u. a. chemische, visuelle und akustische Kommunikation. Mit der **Sprache** hat der Mensch ein besonders differenziertes Kommunikationssystem entwickelt. Sprachähnliche Formen der Verständigung findet man auch bereits im Tierreich, insbesondere bei höheren Primaten und Delfinen. Hoch entwickelte Kommunikationssysteme findet man auch bei manchen wirbellosen Tieren. Ein Beispiel dafür ist die Tanzsprache der Honigbiene, bei der die Lage ergiebiger Futterquellen in einem Tanzmuster auf den senkrechten Bienenwaben verschlüsselt wird und so zur innerartlichen Kommunikation beiträgt. Manche Umweltinformationen, die von bestimmten Tieren registriert werden können, sind den menschlichen Sinnen nicht zugänglich, so z. B. Schallwellen im Ultraschallbereich oder Infrarotstrahlen. Bei vielen Tierarten spielen innerartliche Signale beim Reproduktionsverhalten eine große Rolle, vor allem Merkmale, die als **sexuelle Auslöser** beim Geschlechtspartner dienen. Bei der **Mimikry** handelt es sich um eine Signalfälschung: Eine harmlose Tierart ahmt in ihrem Aussehen oder Verhalten eine wehrhafte oder giftige Art nach und schreckt so potenzielle Fressfeinde ab *(s. Kap. 4.3).*

Die Konkurrenz um Umweltressourcen oder Geschlechtspartner führt zu innerartlichen Auseinandersetzungen, bei denen die Konkurrenten **aggressives Verhalten** zeigen. Oft sind der eigentlichen Kampfhandlung Droh- und Imponiergesten vorgeschaltet. Kommt es zu einer Auseinandersetzung, bei der Körperwaffen wie z. B. Zähne oder Hörner eingesetzt werden und bei der es zu Verletzungen bei den Kontrahenten kommen kann, spricht man von einem **Beschädigungskampf.** Ritualisierte Kampfhandlungen, die nach festen Regeln ablaufen und bei denen Verletzungen unterbleiben, nennt man **Kommentkämpfe.** Um Auseinandersetzungen und damit mögliche körperliche Schäden zu vermeiden, entstanden unterschiedliche Mechanismen der Aggressionskontrolle. Dazu zählen Beschwichtigungsverhalten, die Ausbildung einer Rangordnung und die Etablierung von Territorien. Bei den Gründen für die Entstehung aggressiven Verhaltens unterscheidet man proximate (unmittelbare) und ultimate Ursachen; letztere betreffen die biologische Bedeutung einer bestimmten Verhaltensweise. Bei den im Laufe der Evolution entstandenen unterschiedlichen aggressiven Verhaltensweisen handelt es sich um evolutionsstabile Strategien. Mit dem »Falken-Tauben-Modell« lassen sich Kosten-Nutzen-Analysen zum Aggressionsverhalten durchführen *(s. Kap. 4.4).*

Das **Sexualverhalten** der Tiere ist durch besonders komplexe Verhaltensmuster gekennzeichnet. Innerartliche Selektion führt bei vielen Arten zur Ausbildung von spezifischen Balzritualen, zu einem auffälligen Sexualdimorphismus und zur Entstehung bestimmter Paarungssysteme. Bei gruppenlebenden Tieren ist **Polygynie** besonders häufig, wobei ein Männchen und mehrere Weibchen eine Fortpflanzungsgruppe bilden. Andere Paarungssysteme sind **Polyandrie, Monogamie** und **Promiskuität** *(s. Kap. 4.5).*

AUFGABEN

1 Kosten-Nutzen-Analyse bei der Nahrungsaufnahme

Kosten-Nutzen-Analysen lassen sich mithilfe von Computerprogrammen simulieren. In Laborexperimenten gelang es, die Prognosen solcher Modelle zu überprüfen. So fütterte man Sonnenbarsche (Abb. 139.1 a) in Aquarien mit Wasserflöhen unterschiedlicher Größe. Das Rechenmodell ergab, dass die Fische bei einer geringen Futterdichte alle Wasserflöhe unabhängig von ihrer Größe in gleichem Maß erbeuten sollten. Dagegen sollten theoretisch bei hoher Futterdichte ausschließlich große Beutetiere gefressen und kleine Wasserflöhe ignoriert werden.

a) Abb. 139.1 b zeigt die Ergebnisse von Laborversuchen, in denen den Barschen Wasserflöhe unterschiedlicher Größe angeboten wurden. Vergleichen Sie die Befunde mit den theoretischen Berechnungen.

b) Interpretieren Sie die Versuchsergebnisse hinsichtlich des Nutzens und der Kosten bei der Nahrungsaufnahme.

a)

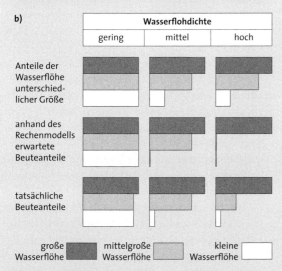

b)

	Wasserflohdichte		
	gering	mittel	hoch
Anteile der Wasserflöhe unterschiedlicher Größe			
anhand des Rechenmodells erwartete Beuteanteile			
tatsächliche Beuteanteile			

große Wasserflöhe   mittelgroße Wasserflöhe   kleine Wasserflöhe

Abb. 139.1: Kosten-Nutzen-Betrachtung beim Nahrungserwerb des Sonnenbarsches. **a)** Sonnenbarsch; **b)** Vergleich der Modellprognose mit den Ergebnissen von Laborexperimenten

2 Verwandtschaft im Bienenstaat

Abb. 139.2 veranschaulicht die Verwandtschaftsbeziehungen zwischen den Individuen eines Honigbienenstaats. Dabei steht ein Halbkreis für ein haploides Genom, ein Vollkreis für ein diploides Genom; das väterliche Erbgut ist blau, das mütterliche gelb dargestellt. Die Zahlen über und unter den Pfeilen bezeichnen den Verwandtschaftsgrad r.
Ergänzen Sie die fehlenden r-Werte und begründen Sie Ihre Lösungen.

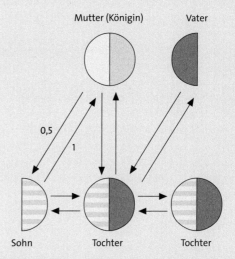

Abb. 139.2: Verwandtschaftsbeziehungen in einem Bienenstaat

3 Gesang des Amselmännchens

Im Frühjahr und im Sommer lassen Amselmännchen vor allem in den Morgen- und Abendstunden ihren melodiösen Gesang hören. Als Wipfelsänger sitzen sie dabei meist auf dem Gipfel eines hohen Baums oder auf einem Hausdach.

a) Stellen Sie in einer Liste die biologische Bedeutung des Gesangs des Amselmännchens zusammen.

b) Geben Sie außerdem eine proximate Begründung für den Gesang.

c) Um die Reviergröße eines Amselpaares zu ermitteln, verwendet man mitunter Klangattrappen in Form von Tonaufzeichnungen eines singenden Männchens, die man in einem Gebiet mit Amselbrutpaaren abspielt. Beschreiben und erklären Sie den Ablauf eines solchen Experiments.

d) Inwiefern handelt es sich beim Gesang des Amselmännchens um eine Form der Aggressionskontrolle? Begründen Sie Ihre Aussage.

4 Altruismus

An der Universität Zürich wurde eine Versuchsserie zum Altruismus beim Menschen durchgeführt.
Die Teilnehmer spielten jeweils in Gruppen von
vier Personen, die sich zuvor nicht kannten. Alle
Versuchspersonen erhielten jeweils ein Startkapital
von sFr. 20,–. Jedes Gruppenmitglied investierte pro
Spielrunde ohne Absprache mit den anderen einen
beliebigen Anteil in ein »Gemeinschaftsprojekt«. Der
insgesamt investierte Betrag wurde am Ende jeder
Runde verdoppelt und gleichmäßig auf alle Gruppenmitglieder verteilt; außerdem wurden bei der Auszah-
lung alle Mitglieder über den Einsatz der anderen informiert. Wenn also drei Mitglieder jeweils 10,– einsetzten, der vierte aber als »Trittbrettfahrer« nichts, so
war die Gesamtinvestition 30,–, nach Verdoppelung
60,– und jeder der vier erhielt 15,–. Somit hat jeder
Investor 5,– gewonnen, der Trittbrettfahrer aber 15,–.
Gespielt wurde über zehn Runden. In einem Teil der
Versuche konnten andere Gruppenmitglieder nach jeder Spielrunde bestraft werden. Der Strafende konnte
gegen eine Gebühr von 1,– eine Buße von 3,– ausspre-
chen, gegen 2,– eine Buße von 6,– usw. Die Gebühren
und Bußgelder verfielen.
Versuch I: Über zehn Spielrunden bilden jeweils
dieselben vier Personen eine Gruppe, und es besteht
Bestrafungsmöglichkeit nach jeder Runde.
Versuch II: Die Gruppe wechselt nach jeder Runde,
sodass stets vier neue Partner aufeinandertreffen, und
es besteht keine Bestrafungsmöglichkeit.
Versuch III: Wie bei II, aber mit der nachträglichen
Bestrafungsmöglichkeit gegenüber den anderen Spie-
lern, auf die man nicht mehr trifft.
Vergleichen Sie die Ergebnisse der Experimente
(**Abb. 140.1**) und interpretieren Sie sie im Hinblick auf
altruistisches Verhalten beim Menschen.

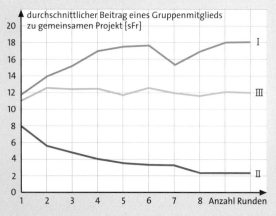

Abb. 140.1: Ergebnis einer Versuchsserie zum Altruismus

5 Revierkämpfe bei Tagfaltern

Die Männchen des Braunen Waldvogels (**Abb. 140.2**),
eines einheimischen Tagfalters, konkurrieren auf
Waldlichtungen um Paarungsreviere. Man fand heraus, dass die Falter bei den kurzen Revierkämpfen die
»Bourgeois-Strategie« verfolgen.
Leiten Sie ab was geschieht, wenn ein fremder Falter
in ein besetztes Revier einfliegt. Erläutern Sie, wie ein
Experimentator eingreifen müsste, um einen umge-
kehrten Ausgang des Revierkampfes zu erreichen.

Abb. 140.2: Brauner Waldvogel

6 Der Nacktmull – ein eusoziales Säugetier

Der Nacktmull, eine Nagetierart der ostafrikanischen
Halbwüsten, besitzt eine innerhalb der Säugetiere
einzigartige Sozialform. Große Familiengruppen
dieser Tiere leben in umfangreichen unterirdischen
Bausystemen.
Typische Körperbaumerkmale sind die nackt erschei-
nende, nur mit einem kurzen Haarflaum bedeckte,
faltige Haut, die riesigen Nagezähne und die winzigen
Augen; äußere Ohrmuscheln fehlen (**Abb. 141.1**). Die
Lungen sind klein, dafür hat das Hämoglobin dieser
Tiere eine besonders hohe Sauerstoffaffinität. Man
fand außerdem heraus, dass Nacktmulle offensichtlich
schmerzunempfindlich sind.
Die Kolonien des Nacktmulls umfassen bis zu
300 Tiere. Dominantes Tier ist ein Weibchen, das als
»Königin« das einzige fruchtbare weibliche Tier darstellt. Sie bringt pro Jahr etwa 60 Junge zur Welt, die
von den jüngeren sterilen Weibchen des Baus versorgt
werden. Ältere »Arbeiterinnen« beteiligen sich am
Ausbau des Gangsystems, größere Individuen bewa-
chen als »Soldaten« die Eingänge des Baus und sorgen
für den Abtransport des Aushubmaterials.

a) Werten Sie die charakteristischen Körperbaumerkmale des Nacktmulls als Angepasstheiten an seine Lebensweise und seinen Lebensraum.

b) Begründen Sie anhand der Textinformationen, weshalb es sich bei dem Nacktmull um eine eusoziale Tierart handelt. Vergleichen Sie die Sozialform des Nacktmulls mit der der Honigbiene.

c) Beobachten und beschreiben Sie Verhaltensweisen von Nacktmullen im Internet über die WebCam des Washington Zoo:
http://nationalzoo.si.edu

d) Die Ursachen für die Unfruchtbarkeit der weiblichen »Arbeiterinnen« sind noch nicht restlos aufgeklärt. Diskutiert werden insbesondere zwei Hypothesen:
1. Die Königin sondert einen Hemmstoff ab, der die Gonadenreifung bei den übrigen Weibchen unterbindet.
2. Die Töchter leiden unter sozialem Stress, der zur Sterilität führt.
Stellen Sie Überlegungen an, wie die Hypothesen im Labor experimentell überprüft werden könnten.

Abb. 141.1: Nacktmulle (Länge etwa 10 cm)

Abb. 141.2: Männchen der Mittelmeergrille

7 Verhaltensuntersuchungen an der Mittelmeergrille
Die Mittelmeergrille ist eine nahe Verwandte unserer einheimischen Feldgrille. Sie bewohnt offene Landschaften, wo sie den Tag in Verstecken unter Steinen und Wurzeln verbringt. Die Tiere lassen sich leicht in Gefangenschaft halten und züchten. Innerhalb einer Grillenpopulation herrscht eine Rangordnung, die durch Kämpfe etabliert wird.

Sie benötigen:
Vier kleine Insektenbehälter (ausgestattet mit Bodengrund aus einem Gemisch von Sägespänen und Gartenerde) mit je zwei männlichen und weiblichen Mittelmeergrillen (aus Zoofachhandel); größeres leeres Insektenterrarium mit derselben Ausstattung; mehrere Teile eines Eierkartons als Unterschlupfmöglichkeiten; Futter (Apfelstücke, Haferflocken).

Durchführung:

a) Beschreiben Sie in Stichworten das Aussehen der Versuchstiere. Welche Geschlechtsunterschiede können Sie feststellen?

b) Beobachten Sie ein Tier in seinem Behälter. Protokollieren und beschreiben Sie möglichst genau die gezeigten Verhaltensweisen.

c) Notieren Sie über zehn Minuten in 10-Sekunden-Abständen die Aufenthaltshäufigkeit des Tiers in bestimmten Bereichen des Terrariums. Zeichnen Sie dazu ein Quadratraster, in das Sie mit Zählstrichen die Aufenthaltsorte eintragen. Ist ein bevorzugter Aufenthaltsort zu erkennen?

d) Geben Sie eine kleine Futterportion in das Terrarium. Beschreiben Sie das Verhalten bei der Futteraufnahme.

e) Stellen Sie einen Abschnitt eines Eierkartons (mit kleiner Öffnung) umgekehrt in den Behälter. Beobachten und beschreiben Sie das Verhalten des Tiers.

f) Setzen Sie je ein männliches und ein weibliches Tier in den großen leeren Behälter und beobachten Sie das gezeigte Verhalten.

g) Ersetzen Sie jetzt das Weibchen durch eine zweite männliche Grille. Welche Unterschiede im Verhalten gegenüber dem vorigen Teilversuch sind zu verzeichnen?

h) Variieren Sie Versuch g), indem Sie ein oder zwei »Grillenhäuschen« in das Terrarium stellen bzw. ein Weibchen hinzusetzen. Notieren Sie jeweils Ihre Beobachtungen.

5 Angewandte Verhaltensbiologie

Die Ergebnisse der Verhaltensforschung, insbesondere die Erforschung der proximaten und ultimaten Ursachen von Verhalten sowie die Erkenntnisse der Soziobiologie, finden heute in vielfacher Weise Anwendung. Sie tragen dazu bei, menschliche Verhaltensmuster besser zu verstehen; mit diesem Teilgebiet der Verhaltensbiologie befasst sich die **Humanethologie.** Insbesondere die Erforschung des menschlichen Sozial- und Aggressionsverhaltens ist in diesem Zusammenhang von Interesse. Darüber hinaus werden neuere verhaltensbiologische Forschungsergebnisse in der Haltung von Nutztieren und Zootieren eingesetzt.

5.1 Schlüsselreize beim Menschen

Das menschliche Verhalten wird in hohem Maß von erlernten Verhaltenselementen bestimmt, die im Laufe der Individualentwicklung erworben werden. Darüber hinaus wird es aber auch – meist unbewusst – von angeborenen Verhaltensweisen beeinflusst. So gibt es auch beim Menschen angeborene Auslösemechanismen (AAM) und die dazu passenden Schlüsselreize *(s. S. 100).*

Kindchenschema. Ein Beispiel für ein solches genetisch determiniertes Signalmuster ist das **Kindchenschema.** Damit bezeichnet man eine Kombination von Körpermerkmalen, die für Kleinkinder typisch ist. Kennzeichen des Kindchenschemas sind insbesondere ein großer Kopf mit ausgeprägter Stirnwölbung und deutlich gewölbtem Hinterkopf, großen Augen und einem kleinen Nasen- und Kinnbereich (**Abb. 142.1** und S. 97). Der Schlüsselreiz »Kindchenschema« löst beim Menschen über einen AAM Brutpflegeverhalten aus. Menschen der verschiedensten Kulturkreise reagieren darauf in der Regel mit betreuender Zuwendung, einer positiven Gefühlsreaktion (»süß«, »niedlich«), auch wirkt die Merkmalskombination aggressionsmindernd. Diese Reaktion ist biologisch zweckmäßig: Das hilflose Kleinkind erhält so eine ausreichende, liebevolle Betreuung durch die Eltern; bei Frauen ist sie meist ausgeprägter als bei Männern. Das Kindchenschema wird oft in der Werbung, bei der Herstellung von Spielzeug und bei Comic-Zeichnungen eingesetzt, um eine positive Gefühlsreaktion oder Kaufbereitschaft beim Betrachter auszulösen. Da ähnliche Proportionen wie beim menschlichen Kleinkind auch bei manchen – auch erwachsenen – Tieren ausgeprägt sind, werden diese ebenfalls als »niedlich« empfunden (**Abb. 142.2**).

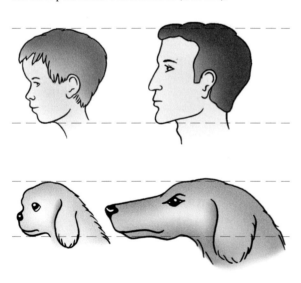

Abb. 142.1: Kindchenschema. In der linken Spalte sind Kopfformen abgebildet, die dem Kindchenschema entsprechen. Sie werden auch dann als »niedlich« empfunden, wenn es sich um Kopfformen erwachsener Tiere handelt.

b)

Abb. 142.2: Kindchenschema. **a)** Eisbär »Flocke« aus dem Nürnberger Zoo entspricht durch seine Proportionen dem menschlichen Kindchenschema; **b)** Kindchenschema in der Werbung

Sexuelle Schlüsselreize beim Menschen. Auch die Auslösung sexueller Verhaltenstendenzen des Menschen beruht teilweise auf Schlüsselreizen, die über angeborene auslösende Mechanismen wirken. Die Geschlechtszugehörigkeit Erwachsener wird z. B. anhand des Verhältnisses von Schulter- und Hüftbreite ermittelt. Männer sprechen bevorzugt auf das **Frau-Schema** an, Frauen auf das **Mann-Schema**. Das Frau-Schema enthält weiche Gesichtszüge, Brüste, schmale Schultern, eine schmale Taille und breite Hüften. Das Mann-Schema ist durch breite Schultern, schmale Hüften, hervortretende Muskeln und Bartwuchs gekennzeichnet. Das unbewusste Ansprechen auf solche Schlüsselreize zeigt sich an der Veränderung der Pupillenweite bei Aufmerksamkeitsänderungen (**Abb. 143.3**). Welche Schlüsselreize als sexuell besonders aufreizend empfunden werden, hängt auch von der jeweiligen kulturellen Zugehörigkeit und damit von Lernvorgängen ab. So spielt die weibliche Brust als sexueller Reiz in Europa eine größere Rolle als in Schwarzafrika oder in Ozeanien. Durch Kleidung und Schmuck wurde und wird in den verschiedensten Kulturen die Wirkung sexueller Auslöser betont und verstärkt (**Abb. 143.1**). So betonen Schulterpolster die typisch männlichen Proportionen, tief ausgeschnittene Kleider und taillenverengende Korsette die sexuellen Auslöser der Frau. Auch diese Auslöser werden häufig in der Werbung eingesetzt. Die Darstellung attraktiver Frauen und Männer, die dem gängigen Schönheitsideal entsprechen, sollen wie das Kindchenschema unbewusste Assoziationen herstellen und so den Betrachter zum Kauf des beworbenen Produkts animieren (**Abb. 143.2**).

Abb. 143.2: Sexuelle Auslöser in der Werbung

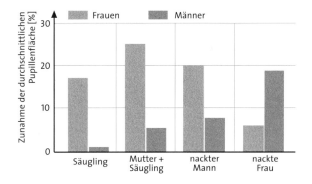

Abb. 143.3: Zunahme der Pupillenweite bei Männern und Frauen, die auf Bilder von Säuglingen bzw. von nackten Erwachsenen blicken

| Aphrodite des Praxiteles um 350 v. Chr. | Speerträger von Polyklet aus Argos um 440 v. Chr. | Fayencestatuette, Knossos um 1600 v. Chr. | Ausschnitt aus Stuckrelief in Knossos ca. 1550 v. Chr. | Ausschnitt aus Radierung von Jean-Michel Moreau ca. 1775/80 | Ausschnitt aus Kupferstich von A. Dürer ca. 1503 |

Abb. 143.1: Frau-Schema, Mann-Schema und entsprechende Betonung typisch männlicher bzw. weiblicher Merkmale durch die Kleidung in verschiedenen Epochen

5.2 Aggressives Verhalten beim Menschen

Menschliche Gruppen sind relativ stabile Einheiten; die Zugehörigkeit zu einer Gruppe wird z. B. durch Sprache und Dialekt, Kleidung oder Verhaltensregeln deutlich. Individuen innerhalb der Gruppe oder Gruppenfremde, die diese Merkmale nicht zeigen, werden oft angefeindet und sind aggressivem Verhalten ausgesetzt. Aggression gegen Gruppenfremde findet man auch bei sozialen Tieren; die biologische Bedeutung des menschlichen Aggressionsverhalten kann daher in ähnlicher Weise interpretiert werden: Eine Gruppe von Menschen, die ein bestimmtes Gebiet besiedelt, sieht dieses als ihr Territorium an und schützt es z. T. durch aggressives Verhalten; dies sichert den Zugang zu lebensnotwendigen Ressourcen wie Nahrung, Trinkwasser und Wohnstätten. Neben der Gruppenaggression hat aggressives Verhalten beim Menschen weitere Funktionen, so u. a. Auseinandersetzungen um Positionen in der Rangordnung, Rivalität um einen Sexualpartner oder Verteidigung der Nachkommen.

Die Entstehung menschlichen Aggressionsverhaltens kann mithilfe verschiedener Theorien erklärt werden:

1. **Lernpsychologisches Aggressionsmodell:** Aggressives Verhalten wird erlernt. Dieses Lernen erfolgt bei Kindern vor allem am sozialen Vorbild, insbesondere den Eltern und Gleichaltrigen.

2. **Frustrations-Aggressions-Modell:** Aggressives Verhalten entsteht zwangsläufig, wenn Kinder in ihrer frühen Entwicklung häufig Frustrationen ausgesetzt sind. Das Verhaltensmuster, auf frustrierende Erlebnisse mit Aggression zu reagieren, ist angeboren. Dieses Modell ist Grundlage der **antiautoritären Erziehung,** die versucht, durch Vermeiden von Strafen und Verboten in der Erziehung späteres aggressives Verhalten zu verhindern.

Die beiden ersten Modelle gehen davon aus, dass Aggression ausschließlich erlernt oder erworben wird, dass also angeborene Mechanismen keine Rolle spielen.

3. **Triebmodell:** Aggressives Verhalten ist die Folge eines angeborenen Aggressionstriebs. Ihm liegt eine Handlungsbereitschaft zugrunde, die durch innere Faktoren, insbesondere bestimmte Hormone, hervorgerufen wird. Bei einem »Erregungsstau« kann es zu einer spontanen Entladung, beispielsweise in Form eines Wutanfalls, kommen.

4. **Ethologisches Interaktionsmodell:** Nach diesem Modell entwickelte sich aggressives Verhalten in der Evolution im Dienst verschiedener Funktionen. Die unterschiedlichen Formen der Aggression unterliegen sowohl angeborenen als auch erlernten Komponenten.

Welches der vier Modelle den besten Erklärungsansatz bietet, ist nach wie vor umstritten. Vermutlich ist aber eine Kombination angeborener und erlernter Ursachen für Aggression am wahrscheinlichsten. Wie bei anderen Säugetieren kann man aggressives Verhalten beim Menschen bereits früh in der Individualentwicklung beobachten. Dies spricht ebenso wie entsprechende Verhaltensweisen bei Tieren für eine biologische Grundlage. Auch sind einzelne Komponenten aggressiven Verhaltens in allen menschlichen Kulturen sehr ähnlich: So ist Verärgerung und Wut mit einer typischen Drohmimik (herabgezogene Mundwinkel, zusammengebissene Zähne), Anstarren und Aufstampfen mit dem Fuß verbunden; Lächeln ist ein interkulturell verständliches Beschwichtigungsverhalten. Auch gibt es Indizien für erbliche Elemente der Aggression. Dazu gehören spontane Wutausbrüche bei Patienten mit einer Schädigung bestimmter Hirnpartien. Übertrieben aggressives Verhalten scheint in diesen Fällen mit Störungen des Stirnlappens der Großhirnrinde zusammenzuhängen. Dieser hemmt normalerweise starke und impulsive Emotionen und Verhaltensweisen. Möglicherweise besteht bei Menschen mit geschädigtem Stirnlappen eine verringerte Selbstkontrolle, die zu übertriebener Gewalt führt.

Demgegenüber konnte man nachweisen, dass Frustrationserlebnisse bei Jugendlichen unmittelbare Aggressivität auslösten, und dass Kinder, die häufig mit aggressiven Vorbildern in Fernsehen, Computerspielen oder im realen Leben konfrontiert wurden, in ihrem späteren Leben vermehrt zu Gewalttätigkeit neigen. Die Suche nach den Grundlagen aggressiven Verhaltens beim Menschen wird noch dadurch erschwert, dass das menschliche Verhalten durch kulturelle Normen stark überformt ist: Für die Entwicklung der menschlichen Gesellschaft sind nicht nur aggressive, sondern auch kooperative Verhaltensweisen maßgeblich, z. B. altruistisches Verhalten *(s. S. 120).*

Abb. 144.1: Aggressives Verhalten bei Kindern

5.3 Soziobiologische Interpretation menschlichen Verhaltens

Das Verhalten des Menschen ist vor allem durch seine Lernfähigkeit bestimmt; diese hat eine genetische Grundlage. Ferner gibt es unmittelbar genetisch festgelegte Verhaltenselemente, z. B. Mimik und Sexualverhalten. Durch das Zusammenwirken ererbten und erlernten Verhaltens entstehen Traditionen des Sozialverhaltens. Dabei setzen sich solche Verhaltensweisen durch, die möglichst großen Nutzen mit geringen Kosten verbinden. Die Soziobiologie des Menschen stellt also fest, welches Verhalten unter bestimmten Bedingungen die reproduktive Fitness lange Zeit erhöht hat.

Dass solche Verhaltenselemente keiner besonderen genetischen Anlage bedürfen, zeigt z. B. die Polyandrie (s. S. 137) in abgelegenen Gebirgstälern des Himalaya. Eine Frau heiratet dort mit einem Mann zugleich dessen Brüder. Es handelt sich dabei um eine Anpassung an den widrigen Lebensraum; die Population darf nicht wachsen, aber Auswanderung ist nicht möglich (gewesen). Eine derartige kulturelle Festlegung wirkt im Verlauf der Zeit auf die Häufigkeit von Allelen im Genpool zurück: Individuen, die sich der Regel besser unterwerfen, haben einen höheren Reproduktionserfolg als solche, die es nicht tun.

Auch das Phänomen des **Avunkulats** (lat. *avunculus* Onkel), das in verschiedenen menschlichen Kulturen vorkommt, lässt sich mit der Soziobiologie erklären. Dabei übernehmen Männer die Vaterrolle für die Kinder ihrer Schwestern und setzen sie auch als Erben des eigenen Besitzes ein, nicht dagegen die Kinder, die aus der eigenen Partnerschaft hervorgegangen sind. Dieses Verhalten wurde erstmals im 17. Jahrhundert von nordamerikanischen Indianerstämmen beschrieben (**Abb. 145.1**). Es kann damit erklärt werden, dass Männer – vor allem in sexuell freizügigen Gesellschaften – niemals sicher sein können, dass sie tatsächlich Vater der »eigenen« Kinder sind. Dagegen beträgt der Verwandtschaftskoeffizient zu den Neffen und Nichten 0,25 (s. S. 120). Auf diese Weise stellt ein kulturell festgelegtes Verhaltensmuster sicher, dass – indirekt über die Förderung der sicheren Verwandten – die Ausbreitung des eigenen Erbguts unterstützt wird.

Wichtige Elemente des menschlichen Sozialverhaltens beruhen auf wechselseitigem Altruismus. Er entwickelte sich in Gruppen gemäß der *Tit-for-tat*-Strategie (s. S. 134) und entstand in der Evolution des Menschen, als es ausschließlich Jäger-und-Sammler-Kulturen gab (**Abb. 145.2**). Da der Jagderfolg vom Jagdglück abhing, erhöhte es die Fitness der Gruppe, wenn die jeweils Erfolgreichen mit den gerade Erfolglosen die Beute teilten. Solidarität in der Gruppe erhöhte den Fortpflanzungserfolg und setzte sich durch. Der gegenseitigen Absicherung des wechselseitigen Altruismus dient in allen Kulturen ein Austausch von Geschenken. Emotionen wie Mitgefühl und Mitleid sind Teil des evolutiven Erbes; sie dienen der Stabilisierung der Gruppe und trugen zumindest früher zur Erhöhung des Reproduktionserfolges bei.

Die Soziobiologie macht keine Aussagen darüber, ob ein Verhalten von Menschen wünschenswert ist. Wechselseitigen Altruismus gibt es auch in einem Verbrechersyndikat. Auch bedeutet das Erkennen evolutionsbiologische Ursachen sozialer Unterschiede nicht, diese zu rechtfertigen. ■

Abb. 145.1: Huronen-Indianer (Foto um 1880). Bei diesem nordamerikanischen Indianerstamm wurde 1615 erstmals die Gesellschaftsform des Avunkulats beschrieben.

Abb. 145.2: Familiengruppe der Asmat. Der in Neuguinea beheimatete Volksstamm lebt halbnomadisch von Fischfang, Jagd und in geringem Umfang von Wanderfeldbau.

5.4 Verhaltensbiologie und Tierhaltung

Zoologische Gärten kennt man seit rund 4000 Jahren; die ersten Parks, in denen verschiedene Tierarten ausgestellt und gepflegt wurden, sind aus China belegt. Zunächst ausschließlich als höfische Menagerien von Fürsten betrieben, dienten sie der Zurschaustellung »exotischer« Tiere und der Jagd. Heute sind zoologische Gärten wissenschaftlich geleitete Institutionen und haben dabei im Wesentlichen vier Aufgaben. Diese wurden um 1960 erstmals vom Schweizer Zoologen HEINI HEDIGER, dem Begründer der modernen Tiergartenbiologie, formuliert: Neben der Erholung dienen Zoos der Bildung breiter Bevölkerungsschichten, sind Forschungsstätten und verfolgen mit der Nachzucht von seltenen und vom Aussterben bedrohten Tierarten nicht zuletzt auch Naturschutzziele.

Mit dem Funktionswechsel der Zoos ging auch eine veränderte Sicht der Tierhaltung einher. Früher war das wichtigste Ziel das Sammeln möglichst vieler verschiedener Tierarten in »Zwingern«, oft in Einzelhaltung. Heute stehen eine möglichst artgerechte Haltung in tiergemäß gestalteten, geräumigen Gehegen und damit das Wohlbefinden der gepflegten Tiere im Vordergrund. Dabei werden in zunehmendem Ausmaß Erkenntnisse der Verhaltensbiologie einbezogen. Es erfolgt eine Reduzierung der Artenanzahl zugunsten einer möglichst optimalen Haltung weniger Arten. Am Beispiel des Orang-Utans soll dieses moderne Konzept näher erläutert werden.

Orang-Utans sind über die Regenwälder Borneos und Sumatras verbreitete Menschenaffen (**Abb. 146.1**), die insbesondere durch Lebensraumzerstörung im Freiland sehr selten geworden sind. Ihrer Haltung und Zucht im Zoo kommt deshalb besondere Bedeutung zu. In modernen zoologischen Gärten bemüht man sich darum, diese großen Primaten in geräumigen, naturnah gestalteten Anlagen zu halten (**Abb. 146.2**). Wichtig ist ein ausreichendes Angebot an Klettermöglichkeiten, die das hohe Bewegungsbedürfnis der Tiere befriedigen; hinzu kommen Ruheplätze sowie Futter- und Trinkstellen. Je strukturierter das Gehege ist, desto mehr können die Tiere ihre natürlichen Verhaltensweisen ausleben. Im Freiland sind die Tiere den größten Teil des Tages auf der Suche nach Nahrung. Um im Zoo keine Langeweile aufkommen zu lassen, werden die Nahrungsportionen auf mehrere Mahlzeiten verteilt; zudem wird das Futter verstreut oder in speziellen Vorrichtungen versteckt. »Spielzeug« in Form von Kartons, Kunststoffkanistern, Gummireifen und Holzwolle zum Nestbau sorgt für komplexe Beschäftigungsmöglichkeiten, die dem ausgeprägten Neugier- und Erkundungsverhalten entgegen kommen und der Entstehung von Bewegungsstereotypien und anderen Verhaltensstörungen vorbeugen sollen. Neben einem (in den gemäßigten Breiten notwendigen) beheizbaren Innenraum steht den Tieren ein ebenso strukturiertes Freigehege zur Verfügung.

Besonderes Augenmerk gilt der Zusammensetzung der Gruppe. Während man lange Zeit davon ausging, dass Orang-Utans grundsätzlich einzelgängerisch leben, weiß man heute, dass sie bei ausreichendem Nahrungsangebot in kleinen polygynen Gruppen leben. Im Zoo ist eine Gemeinschaftshaltung eines dominanten Männchens mit mehreren Weibchen und Jungtieren möglich und sinnvoll, damit die Tiere ihre sozialen Verhaltensmuster ausleben können. Dabei muss darauf geachtet werden, dass das Gehege Rückzugsmöglichkeiten bietet,

Abb. 146.1: Orang-Utan-Weibchen mit Jungtier im natürlichen Lebensraum

Abb. 146.2: Modernes Orang-Utan-Freigehege im Paignton Zoo (Großbritannien)

wenn es zu aggressiven Auseinandersetzungen zwischen den Gruppenmitgliedern kommt. Die Haltung zweier erwachsener Männchen im selben Gehege ist im Zoo nicht möglich. Um den Stress für die Zootiere, der durch die Besucher entsteht, niedrig zu halten, müssen Zonen vorgesehen werden, in die sich die scheuen Tiere bei Störungen zurückziehen können; nur ein Teil des Geheges sollte für die Besucher einsehbar sein. Dies ist besonders wichtig, wenn Mütter mit Jungtieren in der Gruppe sind. ■

Haltung von Nutztieren. Auch in der modernen Nutztierhaltung macht man sich die Erkenntnisse der Verhaltensbiologie zunutze. In der modernen Massentierhaltung verfolgte man über viele Jahre hinweg das Ziel, möglichst kostengünstig Tiere zu »produzieren«.

Zur industriellen Gewinnung von Hühnereiern wurden Haushühner in engen Legebatterien gehalten. Bei dieser Form der Käfighaltung sind zahlreiche kleine Käfige in fensterlosen Ställen über- und nebeneinander angeordnet. Jeder Legehenne steht dabei ein einzelner Käfig mit einer Grundfläche von lediglich 550 cm² (weniger als die Größe eines DIN-A4-Blattes) zur Verfügung. Die Tiere werden vollautomatisch mit Futter und Trinkwasser versorgt, auch das Einsammeln der Eier und die Entsorgung des Kots geschieht automatisch. Von Seiten des Tierschutzes bestehen massive Bedenken gegen diese Hal-

Haltungsform	Land	Bundesland Betrieb Stall
0 = Bio-Erzeugung	Herkunftsland	Die Betriebskennzahl besteht
1 = Freilandhaltung	z.B. DE =	aus Kennziffern für Bundesland,
2 = Bodenhaltung	Deutschland	z.B. 09 für Bayern, Legebetrieb
3 = Käfighaltung		und Stall.

Abb. 147.1: Alle Eier, die in der EU verkauft werden, müssen mit einem Code-Stempel versehen sein. Mit diesem lassen sich Haltungsform, Herkunftsland und Sitz des Betriebes feststellen.

tungsform; seit Ende 2009 ist sie in Deutschland verboten. Erlaubt sind nur noch Käfige mit einem größeren Platzangebot, einem Scharrbereich, Sitzstangen und Nestern. Auch diese Haltungsform ist umstritten. Die Tiere können sich in den engen Käfigen kaum bewegen, ihr arteigenes Verhalten nicht ausleben und stehen unter ständigem hohem Stress.

Eine Verbesserung stellt die **Bodenhaltung** von Legehennen dar. Bei dieser Haltungsform werden zahlreiche Hühner – zum Teil mehrere Tausend – in einem fensterlosen Stall auf einer gemeinsamen Bodenfläche gehalten, die zu mindestens einem Drittel mit einer Bodenstreu aus Sand und Hobelspänen bedeckt ist. Die Futterversorgung erfolgt automatisch. Die Legenester befinden sich an den Stallseiten; die Eier können von außen abgesammelt werden. Im Stallinneren befinden sich Sitzstangen und eine Lichtquelle. Diese Haltungsform bietet den Tieren mehr Bewegungsfreiheit und erlaubt ihnen artgemäße Verhaltensweisen auszuführen. Allerdings ist die Gefahr der Ausbreitung von Krankheiten größer, da die Tiere mit Kot in Berührung kommen. Außerdem kommt es in den großen Ställen zu häufigen Rangordnungskämpfen und Verletzungen bei den Hennen.

Bei der **Freilandhaltung** haben die Hühner erheblich mehr Bewegungsmöglichkeiten und zeigen dabei ihr natürliches Verhaltensrepertoire. Neben einem Stall mit Bodeneinstreu, Sitzstangen und Nestern umfasst das Gehege einen Auslauf im Freien – jedem Huhn muss eine Mindestauslauffläche von 4 m² zur Verfügung stehen. Das Freigehege muss einen Unterstand oder Sträucher zum Schutz vor schlechter Witterung oder Feinden enthalten. Bei dieser Haltungsform besteht eine größere Gefahr des Auftretens von Krankheiten; außerdem ist sie aufgrund des hohen Flächenbedarfs vergleichsweise teuer. Zur Zeit stammen etwa 10 % der in Deutschland produzierten Eier aus Freilandhaltung, mit zunehmender Tendenz. ■

Abb. 147.2: Formen der Legehennenhaltung. **a)** Legebatterien (Käfighaltung); **b)** Bodenhaltung; **c)** Freilandhaltung

Angewandte Verhaltensbiologie

Die Resultate der modernen Verhaltensforschung haben Eingang gefunden in die Analyse menschlichen Verhaltens. Wie bei Tieren, spielen auch bei der Kommunikation des Menschen Schlüsselreize und die zugehörigen angeborenen Auslösemechanismen eine wichtige Rolle. Ein Beispiel ist das **Kindchenschema,** ein genetisch festgelegtes Signalmuster aus verschiedenen Körperbaumerkmalen, das beim Betrachter positive Zuwendung und Betreuungsverhalten hervorruft. Es wird durch das Betrachten eines Kleinkindes ausgelöst, aber auch durch Tiere, die dieselben Proportionen besitzen. **Sexuelle Schlüsselreize** bestimmen den Funktionskreis des menschlichen Reproduktionsverhaltens. Bestimmte Schlüsselreize formen ein charakteristisches »Frau-Schema« ebenso wie ein »Mann-Schema«; beide Signalmuster wirken über angeborene Auslösemechanismen auf den Geschlechtspartner attraktiv. Kindchenschema und sexuelle Auslöser werden manipulativ in der Werbung eingesetzt *(s. Kap. 5.1).*

Das **Aggressionsverhalten** des Menschen kann in zwei Kategorien aufgeteilt werden. **Gruppenaggression** wird im Zusammenhang mit territorialem Verhalten und der Konkurrenz um begrenzte Ressourcen gesehen. Dagegen steht individuelles aggressives Verhalten u. a. im Dienst der Partnerfindung, dem Schutz und der Verteidigung der Nachkommen und von Streitigkeiten um die Position in der Rangordnung. Für die Entstehung aggressiven Verhaltens werden unterschiedliche Ursachen diskutiert. Manche Modelle sehen menschliche Aggression als Resultat von Lernprozessen. Andere Theorien postulieren einen dem Verhalten zugrunde liegenden Aggressionstrieb; als Folge eines »Erregungsstaus« kommt es demzufolge zu spontanen Entladungen aggressiven Verhaltens. Das heute weitgehend anerkannte **ethologische Interaktionsmodell** geht demgegenüber davon aus, dass aggressives Verhalten Ursachen hat, die sowohl erlernte als auch angeborene Komponenten umfassen. Außerdem wird das menschliche Verhalten zusätzlich durch kulturelle Wertesysteme und Normen bestimmt, die ebenfalls Einfluss nehmen auf die Ausprägung aggressiver Verhaltensweisen. Die unterschiedlichen Aggressionsmodelle hatten und haben Einfluss auf die Diskussion um die richtige Erziehung von Kindern *(s. Kap. 5.2).*

1 Schlüsselreize in der Werbung
Betrachten Sie die Ausschnitte aus Werbeanzeigen in **Abb. 148.1.**

a) Geben Sie an, welche Gemeinsamkeiten die Abbildungen zeigen, welche Käufergruppen vermutlich jeweils angesprochen werden sollen und wie die Werbung dies zu erreichen sucht.

b) Suchen Sie in Zeitschriften nach weiteren Werbeanzeigen, die Schlüsselreize enthalten und mit denen AAM des Menschen angesprochen werden sollen.

Abb. 148.1: Werbeanzeigen

2 Antiautoritäre Erziehung
Unter antiautoritärer Erziehung versteht man einen Erziehungsstil möglichst ohne Zwänge. Diese Form der Kindererziehung entstand aus der Studentenbewegung der 1960er Jahre als Gegenentwurf zu traditionellen Erziehungskonzepten. Grundannahme dieses Erziehungsstils ist die Förderung der kindlichen Entwicklung durch Gewährung von Freiräumen.

a) Geben Sie an, welches Modell zur Entstehung aggressiven menschlichen Verhaltens diesem Erziehungskonzept zugrunde liegt.

b) Untersuchungen von HASSENSTEIN ergaben, dass – entgegen dem Konzept – aggressives Verhalten durch antiautoritäre Erziehung sogar gefördert wird. Versuchen Sie diesen Befund zu deuten.

3 Schlüsselreize in der Mimik

Auch die Mimik des Menschen kann als Beispiel für Schlüsselreize angeführt werden. So sind zahlreiche Gesichtsausdrücke über Kulturgrenzen hinweg verständlich und müssen nicht erklärt werden. Betrachten Sie die folgenden Bilder und versuchen Sie, die »Gesichtsausdrücke« der Comicfiguren in **Abb. 149.1** zu deuten.

© Disney Enterprises, Inc.

Abb. 149.1: Mimik vermittelt Stimmungslagen

Praktische Aufgabe

4 Beobachtung von Zootieren

In einem zoologischen Garten bieten sich besonders gute Möglichkeiten zur Beobachtung von Tieren und ihren Verhaltensweisen. Suchen Sie sich im Rahmen einer Zooexkursion eine bestimmte Tierart aus und bearbeiten Sie die folgenden Aufgaben. Am lohnendsten sind Gehege mit Tiergruppen, z. B. von Primaten, Huftieren, sozialen Raubtieren (Löwen, Wölfe) oder Robben.

a) Notieren Sie Ort, Datum, Zeit und Dauer der Beobachtung.

b) Fertigen Sie einen maßstabsgetreuen Grundriss des ausgewählten Geheges an und zeichnen Sie wichtige Gehegeelemente ein (Futter- und Trinkstellen, Schlafplätze, Kletterbäume u. ä.). Zeichnen Sie auch die Besucherwege und Gehegebegrenzungen ein und machen Sie Angaben zur Bodenbeschaffenheit.

c) Notieren Sie die Zahl der beobachteten Tiere und – so weit erkennbar – deren Geschlecht; geben Sie die Zahl der erwachsenen Individuen und der Jungtiere an, evtl. auch weitere im selben Gehege gehaltene Tiere anderer Arten. Erfassen Sie die bevorzugten Aufenthaltsorte der einzelnen Tiere.

d) Informieren Sie sich, z. B. durch Befragen der Tierpfleger oder anhand von Informationstafeln am Gehege, über die Fütterung der Tiere (Zusammensetzung des Futters, Fütterungszeiten).

e) Erstellen Sie ein **Ethogramm** der beobachteten Tiere. Darunter versteht man einen Katalog aller gezeigten Verhaltensweisen und deren möglichst exakte Beschreibung. Das Ethogramm sollte folgende Verhaltenselemente enthalten: Körperhaltungen, Bewegungsformen, Körperpflegeverhalten, Nahrungsaufnahme, Lautäußerungen, Sozialverhalten (z. B. Sexual- und Brutpflegeverhalten, Aggression), Spiel- und Neugierverhalten, Reaktionen auf äußere Einflüsse (z. B. auf Zoobesucher).

f) Versuchen Sie, über einen bestimmten Zeitraum die Häufigkeit der gezeigten Verhaltensweisen tabellarisch zu erfassen.

g) Nachbereitung: Informieren Sie sich in einschlägiger Literatur oder im Internet über die ausgewählte Tierart. Erstellen Sie einen kurzen »Steckbrief« der Art, der Angaben zur systematischen Stellung der Art, zu Verbreitung, Lebensraum, Lebensweise und ggf. zur Gefährdung enthält.

h) Beurteilen Sie anhand Ihrer Rechercheergebnisse, inwieweit die beobachteten Zootiere artgerecht gehalten werden. Machen Sie ggf. Vorschläge für verbesserte Haltungsbedingungen.

Abb. 149.2: Großzügiges, naturnah gestaltetes Freigehege für Afrikanische Elefanten im San Diego Wild Animal Park (Kalifornien/USA)

Glossar

Kursivdruck in der Begriffserläuterung verweist auf einen anderen Begriff des Glossars.

abiotischer Faktor: *s. Umweltfaktor*

absolute Altersbestimmung: Datierung einer Gesteinsschicht durch Messung des Zerfalls radioaktiver Isotope, deren Zerfallsgeschwindigkeit bekannt ist.

adaptive Radiation (lat. *radius* Radspeiche): Bildung zahlreicher Arten unterschiedlicher ökologischer Anpassung bei Neubesiedlung eines Lebensraums oder dessen neuartiger Nutzung in einem geologisch kurzen Zeitraum.

Adenosintriphosphat, ATP: Wichtige Verbindung (ein Nucleotid) in allen lebenden Zellen als Energielieferant für endergone Reaktionen. Bildung erfolgt entweder durch Übertragung eines Phosphatrestes von einer organischen Verbindung, z. B. bei der Glykolyse, oder durch Nutzung eines Protonengradienten, z. B. bei der Endoxidation.

Aktualitätsprinzip: Auffassung, dass die Kräfte, die heute das Erdbild umgestalten, auch in der geologischen Vergangenheit wirksam gewesen sind und dass diese Kräfte allmählich wirken; geht zurück auf den Geologen C. LYELL.

Allel (gr. *allos* anders): Allele sind zwei oder mehrere unterschiedliche Ausbildungsformen eines Gens; ein Chromosom besitzt jeweils nur ein Allel; Unterbegriff zu *Gen*.

allopatrische Artbildung: Artbildung infolge räumlicher Trennung von Populationen, also geografischer Isolation.

Alloploidie (gr. *allos* anders; *haploos* einfach): *s. Genommutation*

Altersbestimmung: *s. absolute, relative Altersbestimmung*

Altruismus (lat. *alter* ein anderer; *altrix* Pflegemutter): Bei vielen sozial lebenden Tieren auftretendes, uneigennütziges Verhalten, welches für die Gemeinschaft Gewinn bringend ist, für das ausführende Individuum aber Nachteile haben kann. Altruistisches Verhalten kann sich durch Selektion ausbreiten, wenn es zu einer höheren reproduktiven Fitness, z. B. der Verwandten, führt.

analoge Strukturen (gr. *analogos* entsprechend): Strukturen gleicher Funktion, die einen unterschiedlichen Bauplan aufweisen und auf unterschiedliche Gene zurück zu führen sind *(s. Homologie)*.

Aneuploidie (Kunstwort gr. *an-* un-; *eu-* gut, richtig; *haploos* einfach): *s. Genommutation*

angeborene Verhaltensweise: Genetisch bedingte Verhaltensweise, bei der individuelles Lernen nachweislich keine Rolle spielt.

Anpassung: Syn. Adaption; die im Laufe der *Evolution* durch Selektion zustande kommende bzw. zustande gekommene Zweckmäßigkeit von Bau und Funktion der Lebewesen und ihrer Teile (Organe, Gewebe).

Antibiotika (gr. *anti-* gegenüber, entgegengesetzt; *bios* Leben): Aus Pilzen, besonders aus *Penicillium* oder aus *Actinomyceten* und anderen Bakterien gewonnene Substanzen, die andere Mikroorganismen in ihrer Entwicklung hemmen oder töten.

Appetenzverhalten (lat. *appetentia* Verlangen, Sucht): Such- und Annäherungsverhalten, welches einer *Erbkoordination* vorausgehen kann.

Archaea (Archaebakterien; gr. *archaios*, alt ursprünglich): Prokaryoten, die extreme Standorte, z. B. Salzseen oder heiße Schwefelquellen, besiedeln. Sie unterscheiden sich von Bakterien u. a. durch andere Zellwandbestandteile und Nucleinsäuren.

Art: Grundeinheit der Systematik, und damit der Klassifikation der Organismen.

Artbildung: *s. allopatrische, sympatrische Artbildung*

assoziatives Lernen (lat. *associare* verbinden): Lernvorgang, bei dem z. B. eine Verbindung (Assoziation) zwischen zwei verschiedenen Reizen, einem neutralen Reiz und einem zweiten Reiz hergestellt wird, der entweder positive oder negative Auswirkungen auf den Organismus hat und sein Verhalten ändert *(s. klassische, instrumentelle Konditionierung)*.

Atmung: Als äußerer Vorgang Aufnahme von Sauerstoff in den Körper und Entfernung von Kohlenstoffdioxid (äußere Atmung). Dazu zählen die Lungenatmung der Wirbeltiere, die Kiemenatmung der Fische und die Tracheenatmung der Insekten. Als Vorgang im Inneren der *Zellen (Zellatmung,* innere Atmung*)* Oxidation von Nahrungsstoffen zum Energiefreisetzung.

aufspaltende Selektion: Veränderung des Genpools durch besonders starke Verringerung der häufigsten Genotypen, z. B. infolge von Krankheiten.

Auslösemechanismus: *Schlüsselreize* wirken vermutlich über einen angeborenen auslösenden Mechanismus (AAM), der dadurch ein Verhalten in Gang setzt. Ein AAM kann durch Lernvorgänge modifiziert werden; man bezeichnet ihn dann als einen durch Erfahrung veränderten angeborenen Auslösemechanismus (EAAM). Ein erlernter Auslösemechanismus (EAM) entsteht hingegen vollkommen neu und beruht ausschließlich auf Lernvorgängen *(s. Schlüsselreiz)*.

Australopithecinen (lat. *australis* südlich): Wichtigste Gruppe der *Vormenschen,* umfasst die Gattung *Australopithecus* i. w. S. (einschl. *Kenyanthropus* und *Paranthropus*).

Autotrophie (gr. *autotrophos* sich selbst ernährend): Ernährungsweise von Organismen, z. B. Pflanzen, Bakterien, die organische Stoffe (Kohlenhydrate) aus anorganischen Stoffen (Wasser und Kohlenstoffdioxid) herstellen. Die dazu benötigte Energie wird aus dem Sonnenlicht *(Fotosynthese)* oder aus der Oxidation anorganischer Stoffe *(Chemosynthese)* entnommen.

Bastard: s. Hybride

bedingter Reflex (lat. *reflexus* Zurückbeugen): *Reflex,* bei dem Verbindungen zwischen Sinneszelle und Erfolgsorgan durch Lernvorgänge neu ausgebildet werden.

Beschädigungskampf: Form des Kampfes zwischen Artgenossen, bei dem eine gegenseitige Verletzung vorkommen kann.

Biodiversität (lat. *diversus* verschieden): Biologische Vielfalt auf verschiedenen Systemebenen: Genetische Vielfalt innerhalb einer Art, Artenvielfalt auf der Erde oder in einem Biotop hinsichtlich der Häufigkeit und Verteilung, Vielfalt von Lebensgemeinschaften bzw. *Ökosystemen* in der *Biosphäre.*

biogenetische Regel: Im Verlauf der *Ontogenese* werden vorübergehend Strukturen früherer Evolutionsstadien ausgebildet; gültig jeweils nur für einzelne Merkmale; nicht für alle Merkmale des Organismus.

Biosphäre (gr. *bios* Leben; *sphaira* Kugel): Teil der Erde, in dem Lebewesen vorkommen, d. h. die Gesamtheit aller *Ökosysteme* der Erde.

biotischer Faktor: *s. Umweltfaktor*

Biotop (gr. *bios* Leben; *topos* Ort): Syn. Lebensraum; Lebensraum einer Lebensgemeinschaft *(Biozönose)* mit charakteristischen *Umweltfaktoren.* Ein Biotop ist abgrenzbar von anderen Lebensräumen, z. B. die nicht lebenden Elemente von Teich, Wiese, Moor.

Biozönose (gr. *bios* Leben; *koinos* gemeinsam): Lebensgemeinschaft in einem *Ökosystem*

Blut: Zirkulierende Körperflüssigkeit, die dem Transport von Wärmeenergie und Stoffen dient, z. B. von Sauerstoff, Kohlenstoffdioxid, Hormonen, Abwehrstoffen und Gerinnungsstoffen.

Brückentiere: s. *Übergangsformen.*

chemische Evolution: Sie ist die Bildung von organischen Verbindungen bis hin zu Makromolekülen aus einfachen anorganischen Stoffen unter den Bedingungen der ursprünglichen Erde.

Chromosom (gr. *chroma* Farbe; *soma* Körper): Im Zellkern befindliche fädige Struktur, die DNA enthält und zu Beginn einer Kernteilung durch Verschraubung eine charakteristische Gestalt annimmt. In der Interphase liegt es »entschraubt« als Chromatin vor *(s. Mitose, Meiose).*

demografischer Übergang (gr. *demos* Volk; *graphein* einritzen, schreiben): Zeitliche Veränderung der Geburts- und Sterberate der Menschen eines Landes beim Übergang vom Agrar- zum Industrieland.

Destruenten (lat. *destruere* zerstören): Lebewesen, die sich von toten Organismen, Bestandsabfällen, z. B. Laubblättern, Humusstoffen oder von Kot ernähren und somit organische Substanzen zu anorganischen Stoffen abbauen, die den Produzenten wieder zur Verfügung stehen.

Differenzierung (lat. *differe* sich unterscheiden): Prozess der Spezialisierung von Zellen in Bau und Funktion.

diploid (gr. *diploos* doppelt): Mit doppeltem Satz von *Chromosomen* bzw. *Genen* versehen.

DNA: Abkürzung von engl. *desoxyribonucleic acid*; doppelsträngiges, schraubig gewundenes Makromolekül, dessen Nucleotide den Zucker Desoxiribose enthalten; DNA dient als Erbsubstanz.

Eigenreflex (lat. *reflexus* zurückbiegen): Reflex, bei dem das gereizte Organ und das Erfolgsorgan identisch sind, z. B. Kniesehnenreflex (s. *Reflex, Fremdreflex*).

endemisch: das Auftreten von Pflanzen- oder Tierarten in einer bestimmten Umgebung

Endosymbionten-Theorie: Sie besagt, dass Mitochondrien und Plastiden aus ursprünglich frei lebenden *Prokaryoten* hervorgegangen sind, die von Ur-Karyoten-Zellen als Symbionten aufgenommen wurden. Verschiedene Gruppen von Algen, z. B. Braunalgen, entstanden aus Formen, bei denen eine farblose *Eukaryoten*-Zelle einen eukaryotischen Endosymbionten mit Plastiden aufgenommen hatte (sekundäre Endosymbiose).

Entwicklung: s. *Evolution, Ontogenese*

Enzym (gr. *zyme* Hefe, Sauerteig): Katalysator des Stoffwechsels, der die für den Ablauf einer Reaktion erforderliche Aktivierungsenergie herabsetzt und so die Reaktion bei den in der Zelle herrschenden Bedingungen ermöglicht; die meisten Enzyme sind Proteine, einige sind Ribonucleinsäuren (Ribozyme).

Epiphyten (gr. *epi* außen, auf; *phyton* Pflanze): Pflanzen, die auf anderen Pflanzen wachsen, diesen aber keine Nahrungsstoffe entziehen.

Erbkonstanz: Begriff aus der Populationsgenetik; im HARDY-WEINBERG-Gesetz beschriebener Sachverhalt, wonach in einer *idealen Population* die Anzahl der *Allele* über Generationen hin gleich bleibt.

Erbkoordination: Relativ starre, in ihrer Form konstante Abfolge von Bewegungen, die weitgehend genetisch vorgegeben (ererbt) ist. Sie tritt bei allen Tieren einer Art oft in gleicher Weise auf, z. B. Eirollbewegungen bodenbrütender Vögel.

Estrogene (gr. *oistros* Brunst; *genesis* Erzeugung, früher Östogene): Zu den Steroiden gehörende Geschlechtshormone. Weil sie im weiblichen Geschlecht gegenüber den Androgenen überwiegen, werden sie als weibliche Geschlechtshormone bezeichnet. Sie stimulieren die Ausbildung weiblicher Geschlechtsmerkmale und steuern die Reproduktionsfunktionen bei der Frau.

Ethogramm (gr. *ethos* Gewohnheit; *gramma* Verzeichnis): Systematische Beschreibung aller unter natürlichen Bedingungen beobachteten Verhaltensweisen einer Tierart.

Ethologie (gr. *ethos* Gewohnheit): Forschungsrichtung, die vorwiegend angeborene Verhaltensweisen untersucht und solche, deren Auslösbarkeit stark von inneren Bedingungen abhängt, z. B. *Erbkoordinationen*.

Eucyte (gr. *eu* gut; *kytos* Zelle): Zelltyp der *Eukaryoten*; sie besitzt im Gegensatz zur *Protocyte* einen Zellkern und zahlreiche weitere Organellen.

Eukaryot (gr. *eu* gut; *karyon* Nuss, Kern): Organismus aus einer Zelle oder mehreren Zellen mit Zellkern und zahlreichen weiteren Organellen. Die Zellen der Eukaryoten können sich durch *Mitose* teilen.

Evolution (lat. *evolvere* entwickeln): Allgemein jede nicht umkehrbare allmähliche Veränderung in der Natur, z. B. Evolution von Sternen. In der Biologie die Entstehung und allmähliche Veränderung der Lebewesen, deren ursächliche Erklärung liefert die Evolutionstheorie (s. *chemische E., intraspezifische E., transspezifische E.*).

evolutionsstabile Strategie (ESS): Gesamtheit genetisch festgelegter Verhaltensstrategien, die in der Population aufgrund stabilisierender Selektion aufrecht erhalten wird, sodass die höchste Gesamtfitness vorliegt.

Extinktion (lat. *extinctio* Vernichtung): Syn. Massenaussterben; Aussterben ungewöhnlich vieler *Arten* innerhalb eines geologisch kurzen Zeitraums; verursacht durch rasche Veränderung der Umweltbedingungen.

fertil (lat. *fertilis* fruchtbar): fruchtbar, fähig Nachkommen hervorzubringen

Fitness (genauer reproduktive Fitness): Syn. Selektionswert; Maß für die Eignung eines Genotyps, möglichst häufig im *Genpool* der folgenden Generation vertreten zu sein. Diese Eigenschaft ist abhängig von der jeweiligen Umwelt und nachträglich messbar an der Fortpflanzungs- und Überlebensrate der Individuen.

Fortpflanzung: Erzeugung von Nachkommen; man unterscheidet geschlechtliche Fortpflanzung und ungeschlechtliche Fortpflanzung.

Fossilien (lat. *fossilis* ausgegraben): Überreste von Lebewesen aus früheren erdgeschichtlichen Epochen in unterschiedlicher Vollständigkeit und Erhaltung; sie bilden die Grundlage der *Paläontologie* und dienen der relativen Altersbestimmung von Gesteinsschichten (s. *Leitfossilien*).

Fotosynthese: Aufbau organischer Stoffe aus anorganischen Molekülen (CO_2, H_2O) mithilfe von Lichtenergie. Man unterscheidet unmittelbar lichtabhängige Primärreaktionen, bei denen NADPH sowie *ATP* gebildet werden und Sekundärreaktionen, bei denen CO_2 gebunden und zum Kohlenhydrat reduziert wird.

Fremdreflex (lat. *reflexus* zurückbiegen): Reflex, bei dem das gereizte Organ und das Erfolgsorgan verschieden sind, z. B. Lidschlussreflex (s. *Reflex, Eigenreflex*).

Funktionswechsel: Umbildung eines Organs im Evolutionsprozess, die über ein Zwischenstadium mit Doppelfunktion zu einer neuen Funktion des Organs führt.

Gen (gr. *genos* Gattung, Nachkommenschaft): nach klassischer Auffassung ein bestimmter Teil des Genoms, der zur Ausbildung eines *Merkmals* beiträgt (s. *Allel*). In der Molekularbiologie der Abschnitt auf dem Chromosom, der für die Bildung eines funktionellen Produkts zuständig ist, z. B. Polypeptid, ribosomale RNA, und der durch ein Startcodon und ein Stoppcodon begrenzt ist.

Gendrift: Zufallsbedingte Veränderung des *Genpools* der Population, wirkt unabhängig von der *Selektion* als Evolutionsfaktor.

genetische Rekombination: Entstehen neuer Genkombinationen (Genotypen), die der *Selektion* unterliegen. Die genetische Rekombination erfolgt bei der *Meiose*, wenn ursprünglich mütterliche und ursprünglich väterliche *Chromosomen* zufallsverteilt werden.

genetische Separation (lat. *separare* trennen): Auftrennung des *Genpools*; ist sie vollzogen, so liegen zwei getrennte *Arten* vor. Der Begriff Separation wird manchmal auch für die *geografische Isolation* von *Populationen* verwendet.

Genfluss: Austausch von Allelen zwischen weitgehend getrennten Teilpopulationen infolge der Wanderung einzelner Individuen. Genfluss kann die Auftrennung des *Genpools* der Teilpopulationen verhindern oder verzögern.

Genmutation: *Mutation*, die auf ein Gen beschränkt bleibt und die zur Änderung der Basensequenz der *DNA* führt. Wenn nur eine oder wenige Basen der DNA betroffen sind, so spricht man von einer Punktmutation. Durch Genmutationen entstehen neue *Allele*.

Genom (gr. *genos* Gattung, Nachkommenschaft): Gesamtheit der *Gene* in der Zelle.

Genommutation: *Mutation*, bei der sich die Anzahl der *Chromosomen* eines Chromosomensatzes ändert. Wird ein diploider Chromosomensatz halbiert oder vervielfacht, liegt Euploidie vor. Von Aneuploidie spricht man, wenn gegenüber dem normalen Chromosomensatz einzelne Chromosomen fehlen oder überzählig sind. Grund dafür ist eine unterbleibende Trennung der homologen Chromosomen während der *Meiose* wie bei der Trisomie 21. Bei Polyploidie ist der Chromosomensatz gegenüber dem normalen vervielfacht.

Genpool (gr. *genos* Gattung, Nachkommenschaft; engl. *pool* Pfuhl): Gesamtmenge aller *Allele*, die in einer *Population* – verteilt auf ihre Individuen – vorkommen.

geographische Isolation: Räumliche Trennung von Populationen einer Art, sodass kein gemeinsamer *Genpool* mehr besteht; führt zur Bildung getrennter Arten; ihr folgt die *genetische Separation* nach.

Gesamtfitness: Syn. inklusive Fitness; Fitness einer Gruppe von verwandten Individuen, die viele *Allele* gemeinsam haben. Die Selektion bewirkt eine Zunahme der Gesamtfitness *(s. Fitness).*

geschlechtliche Fortpflanzung: Erzeugung von Nachkommen mithilfe von Gameten. Diese vereinigen sich im Vorgang der Befruchtung zur Zygote.

Geschlechtsdimorphismus: Größen- oder Gestaltunterschiede der beiden Geschlechter. Bei Säugern sind oft die männlichen Individuen größer.

Habituation (lat. *habitare* wohnen): Gewöhnung an spezifische Reize; bewirkt, dass wiederholt auftretende *Reize*, z. B. bestimmte Geräusche, die keine positiven oder negativen Folgereize ankündigen, nicht mehr beachtet werden; Form des nicht-*assoziativen Lernens.*

Handlungsbereitschaft: Syn. Motivation, Antrieb; Bezeichnung für die inneren Ursachen einer Handlung, z. B. einer *Erbkoordination.*

HARDY-WEINBERG-Gesetz: 1908 von HARDY und WEINBERG unabhängig voneinander gefundener Sachverhalt der *Erbkonstanz*, die in einer idealen *Population* besteht.

Hemiparasiten: *s. Parasiten*

Hominisation (lat. *homo* Mensch): Syn. Menschwerdung; Entstehung der typisch menschlichen Merkmale im Verlauf der menschlichen *Evolution.*

Heterotrophie (gr. *heteros* anders; *trophe* Nahrung): Ernährungsweise von Lebewesen, bei der organische Stoffe als Energie- und Kohlenstoffquelle genutzt werden. Heterotroph sind Tiere, Pilze und die meisten Bakterien sowie etliche Arten höherer Pflanzen.

Hominoidea: Familie der *Menschenaffen* und aller Menschenformen einschließlich der *Vormenschen.*

Homo erectus (lat. *erigere* aufrichten): Gruppe von fossilen Formen des echten Menschen. Vertreter von *H. erectus* sind vor knapp 2 Mill. Jahren aus Afrika ausgewandert. Aus *H. erectus* entstand während der letzten Eiszeit der *Neandertaler*, in Afrika der heutige Mensch.

Homologie (gr. *homos* gleich): Strukturen unterschiedlicher Funktionen, die auf den gleichen Grundbauplan zurückgehen, werden als homologe Strukturen bezeichnet; sie sind auf gleichartige Gene zurückzuführen. Homologie von Organen wird mithilfe von Homologiekriterien erkannt, Homologie von *Genen* durch Sequenzierung.

humos: aus Humus bestehend

Hybride (veraltet Bastard): Individuen, die aus einer Kreuzung zwischen Eltern hervorgegangen sind, die sich in einem oder mehreren Allelen unterscheiden

Individualentwicklung: *s. Ontogenese*

Infantizid (lat. *infanticidium* Kindstötung): Tötung von Jungtieren durch die eigenen Eltern oder fremde Artgenossen.

innerartliche Selektion: Sie kommt durch die Konkurrenz innerhalb der *Population* einer Art um Nahrung, *Biotop* und Geschlechtspartner zustande.

intraspezifische Evolution: Evolutionsvorgänge, die zur Entstehung von *Rassen*, Unterarten und *Arten* führen.

Introspektion (lat. *introspicere* hineinschauen): »In-sich-hineinschauen« des Menschen; Beobachtung des eigenen Innenlebens.

Känozoikum (gr. *kainos* neu; *zoon* Tier): Zeitalter der Erdgeschichte, das mit der Periode des Tertiärs vor 65 Mill. Jahren beginnt; Zeitalter der Blüte der Säuger.

Kapazität (lat. *capax* fassungsfähig): In der *Ökologie* Eigenschaft des Lebensraums einer *Art*, gekennzeichnet durch die maximale Populationsgröße der Art in diesem Lebensraum.

klassische Konditionierung (lat. *condicio* Bedingung): Form des *assoziativen Lernens*, bei dem eine Verknüpfung zwischen Reizen gebildet wird: Einem neutralen Reiz, z. B. einem Lichtreiz, und einem zweiten Reiz, der positive, z. B. Futterreiz, oder negative Auswirkungen auf den Organismus hat *(s. operante Konditionierung).*

Koevolution: Wechselseitige Einflussnahme der evolutiven Veränderung von Arten, die untereinander in intensiven ökologischen Beziehungen stehen; Evolution ist stets auch Koevolution der miteinander in Beziehung stehenden Arten.

Kommensalismus (lat. *commensalis* Tischgenosse): Form des Zusammenlebens verschiedener Arten, bei der die Organismen der einen Art von der Nahrung der Organismen der anderen Art profitieren, ohne diesen zu nützen oder sie zu schädigen.

Konditionierung (lat. *condicio* Bedingung): Form des *assoziativen Lernens*; man unterscheidet die *klassische* und die *operante Konditionierung.*

Konsument (lat. *consumere* verbrauchen): Lebewesen, das sich von anderen Lebewesen ernährt. Es lebt direkt (Pflanzenfresser) oder indirekt (Fleischfresser, Parasit) von der Nettoprimärproduktion der *Produzenten.*

Konvergenz (lat. *convergere* sich hinneigen): Ausbildung einer ähnlichen Gestalt und Lebensweise aufgrund der Ausbildung einer ähnlichen *ökologischen Nische* durch nicht verwandte *Arten*, die in geografisch getrennten Gebieten leben.

Kooperation (lat. *cooperatio* Mitwirkung): Gemeinsame Verhaltensausführung durch Artgenossen; sie kann allen Tieren eines *sozialen Verbandes* Vorteile erbringen, wie z. B. das gemeinsame Jagen *(s. Altruismus).*

K-Strategen: Lebewesen mit hoher Konkurrenzfähigkeit, großer Behauptungsfähigkeit und meist langer Lebenserwartung, so genannte Platzhaltertypen. Sie besitzen zumeist relativ wenige Nachkommen und damit eine geringe Wachstumsrate. Die Populationsdichte entspricht der Kapazität des Lebensraumes *(s. r-Strategen).*

künstliches System (gr. *systema* Vereinigung): Ergebnis der Klassifikation der Organismen, die von willkürlich ausgewählten Merkmalen ausgeht, z. B. das LINNEsche System.

Lebensraum: *s. Biotop*

Leitfossilien: *Fossilien*, die nur in Schichten eines geologisch kurzen Zeitraums gefunden werden und daher diesen kennzeichnen.

Lernen: Vorgang, mit dem ein Organismus Informationen aus der Umwelt aufnimmt sowie im Gedächtnis speichert und dadurch sein Verhalten ändert *(s. assoziatives Lernen, nicht-assoziatives Lernen, Lernen durch Einsicht, Lernen durch Nachahmung, Prägung).*

Lernen durch Einsicht: Planendes Durchspielen einer neuen Handlungsabfolge »in Gedanken« und ihre Ausführung ohne vorheriges Ausprobieren.

Lernen durch Nachahmung: Lernvorgang, bei dem bei anderen Individuen beobachtete Verhaltensweisen in das eigene Verhaltensrepertoire aufgenommen werden, beispielsweise Werkzeuggebrauch.

Massenaussterben: *s. Extinktion*

Meiose (gr. *meiosis* Verminderung): Vorgang, bei dem aus einer diploiden Mutterzelle haploide Tochterzellen entstehen; läuft in zwei Schritten ab: der ersten Reifeteilung (Reduktionsteilung), bei der die Paare homologer *Chromosomen* getrennt werden, und der zweiten Reifeteilung, die einer *Mitose* ähnelt.

Mensch: Alle Vertreter der Gattung *Homo*; heute gibt es nur eine Art: *Homo sapiens*. Die frühesten Formen werden als *Homo habilis* und *Homo rudolfensis* bezeichnet.

Menschenaffen: Affen, die mit dem Menschen und allen fossilen Vorfahren des heutigen Menschen zusammen die Familie *Hominoidea* bilden. Hierzu gehören als ursprünglichste Gruppe die Gibbons sowie die großen Menschenaffen Orang, Gorilla, Schimpanse und Zwergschimpanse (Bonobo).

Merkmal: In der Genetik ist ein Merkmal eine durch die Wirkung von einem oder mehreren *Genen* hervorgerufene Eigenschaft im *Phänotyp* eines Individuums.

Mesozoikum (gr. *mesos* mittlerer): Zeitalter der Erdgeschichte, das mit der Periode der Trias vor 250 Mill. Jahren beginnt und mit Ende der Periode der Kreide vor 65 Mill. Jahren endet; Zeitalter der Blüte der Reptilien (»Saurier«); bedecktsamige Blütenpflanzen entstanden.

Mimese (gr. *mimesis* Nachahmung): Nachahmung von Gegenständen durch Organismen zur Tarnung als Folge der Selektion.

Mimikry (engl. *mimicry* Nachahmung): Nachahmung eines anderen Tieres zur Täuschung oder Abschreckung u. a. von Fressfeinden als Folge der *Selektion.*

Mitose (gr. *mitos* Faden): Kernteilung, bei der die *Chromosomen* unter dem Mikroskop erkennbar sind und gleichmäßig auf beide Tochterkerne verteilt werden.

Modifikation (lat. *modificare*

gestalten): Individuum, das sich phänotypisch von anderen Individuen seiner *Population* als Folge von Umwelteinflüssen unterscheidet.

Motivation (lat. *motivus* bewegend): s. *Handlungsbereitschaft*

Mosaikform: Oranismus, der Merkmale zweier verschiedener systematischer Gruppen besitzt. Stehen Mosaikformen in direkter Linie zwischen zwei Verwandtschaftsgruppen, bezeichnet man sie als *Übergangsform*.

Mutante (lat. *mutare* ändern): Träger einer *Mutation*

Mutation (lat. *mutare* ändern): Veränderung im Erbgut, die auf die Tochterzellen vererbt wird. In vielen Fällen werden Mutationen durch Mutagene ausgelöst, sie können aber auch auftreten, ohne dass die Einwirkung eines Mutagens erkennbar ist, dann bezeichnet man sie als Spontanmutationen (s. *Genmutation*, *Genommutation*).

Nachahmung: s. *Lernen durch Nachahmung*

Nachhaltige Entwicklung: Sie ist gekennzeichnet durch einen umweltverträglichen Umgang mit den natürlichen Ressourcen mit dem Ziel, wirtschaftliche Leistungsfähigkeit und soziale Sicherheit mit der langfristigen Erhaltung aller Lebensgrundlagen in Einklang zu bringen.

Nährstoffe: Alle Stoffe, die der Ernährung von Lebewesen dienen. Dazu zählen die in Lebensmitteln enthaltenen energiereichen Nahrungsstoffe Proteine, Fette und Kohlenhydrate.

natürliches System: Ergebnis der Klassifikation der Organismen, die Evolutionszusammenhänge wiedergibt.

Neandertaler: Menschenform der letzten Eiszeit in Europa und Vorderasien. Erster Fund stammt vom Neandertal bei Düsseldorf.

Nucleotid (lat. *nucleus* Kern): Bestandteil der *Nucleinsäuren*. Es besteht aus Phosphat und einem Zucker mit fünf C-Atomen (Pentose) sowie einer der vier organischen Basen Adenin, Cytosin, Guanin und Thymin (*DNA*) bzw. Uracil (*RNA*). Die Verbindung ohne Phosphat ist ein Nucleosid (s. *Nucleinsäuren*).

Ökologie (gr. *oikos* Haushalt): Lehre vom »Haushalt der Natur« (HAECKEL) bzw. von den Wechselbeziehungen der Lebewesen zu ihrer Umwelt und untereinander.

ökologische Nische (gr. *oikos* Haus, Haushalt): Gesamtheit aller biotischen und abiotischen *Umweltfaktoren*, die für die Existenz einer bestimmten *Art* wichtig sind; die ökologische Nische kennzeichnet Umweltansprüche und Form der Umweltnutzung einer Art.

ökologische Potenz (lat. *potentia* Kraft): Fähigkeit der Organismen einer Art, innerhalb eines bestimmten Bereichs eines *Umweltfaktors*, z. B. eines Temperaturbereichs, auf Dauer zu gedeihen, also sich z. B. fortzupflanzen.

Ökosystem (gr. *oikos* Haus, Haushalt; *systema* System): Einheit von *Biotop* und *Biozönose*, die sich aus der Summe aller Beziehungen zwischen einem Lebensraum (*Biotop*) mit den darin vorkommenden Lebewesen (*Biozönose*) sowie dieser Lebewesen untereinander ergibt.

Ontogenese (gr. *ta onta* das Seiende; *genesis* Erzeugen, Zeugen): Syn. Individualentwicklung; Menge der Entwicklungsvorgänge, die von der Bildung von Fortpflanzungszellen zum erwachsenen Organismus und schließlich zum Tod führen.

operante Konditionierung (lat. *condicio* Bedingung): Syn. instrumentelle Konditionierung; Lernen nach Versuch und Irrtum; Form des *assoziativen Lernens* bei der eine Verknüpfung gebildet wird zwischen einem Reiz, z. B. einem Futterreiz, und einem Verhalten, das den Reiz herbeiführt, z. B. Betätigung eines Hebels (s. *klassische Konditionierung*).

Paläontologie (gr. *palaios* alt): Lehre von den Lebewesen der erdgeschichtlichen Vergangenheit, die als *Fossilien* erhalten geblieben sind; bedient sich vor allem der Methode der vergleichenden Anatomie; begründet von G. CUVIER.

Paläozoikum: Zeitalter der Erdgeschichte, das mit der Periode des Kambriums vor 540 Mill. Jahren beginnt und mit dem Ende der Periode des Perm vor 250 Mill. Jahren endet. Zeitalter, in dem die Landpflanzen und Landtiere (Amphibien, Reptilien) entstanden.

Parasiten (gr. *parasitos* Mitesser, Schmarotzer): Lebewesen, die lebende Organismen befallen und ihre *Nährstoffe* aus dem Körpergewebe ihrer Wirte aufnehmen; normalerweise töten sie den Wirt nicht.

Parthenogenese (gr. *parthenos* Jungfrau; *genesis* Erzeugung, Zeugung): Syn. Jungfernzeugung; Spezialfall der geschlechtlichen *Fortpflanzung*, wobei sich ein neuer Organismus aus einer Eizelle ohne Verschmelzung mit einem männlichen Gameten entwickelt.

Phänotyp (gr. *phainein* sichtbar machen; *typos* Gepräge, Form): Das äußere Erscheinungsbild eines Individuums; an der Ausbildung der *Merkmale* sind Umwelteinflüsse und *Gene* beteiligt. Im speziellen Fall bezeichnet man mit Phänotyp auch nur die in einem Erbgang interessierenden Merkmale (s. *Genotyp*).

Plankton (gr. *planktos* das Umhergetriebene): Algen und Kleintiere, die im freien Wasser der Meere oder der Binnengewässer schweben. Sie treiben passiv mit der Strömung, wenngleich ein Teil von ihnen in geringem Ausmaß zu aktiver Fortbewegung befähigt ist, z. B. Geißelalgen. Zumeist handelt es sich um pflanzliche (Phytoplankton) und tierische Einzeller (Zooplankton). Auch Quallen gehören zum Plankton.

Plattentektonik (gr. *tektos* geschmolzen): Bewegung von Platten der Erdkruste infolge der Neubildung von Ozeanboden an mittelozeanischen Rücken und des Abtauchens von Ozeanboden in Subduktionszonen.

Polyploidie (Kunstwort gr. *polys* viel; *haploos* einfach): s. *Genommutation*

Population (lat. *populus* Volk): Alle artgleichen Individuen eines Gebiets, die sich miteinander fortpflanzen; beim Menschen spricht man auch von Bevölkerung.

Prägung: Lernvorgang, der durch soziale Verhaltensweisen erworben werden und der innerhalb begrenzter Entwicklungsabschnitte erfolgen muss; das Lernergebnis ist weitgehend unwiderruflich. Die Prägung dient z. B. bei Gänsen der Aneignung der optischen und akustischen Merkmale der Mutter und bewirkt Nachlaufen (Mutter-Prägung).

Primaten: Ordnung der Säugetiere, zu der auch der Mensch gehört; gegliedert in zwei Unterordnungen: Halbaffen (Feuchtnasenaffen) und Höheren Primaten.

Proconsulidae: Stammgruppe, aus der neben anderen Affen insbesondere Menschenaffen und Mensch hervorgegangen sind. Arten dieser Gruppe lebten im Untermiocän vorwiegend in Ostafrika.

Produzenten (lat. *producere* erzeugen): Organismen, die durch *Fotosynthese* oder Chemosynthese aus anorganischen Stoffen energiereiche organische Verbindungen herstellen.

Prokaryot (gr. *protos* erster, Ur; *karyon* Kern): Organismus ohne Zellkern.

Protobionten (gr. *proto* erst; *bios* Leben): Erste Lebewesen auf der Erde und Vorläufer von Zellen; sie besaßen RNA als Träger der genetischen Information und als Katalysatoren sowie Polypeptide als primitive Enzyme.

Protocyte: Zelltypus der *Prokaryoten*

proximate Verhaltensursachen (lat. *proximus* der Nächste, Unmittelbarste): Aktuelle Ursachen eines Verhaltens, z. B. die Begegnung mit einem Fressfeind; sie bewirken das Auftreten und die Art der Ausführung eines Verhaltens unmittelbar (s. *ultimate Verhaltensursachen*).

Punktualismus: Ansicht, dass bei Entstehung neuer Arten eine Auftrennung des zuvor einheitlichen *Genpools* zu raschen Veränderungen führt, denen lange Zeit nur geringe Veränderungen folgen.

Radiation: s. *adaptive Radiation*

Rasse: Teilpopulation, deren Individuen sich aufgrund mehrerer Merkmale von mindestens 75 % der Individuen einer anderen Teilpopulation unterscheiden; Unterbegriff zu *Art*.

Reflex (lat. *reflexus* Zurückbeugen): automatische, relativ stereotyp ablaufende Bewegung, die durch einen bestimmten *Reiz* hervorgerufen und durch das Nervensystem gesteuert wird.

Reifeteilung: s. *Meiose*

Reiz: Einwirkung eines Faktors der Umwelt auf einen Organismus bzw. eine Zelle, die zu einer Reaktion des Organismus oder der Zelle führen kann. Die Einwirkung erfolgt durch Änderung einer physikalischen oder chemischen Größe, wie der Temperatur.

Rekombination: *s. genetische Rekombination*

relative Altersbestimmung: Aufgrund von *Fossilien,* vor allem den *Leitfossilien,* erfolgende Einordnung von Gesteinsschichten in eine geologische Epoche.

reproduktive Fitness: *s. Fitness*

Revier (mittelhochdt. *rivier* Ufer, Gegend): Syn. Territorium; von Tieren gegen bestimmte oder alle Artgenossen verteidigtes Gebiet, in welchem sie ihre Nahrung erwerben, ihr Nest bauen, schlafen und sich fortpflanzen.

rezent (lat. *recens* frisch, neu): noch heute vorkommende Tier- und Pflanzenarten, im Gegensatz zu ausgestorben.

Ritualisierung (lat. *ritus* Brauch, Gewohnheit): Stammesgeschichtlicher Prozess, durch den Verhaltensweisen, die von Artgenossen als eindeutige Signale, z.B. für bestimmte Handlungsabsichten, erkannt werden sollen, unverwechselbar werden.

RNA (Abkürzung von engl. *ribonucleic acid*): Einsträngiges Makromolekül, dessen Nucleotide den Zucker Ribose enthalten.

r-Strategen: Lebewesen mit großer Nachkommenzahl bzw. hoher Wachstumsrate ihrer Populationen und oft kurzer Lebensdauer, die rasch ihren Lebensraum zu wechseln vermögen, so genannte Ausbreitungstypen.

Rudimente: Durch Rückbildung eines Organs entstandene, in der Regel funktionslos gewordene Strukturen.

Saprobien: heterotrophe Lebewesen an Standorten mit faulenden und verwesenden Substanzen

Schlüsselreiz: Syn. Auslöser; *Reiz* der Umgebung, der eine *Erbkoordination* auslöst.

Selektion (lat. *selectus* ausgewählt): Veränderung der Häufigkeit von *Allelen* im *Genpool* einer *Population* in Abhängigkeit von Umweltbedingungen; dadurch erfolgt die Anpassung an diese *(s. stabilisierende S., transformierende S., aufspaltende S., zwischenartliche S., innerartliche S., sexuelle S.).*

Selektionsfaktoren: *Umweltfaktoren,* die auf die *Selektion* Einfluss nehmen. Man unterscheidet *abiotische* und *biotische* Faktoren und unterteilt letztere in zwischenartliche Selektionsfaktoren (Fressfeinde, Parasiten) und inner-

artliche Selektionsfaktoren (Konkurrenz zwischen Individuen der Art um Nahrung, Territorium, Geschlechtspartner).

sexuelle Selektion: Die innerartliche Konkurrenz um Geschlechtspartner führt zur sexuellen Selektion; sie ist z.B. mit der Bildung von Prachtkleidern, Geweihen und Imponierverhalten verbunden.

Sorte: Begriff aus der Pflanzenzüchtung; zu einer Sorte zählen alle die Individuen einer Kulturpflanzenart, die bezüglich mehrerer gut erkennbarer *Merkmale* erbgleich sind und diese bei der Vermehrung beibehalten.

sozialer Verband: Bei vielen Tierarten auftretende, zeitweise oder ständige Bildung einer Gruppe, die für die beteiligten Artgenossen Überlebensvorteile bringt. Man unterscheidet zwischen individualisierten Verbänden, wie z.B. einem Wolfsrudel, in denen die Individuen einander kennen, und anonymen, wie z.B. einem Fischschwarm *(s. Tierstaat).*

stabilisierende Selektion: Der bestehende *Genpool* wird weitgehend konstant gehalten; sie ist oft bei konstanter Umwelt wirksam.

Stammbaum: Darstellung der Abstammungsverhältnisse einer Organismengruppe. Ein echter Stammbaum darf nur *Arten* aufweisen, die auf eine Ausgangsart zurückgehen und muss alle bekannten Nachkommen dieser Ausgangsart umfassen.

Stoffkreislauf: Regelmäßige Abfolge unterschiedlicher Verbindungen eines Elements im *Ökosystem.* Die chemischen Stoffe durchlaufen die Nahrungsnetze, gelangen nach Mineralisierung in den abiotischen Bereich und können von dort wieder von den Organismen aufgenommen werden.

Stress (lat. *strictus* verwundet; engl. *stress* Belastung, Druck): Gleichartige Reaktion des Organismus auf verschiedenartige belastende *Reize* wie Verletzung, Lärm, Bedrohung, zwischenmenschliche Konflikte.

Symbiose (gr. *sym* zusammen; *bios* Leben): Zusammenleben von Arten in engem Kontakt zu beiderseitigem Vorteil.

sympatrische Artbildung: Artbildung innerhalb eines Lebensraumes, verursacht durch Ausbildung einer biologischen Fortpflanzungsschranke; die *gene-*

tische Separation erfolgt sehr früh oder löst sogar die Artbildung aus.

System: Charakteristisch für ein System ist die Wechselbeziehung seiner Teile, aus der neue Eigenschaften entstehen, die die Einzelteile nicht besitzen, nämlich Systemeigenschaften *(s. künstliches System, natürliches System).*

Territorium (lat. *terra* Erde): *s. Revier*

Tierstaat: *Sozialer Verband,* in dem ein Teil der Mitglieder auf die *Fortpflanzung* verzichtet, aber die wenigen fortpflanzungsfähigen Tiere bei der Brutfürsorge unterstützt, z.B. bei Ameisen und Bienen.

Tierstock: Tiergemeinschaft, die durch vegetative Vermehrung entstanden ist und deren Individuen sich dabei nicht getrennt haben.

transformierende Selektion: Veränderung des *Genpools* bei sich verändernden Umweltbedingungen.

Übergangsformen (syn. *conecting links*): Fossilien, die Merkmale verschiedener Klassen von Tieren oder Pflanzen aufweisen und am Beginn des Auftretens der neuen Klasse stehen; im Falle von Tierarten spricht man auch von Brückentieren.

Übersprungsverhalten: Einer Situation nicht angepasstes Verhalten, welches vermutlich darauf beruht, dass zwei starke *Handlungsbereitschaften,* wie z.B. Kampf- und Fluchtverhalten, sich gegenseitig hemmen.

ultimate Verhaltensursachen (lat. *ultimus* der Letzte): Stammesgeschichtliche Ursachen eines *Verhaltens,* z.B. solche die den Fortpflanzungserfolg der Individuen einer Art erhöhen *(s. proximate Verhaltensursachen).*

Umweltfaktor: Einflussfaktor, dem ein Lebewesen in seiner Umwelt ausgesetzt ist. Man unterscheidet zwischen den *abiotischen Faktoren* der unbelebten Welt, z.B. Licht, Temperatur, Feuchtigkeit, Ionenverfügbarkeit, Wind, und den *biotischen Faktoren,* wie z.B. *Parasiten,* Krankheitserreger, Fressfeinde, Bestäuber und Pilze der Mykorrhiza.

unbedingter Reflex (lat. *reflexus* Zurückbeugen): Genetisch vorprogrammierter *Reflex,* bei dem ein bestimmter Reiz eine bestimmte Reaktion auslöst, die

nicht erlernt werden muss, z.B. Speichelsekretion.

ungeschlechtliche Fortpflanzung: Erzeugung von Nachkommen aus Körperzellen oder Sporen, z.B. Pilzsporen

Variabilität (lat. *variabilis* veränderlich): Eigenschaft einer Art, wonach die Ausbildung des *Phänotyps* unter dem Einfluss der Umwelt variiert. Gestattet die Reaktionsnorm fließende Übergänge zwischen verschiedenen Ausbildungen des Phänotyps, so bezeichnet man dies als kontinuierliche Variabilität. Die diskontinuierliche Variabilität beruht auf einer Reaktionsnorm, die nur einige phänotypische Ausprägungen zulässt.

Verdauung: Spaltung der Nährstoffe in kleinere Moleküle mithilfe von *Enzymen*

Verhalten: In der Verhaltensbiologie Aktionen und Reaktionen eines Tieres und auch des Menschen; alle beobachtbaren Bewegungen, Körperhaltungen oder Zustände und deren Veränderungen sowie sämtliche Lautäußerungen und sonstigen Kommunikationsweisen.

Verwandtschaftsselektion: Wirkung der *Selektion* in einer Verwandtschaftsgruppe unter Berücksichtigung des *Altruismus.* Wenn durch dieses von den gemeinsamen Allelen im Mittel mehr in die nächste Generation gelangen als ohne altruistisches Verhalten, breitet sich dieses durch Wirkung der Selektion aus.

Vormenschen: Syn. Prähomininen; alle Arten der menschlichen Evolutionslinie, die noch nicht alle Merkmale der echten Menschen aufweisen und die noch keine behauenen Werkzeuge herstellten. Die Mehrzahl der Funde wird der Gattung *Australopithecus* zugeordnet.

Zellatmung: Energiefreisetzung durch Oxidation energiereicher Nährstoffe, z.B. Glucose, unter Bildung von Wasser und Kohlenstoffdioxid in den Mitochondrien.

zwischenartliche Selektion: Sie kommt durch die ökologischen Beziehungen zwischen *Arten* zustande.

Zwischenkieferknochen: Knochen des Säugerschädels im Oberkieferbereich, in dem die oberen Schneidezähne sitzen. Beim Menschen verwächst er vor der Geburt mit dem Oberkieferknochen, wie GOETHE entdeckt hat.

Register

Fette Seitenzahlen weisen auf eine ausführliche Behandlung im Text hin; ein * hinter den Seitenzahlen verweist auf das Glossar;
f. = die folgende Seite; ff. = die folgenden Seiten

Bildquellen

Titelbild (Leitbündel Hahnenfuß): Lichtbildarchiv Dr. Keil, Neckargemünd, Titelbild (Blattquerschnitt REM-Aufnahme): Agentur Focus, Hamburg (eye of science); S1.1: NASA, Washington (SeaSWIFS Project, NASA/GSFC an GeoEYE); S1.2: TopicMedia Service, Ottobrunn (Laue); S1.3: mauritius images, Mittenwald (Thonig); S1.4: vario images GmbH & Co. KG, Bonn; S2.1: mauritius images, Mittenwald (Phototake); S2.2: Biosphoto, Avignon (BIOS); S2.3: TopicMedia Service, Ottobrunn; S2.4: Tierbildarchiv Angermayer, Holzkirchen (Pfletschinger); 6.1a, 6.1b: Deutsches Museum, München; 6.2: Bayerische Staatssammlung für Paläontologie und Geologie, München; 8.1a: Deutsches Museum, München; 8.1b: Bridgeman Berlin, Berlin; 9.2a: OKAPIA KG Michael Grzimek & Co, Frankfurt/Main (F. Pölking); 9.2b: OKAPIA KG Michael Grzimek & Co, Frankfurt/Main (A. Root); 10.1: Uppsala University; 11.1: TopicMedia Service, Ottobrunn (A.N.T.); 11.2: TopicMedia Service, Ottobrunn (A.N.T.); 13.1a: Johannes Lieder GmbH & Co. KG, Ludwigsburg; 13.1b: vario images GmbH & Co. KG, Bonn; 13.2a: Naturhistorisches Museum, Wien; 14.2b: Biosphoto, Avignon (Gautier Odile); 15.1: wikipedia.org (Jcwhizz / GNU Free Documentation License); 16.3a: TopicMedia Service, Ottobrunn; 16.3b: Antje Starke, Leipzig; 17.2a: Forschungsinstitut und Naturmuseum Senckenberg, Frankfurt (SMF, Abteilung Messelforschung); 18.1a: OKAPIA KG Michael Grzimek & Co, Frankfurt/Main (Kerstitch); 18.1b: OKAPIA KG Michael Grzimek & Co, Frankfurt/Main (B. L. Kneer); 20.1a: Hessisches Landesmuseum Darmstadt, Darmstadt (W. Fuhrmannek); 21.1a: OKAPIA KG Michael Grzimek & Co, Frankfurt/Main (Francois Gohier); 22.1a: Agentur Focus, Hamburg (SPL/Mark Newman); 22.1b: mauritius images, Mittenwald (imagebroker); 23.2b: Bildmaschine.de, Berlin (Erwin Wodicka); 23.2c: Keystone Pressedienst, Hamburg (Horst Jegen); 23.2d: Wildlife Bildagentur GmbH, Hamburg (A. Rouse); 23.2e: Arco Images GmbH, Lünen (D. Usher); 25.1: TopicMedia Service, Ottobrunn (Hosking); 25.2: Dr. Marianne Bayrhuber, Kiel; 26.1a: OKAPIA KG Michael Grzimek & Co, Frankfurt/Main (NAS/Tom McHugh); 26.1b: Guy Haimovitch, Kfar Saba; 26.1c: Blickwinkel, Witten (Hecker/Sauer); 26.2a: Tierbildarchiv Angermayer, Holzkirchen (Ziesler); 26.2b: PNAS (© 2009 National Academy of Science, U.S.A.Timothy Rowe et all, The oldest platypus and its bearing on divergence timing of the platypus and echidna clades. University of California, Berkeley, CA, 2007); 27.1: A1PIX /Your Photo Today, Taufkirchen (HSC); 28.1b1: www.airfish.de; 28.1b2, 28.1b3: Hippocampus Bildarchiv, Seeheim-Jugenheim; 28.1b4: Rick Borstein, Buffalo Grove, IL / USA; 29.1a: UFZ - Helmholtz Zentrum für mweltforschung GmbH, Leipzig (André Künzelmann); 29.1b: Robert Cameron - Open University; 30.2: Ardea, Wandsworth Common (J. L. Mason); 31.1a: Dr. Manfred Keil / Lichtbild-Archiv, Neckargemünd; 31.1b: TopicMedia Service, Ottobrunn (W. Rodich); 31.2a: Pavel Krasensky, Chomutov/Czech Republic; 31.2b: www.dendrobase.de, Hamwarde; 32.1: Blickwinkel, Witten (A. Hartl); 33.1a: Gerald Cubitt, New Zealand; 33.1b: alimdi.net, Deisenhofen (Frank Stober); 35.2: Wildlife Bildagentur GmbH, Hamburg (D. J. Cox); 36.1a: Andy Bright- Bird photography; 36.1b: Biosphoto, Avignon (Stoelwinder); 36.2: Blickwinkel, Witten (A. Held); 37.1a: Dr. Eric VanderWerf; 37.1b: Lahaina Printsellers, Lahaina; 37.2a–d: Prof. Dr. Ulrich Kull, Stuttgart; 38.1: Corbis, Düsseldorf (Bettmann); 38.3: Agentur Focus, Hamburg (B. Murton/Southampton Oceanography Centre/SPL); 39.2a: Karin Schmidt, Göttingen; 39.2b: Dr. Dieter Claus, Göttingen; 41.1a: Wissenschaftliche Film- und Bildagentur Karly, München; 42.3a, 42.3b: Ralf Wagner, Düsseldorf; 43.1a: Prof. Dr. Ulrich Kull, Stuttgart; 43.1b: plainpicture GmbH & Co. KG, Hamburg (Folio Images); 46.1a: Dr. Rainer Drös ; 46.1b: Juniors Bildarchiv, Ruhpolding; 46.1c: Dr. Rainer Drös; 47.1: Friedrich-Alexander-Universität Erlangen-Nürnberg, Institut für Biologie der Naturwissenschaftlichen Fakultät II, Erlangen (Prof. Dr. L. T. Wasserthal); 47.3a: OKAPIA KG Michael Grzimek & Co, Frankfurt/Main (Manfred & Christina Kage); 47.3b: Biosphoto, Avignon (Daniel Heuclin); 49.1: Wildlife Bildagentur GmbH, Hamburg (M. Harvey); 49.2: Juniors Bildarchiv, Ruhpolding; 50.1a, 50.1b: OKAPIA KG Michael Grzimek & Co, Frankfurt/Main (Stan Osolinski/OSF); 50.2a: Dr. Johann Neumayer, Elixhausen; 50.2b: Hans-Jürgen Martin, Solingen; 50.2c, 50.2d: Dr. Johann Neumayer, Elixhausen; 50.2e: Hans-Jürgen Martin, Solingen; 50.2f: TopicMedia Service, Ottobrunn (Rauch); 51.1: OKAPIA KG Michael Grzimek & Co, Frankfurt/Main (Jean-Paul Ferrero/Auscape); 56.2a: Universite de Poitiers, POITIERS (Prof. M. Brunet); 57.1a: OKAPIA KG Michael Grzimek & Co, Frankfurt/Main (NAS J. Cartier/Okapia); 57.1b, 57.1c: Prof. Dr. Günter Bräuer, Hamburg; 58.1a: Bridgeman Berlin, Berlin (Michael Jordan); 58.1b: Picture-Alliance, Frankfurt/Main (Katja Lenz - Wissenschaftliche Rekonstruktionen: W. Schnaubelt/N. Kieser (Wildlife Art) für Hessisches Landesmuseum Darmstadt); 58.2: Ulrich Bielert, Nussloch; 59.1: Staatliches Museum für Naturkunde Stuttgart, Stuttgart; 59.2a: Prof. Dr. Günter Bräuer, Hamburg; 59.2b: Stiftung Neanderthal Museum, Mettmann; 60.1a: David L. Brill, Fayetteville, GA 30214; 60.1b: Jay H. Matternes, Fairfax/Virginia; 62.1a: Photograph by P.Cabrol © Centre de Préhistoire du Pech Merle, Cabrerets, France (Caption : "Dotted Horse pannel, general view, cave of Pech Merle"); 62.1b: Ulmer Museum, Ulm; 62.1c: akg-images GmbH, Berlin; 64.1: OKAPIA KG Michael Grzimek & Co, Frankfurt/Main (Sohns); 64.3: Skullduggery Inc., Anaheim, CA 92807; 65.2a: Dieter Heidenreich, Leimen; 65.2b, 65.2c: Nevraumont Publishing Company, New York 10454-4055 (Viktor Deak); 67.1: plainpicture GmbH & Co. KG, Hamburg (Marco Grundt); 69.1a: Visum Foto GmbH, Hamburg (Henley/PANOS); 71.1: mauritius images, Mittenwald (Ekholm); 71.2: Wildlife Bildagentur GmbH, Hamburg (D. Harms); 71.3a: OKAPIA KG Michael Grzimek & Co, Frankfurt/Main; 71.3b: Cornell University, Ithaca (T. Eisner); 75.2: akg-images GmbH, Berlin; 76.1: Wildlife Bildagentur GmbH, Hamburg (T. Neumann); 77.1: Wildlife Bildagentur GmbH, Hamburg (M. Harvey); 78.1: Bildermehr, Steinburg (G. Nowak); 79.1a: mauritius images, Mittenwald (Norbert Probst); 79.1b: images.de, Berlin (Casey& Astrid Witt Mahaney); 79.1c: OKAPIA KG Michael Grzimek & Co, Frankfurt/Main (Carl Roessler); 79.1d,79.1e: Sea Tops, Karlsruhe; 79.1f: Getty Images, München (Tim Laman); 79.1g: OKAPIA KG Michael Grzimek & Co, Frankfurt/Main (Helmut Goethel); 80.1a, 80.1b: Prof. Dr. Ulrich Kull, Stuttgart; 83.2a, 83.2b: Wildlife Bildagentur GmbH, Hamburg (D. Harms); 83.2c: F1online digitale Bildagentur GmbH, Frankfurt/Main (Naturbild RM); 83.3: Nordwestdeutsche Forstliche Versuchsanstalt, Göttingen (Dr. G. Hartmann); 84.1b: Hippocampus Bildarchiv, Seeheim-Jugenheim; 84.2a: Dr. Rainer Drös ; 84.2b: alimdi.net, Deisenhofen (Anton Luhr); 84.2c: Institut für Forstwirtschaft, Uni Göttingen, Göttingen (Anna Plasil); 84.2d: Landwirtschaftskammer Nordrhein-Westfalen, Bonn (Dr. Reiner Schrage); 85.1: Agentur Focus, Hamburg (SPL/James King-Holmes); 85.2: www.naturbildportal.de (Manfred Ruckszio); 86.2a: Mathieu Lagarde, Caluire-et-Cuire (Mathieu Lagarde); 86.2b: Caro Fotoagentur GmbH, Berlin (Silvio Buerger); 86.2c: Sybille Przybilla, Kirchheim/Teck; 86.2d: Walter Schön; 87.1: U.S. Department of Defense; 87.2a: mauritius images, Mittenwald (Ottfried Schreiter); 87.2b: OKAPIA KG Michael Grzimek & Co, Frankfurt/Main (Manfred Hoefer); 88.1: fotolia.com, New York (Agence DER); 88.2a: vario images GmbH & Co. KG, Bonn; 88.2b: Agentur Focus, Hamburg (SPL/Maria e Bruno Petriglia); 88.2c: Wildlife Bildagentur GmbH, Hamburg (D. Harms); 88.2d: alimdi.net, Deisenhofen (Bernd Zoller); 88.2e: Blickwinkel, Witten (B.Stein); 88.2f: Blickwinkel, Witten (J. Fieber); 88.2g: Juniors Bildarchiv, Ruhpolding; 89.1a: Arco Images GmbH, Lünen (NPL); 89.1a: Heidi & Hans-Jürgen Koch, Freiburg; 89.1c: die bildstelle, Hamburg (LEHTIKUVA OY); 89.1d: Blickwinkel, Witten (W. Wisniewski); 90.1a: Nationalparkverwaltung Bayerischer Wald, Grafenau (Dr. Heinrich Rall); 90.1b: Manfred Wölfl; 90.2: Georg Vogl; 91.1a: mauritius images, Mittenwald (imagebroker/Katja Kreder); 91.1b: OKAPIA KG Michael Grzimek & Co, Frankfurt/Main (Michael Breuer); 91.2: Bildagentur Huber, Garmisch-Partenkirchen; 92.2: CITES, United Nations Environment Programme - International Environment House, Châtelaine/Schweiz; 92.3: Bundesministerium für Umwelt, Naturschutz und Reaktorsicherheit, Bonn; 94.1: Blickwinkel, Witten (R. Puppetti); 94.2: OKAPIA KG Michael Grzimek & Co, Frankfurt/Main (Photo Researchers/Jeff Rotman); 96.1a: mauritius images, Mittenwald (Pölking); 96.1b: OKAPIA KG Michael Grzimek & Co, Frankfurt/Main (J. Mc Donald); 97.1a: R. Matthews, Kapstadt; 97.1b: © Disney Enterprises, Inc.; 99.1a: Spektrum Akademischer Verlag, Heidelberg (aus: Lehrbuch der Biologie, 2000, Elsevier GmbH, Spektrum Akademischer Verlag, Heidelberg); 99.1b: mauritius images, Mittenwald (H. Guether); 101.1: Tierbildarchiv Angermayer, Holzkirchen (R. Schmidt); 101.2: Prof. Dr. I. Eibl-Eibesfeldt, Andechs; 102.2: Ralph Lueger, Essen; 105.2: Conatex-Didactic Lehrmittel GmbH, Neunkirchen; 106.1: STOCK4B GmbH, München (Michael Schrenk); 106.2: Alain Ernoult, Bagneux; 107.1: Juniors Bildarchiv, Ruhpolding; 107.2: mauritius images, Mittenwald; 107.3a: Blickwinkel, Witten (H. Pieper); 109.1a: Prof. Dr. W. Hauber, Stuttgart; 110.1b: Corbis, Düsseldorf (Reinhard); 111.1b: Kacher, Pöndorf; 111.2: JOKER:Fotojournalismus, Bonn (Gudrun Petersen); 112.2: Juniors Bildarchiv, Ruhpolding (Wegler); 112.3: www.BilderBox.com, Breitbrunn; 114.1: Reuters, Berlin (Manuela Hartling); 115.1a, 115.1c, 115.1e: Spektrum Akademischer Verlag, Heidelberg (aus: W. Köhler: Intelligenzprüfungen an Menschenaffen, Springer Verlag, Heidelberg); 115.1b: Axel Springer AG, Hamburg; 115.1d: Prof. Dr. Ulrich Kull, Stuttgart; 116.1: Wolfgang Ernst, Braunschweig; 117.1: TopicMedia Service, Ottobrunn (E. A. Janes); 118.1a: OKAPIA KG Michael Grzimek & Co, Frankfurt/Main; 118.1b: Wildlife Bildagentur GmbH, Hamburg (M. Varesvuo); 119.1: Wolfgang Rink, Northeim; 119.2a: Arco Images GmbH, Lünen (NPL); 119.2b: Getty Images, München (Nigel J. Dennis); 120.1: Thomas Lersch - Wikipedia; 120.2: Agentur Focus, Hamburg; 121.1a: Wildlife Bildagentur GmbH, Hamburg (HPH); 121.2a: Agentur Focus, Hamburg (Eye of Science/SPL); 121.2b: Alexandr Pospech - www.photographyospech.com; 122.2a: TopicMedia Service, Ottobrunn (Löber); 123.1: mauritius images, Mittenwald (age); 123.1b: OKAPIA KG Michael Grzimek & Co, Frankfurt/Main; 123.1c: Blickwinkel, Witten (McPhoto); 124.1: Prof. Dr. I. Eibl-Eibesfeldt, Andechs; 127.1: The McGraw-Hill Companies, New York (Ricki Lewis et al., Life, 4/e © 2002, S. 638, Abb 33.1 / McGraw-Hill Education, New York); 127.2: Spektrum Akademischer Verlag, Heidelberg (aus: Bewusstsein bei Tieren , Gould & Gould, 1997, Spektrum Akademischer Verlag, Heidelberg); 127.3: OKAPIA KG Michael Grzimek & Co, Frankfurt/Main; 128.1: Bildagentur Geduldig, Maulbronn; 128.2: mauritius images, Mittenwald; 129.1: TopicMedia Service, Ottobrunn (L. Lenz); 129.2: Staatliches Museum für Naturkunde Stuttgart, Stuttgart (W. Häberle - nach Objekten des Staatl. Museums für Naturkunde, Ludwigsburg); 129.3a: Superbild/Your Photo Today, Taufkirchen (Schmidbauer); 129.3b: TopicMedia Service, Ottobrunn (Daniel Buehler); 129.4a: Wildlife Bildagentur GmbH, Hamburg (F. Teigler); 129.4b: Hippocamus Bildarchiv, Seeheim-Jugenheim; 130.1: TopicMedia Service, Ottobrunn (G. Lacz); 130.2: Peter Arnold, Berlin (Gordon Wiltsie); 131.1: Juniors Bildarchiv, Ruhpolding; 131.2: P. Schuchardt, Göttingen; 132.1: mauritius images, Mittenwald (Mueller); 133.1: Arco Images GmbH, Lünen (NPL); 133.2: TopicMedia Service, Ottobrunn (J. & Ch. Sohns); 133.3: OKAPIA KG Michael Grzimek & Co, Frankfurt/Main (Ingo Arndt/SAVE); 134.1: Blickwinkel, Witten (McPhoto); 135.1: Bildagentur Geduldig, Maulbronn; 135.2a, 135.2b: Wildlife Bildagentur GmbH, Hamburg (M. Lane); 136.1: University of New Mexico, Albuquerque (Prof. Thornhill); 136.2: OKAPIA KG Michael Grzimek & Co, Frankfurt/Main (imagebroker); 137.1a: TopicMedia Service, Ottobrunn (J. & C. Sohns); 137.1b: OKAPIA KG Michael Grzimek & Co, Frankfurt/Main (T. Vezo); 137.1c, 137.1d: TopicMedia Service, Ottobrunn (Lacz); 139.1a: Christoph & Friends / Das Fotoarchiv, Essen (Kroenke); 140.2: vario images GmbH & Co. KG, Bonn; 141.1: OKAPIA KG Michael Grzimek & Co, Frankfurt/Main (NAS/Gregory G. Dimijian); 141.2: vario images GmbH & Co. KG, Bonn; 142.2a: 10nach8 (Grundmann); 142.2b: TV-yesterday, München; 143.2a: Wolfgang Deuter, Germering; 143.2b: Bildmaschine.de, Berlin (Wodicka); 144.1: Keystone Pressedienst, Hamburg (Jochen Zick); 145.1: McCord Museum; 145.2: Fotex Medien Agentur GmbH, Hamburg (Marcus-Daniel Abeling); 146.1: vario images GmbH & Co. KG, Bonn; 146.2: Lewis Clarke; 147.1a: Gustavo Alabiso, Karlsruhe; 147.1b: Keystone Pressedienst, Hamburg (Mai-Inken Knackfuss); 147.1c: Foto - Sarbach, Bremen; 148.1a: F1online digitale Bildagentur GmbH, Frankfurt/Main (Prisma); 148.1b: Bildagentur Geduldig, Maulbronn; 148.1b-Hintergrund: Matthias Pflügner, Berlin; 148.1c: Bildmaschine.de, Berlin (Erwin Wodicka); 149.1: © Disney Enterprises, Inc.; 149.2: Wicks – Tripadvisor.

Es war uns nicht in allen Fällen möglich, die Inhaber der Rechte ausfindig zu machen und um Abdruckgenehmigung zu bitten. Berechtigte Ansprüche werden selbstverständlich im Rahmen der üblichen Konditionen abgegolten.